国家出版基金项目
NATIONAL PUBLICATION FOUNDATION

张凯 著

桑兵 关晓红 主编

近代中国国学编年史

第十卷

◎

1936
——
1938

北京师范大学出版集团
BEIJING NORMAL UNIVERSITY PUBLISHING GROUP

北京师范大学出版社

目　录

总序、凡例、总目、索引、参考文献
请扫二维码查看

1936年（民国二十五年　丙子）

1月1日　为纪念南京高等师范学校成立二十周年，胡先骕发表《朴学之精神》，评述南高学派与《学衡》。

文中称：

> 夫南雍之精神，不仅在提创科学也，文史诸科，名师群彦，亦一时称盛。言国学则首推王伯沆先生之于文，柳翼谋先生之于史。当五四运动前后，北方学派方以文学革命、整理国故相标榜，立言务求恢诡，抨击不厌吹求，而南雍师生乃以继往开来、融贯中西为职志。王伯沆先生主讲四书与杜诗，至教室门为之塞，而柳翼谋先生之作《中国文化史》，亦为世所宗仰，流风所被，成才者极众；在欧西文哲之学，自刘伯明、梅迪生、吴雨僧、汤锡予诸先生主讲以来，欧西文化之真实精神，始为吾国士夫所辨认。知忠信笃行，不问华夷，不分今古，而宇宙间，确有天不变道亦不变之至理存在。而东西圣人，具有同然焉。自《学衡》杂志出，而学术界之视听以正，人文主义乃得与实验主义分庭而抗礼。"五四"以后，江河日下之

学风，至近年乃大有转变，未始非《学衡》杂志潜移默化之功也。

　　总观吾国二十年来之经过，政治不循正轨，学术群趋险波，及其末流，至酿成空前之剧乱，内则杀人盈野，外则疆土日蹙，至举国上下咸抱幕燕镬鱼、危亡无日之感。幸今日秉国钧者，知欲挽救国难，首在正人心，求实是，而认浮嚣激烈适足以亡国灭种而有余。于是一方提创本位文化，一方努力于建设事业，南雍师生二十年来力抗狂潮，勤求朴学之精神，亦渐为国人所重视。吾知百世之下，论列史事者，于南雍之讲学，必有定评，则今日南雍师生所以纪念南雍成立二十周年者，他日尚可纪念于无穷也。（胡先骕：《朴学之精神》，《国风》，第8卷第1期，1936年1月1日）

　　△　华中大学中国文学会创办《华声》杂志，《发刊词》中称研究国学应当融汇"诵数之方"与"思索之术"，辅以科学方法。

万先法撰《发刊词》称：

　　居今日而言国学，难矣。新学之徒，以古籍为不足观也；社会衰败，谓国学不足以图其功也；人竞趋易，而经术艰深，多裹足不敢前也。有此三者，危机甚于秦火矣！夫以古籍为不足观者，无论也。宝康瓠而弃周鼎，此麋鹿食荐，蝍蛆甘带，不知正味，奚足与之校量。至言社会衰败，国学不足以图其功，此自厚用利生之事言之，固亦未为不是。然试一求其故，则人心陷溺，世风浇漓，实为衰败之原。尚奢侈而斥俭约，崇功利而轻节操，此盖古昔圣贤之说，无以入乎其心，而不足以维系之耳。然则欲补社会之衰败，国学又乌可忽乎哉？若以其艰深而不务，此则先天不治之症，吾人不得而药之。天下之学，宁有轻而易学者乎？且吾人以为今日国学之宜研习，正以其难也。老师宿儒，及今犹有存者，执版肄业，解惑理纷，亦可从师而问焉。今如委之不治，行见不出十年，将欲求通句读而不可得。况一国文字之学，为一国精神之所寄。人于其国，如不能得其精神而葆持之，而惟艺焉是求，器焉是尚，此为黄犬之习猎，青鸟之传书，非不有一技之能，然徒供人驱使而已。有人于此，叩之以先哲之说而不知，询之以汉唐之事而不悉，其于先民所以孕育启发诏示之者，悉皆瞢然昧然，瞠乎不知所谓，则于其先民所缔造之国，何有于爱？求不奴颜婢膝，腼然事敌，其可得乎？此今之欲灭人国者，所以必先毁其文字，吾国今日，正惟亡国是惧，则吾于五千年文化所藏之国学，岂可委之以难而不治乎？虽然，以五千余年之所积聚，要未必皆属精深，而无可訾议者。吾人于此，理宜持之以平。其果精也，则为之发挥光大。如其非也，亦不宜曲为隐饰。妍蚩美恶，如实而陈。非若抱残守缺之士，举珍玉与瓦砾而并收之也。挽世以来，东西人士，于吾学术，多有专门之业，其所得虽未必皆是，要亦颇有足以发人省深者。吾人囿于所习，蔽于成见，往往前人习以为是者，而其是之；以为非者，而亦非之。譬诸久处芝兰鲍鱼室中，鼻识为之薰习，至不别其馨臭。及或有自室外而来者，则其事可以立辨。故吾人于此，必宜有所借鉴。若其研究之术，近人习之，以为排比文字，分析类例之方，斯固亦足以尽吾学精蕴，然亦未始非研究之一助矣。

惟吾人之于国学，取得至浅，而涂术亦疏。追寻坠绪，张皇幽眇，力固不足与于其役。且居尝私议，以为今之学子，朝业操觚，夕即侈言著述，恬然不以为羞，则吾人今兹岂复肯以素所视以为非者而蹈袭之？徒以知其要且难焉，故不得不黾勉以从事。知其要，故不敢以自逸；知其难，故持之以恒毅。贯之以诵数之方，通之以思索之术；而以科学之法辅之。间有所见，用发其私。非自诩有获，聊欲持此取业，以质诸师友而就正尔。杨子云曰："言，心声也。书，心画也"，心之所志，人莫之识。故以言画宣著之。命曰"华声"。盖亦以著吾人之所志云。（万先法：《发刊词》，《华声》，创刊号，1936年1月1日）

1月4日 唐蔚芝茹经堂落成典礼，国内学人，国学专修学校校友、无锡国学专修学校师生及各学术团体代表，济济一堂，唐文治发表典礼演说，阐明治学办学的宗旨，钱仲联撰写《茹经堂碑记》。（《唐蔚芝茹经堂落成礼》，《申报》，1936年1月7日，第4张第14版）

唐文治在落成开幕典礼发表演说：

鄙人深谢诸君厚谊。兹堂之成，由同学胡君粹士、张君贡九等十余人发起，同学杨君锡镠精绘图样，同学江君应麟担任建筑，同学张君德载切实照料，又得同学傅君志章布置花木，点缀胜景，合群力以成。在发起之初，鄙人自问学问事业，愧无建树，一再坚辞。而胡君等佥谓："师生感情，凡我及门，最为团结。所以有此建筑者，将树之风声，以资观感。至中国文化复兴，自以京沪路线为起点，无锡地居中心。吾师提倡本国文化，兹堂之建，可谓复兴吾国文化之发轫。"因此关系，谊不能辞。今日师生萃于一堂，并承诸大雅君子贲临，敢贡刍言，交相勉勖。鄙人生长太仓，所私淑者陆桴亭先生；迁居无锡，所私淑者高景逸先生。此处地近高子水居，闻景逸先生从前在五里湖滨讲学，樵夫渔子，聚而听者常数百人，一时风气都归淳朴。鄙人景仰流连，亟愿于春秋佳日来此湖滨，讲授《孝经》《论语》诸经并先儒性理之学，培养本乡道德，淬砺东林气节，以冀窃附先贤之后。但鄙人老矣，所属望者，惟在诸君。释家有化身亿万之法，实则儒家早有此说，孔子言无行不兴，是以当时圣门有得一体者，有具体而微者，即亿万化身也；孟子言诵尧之言，行尧之行，是尧而已矣；荀子言途之人可以为禹，亦即亿万化身也。诸同学散处四方，不下数千人。从前鄙人屡闻诸同学互相传言，不可忘鄙人平日之教，颇有贫贱不移、威武不屈之概，至为可嘉。《记》曰善教者使人继其志，鄙人平日志愿，在救人心、救民命，迩日生民憔悴极矣，皆由于心术日坏、人品日卑，以致风俗日恶。惟望诸君本学道爱人之意，以救人心、救民命学说传嬗四方，善国性、严国防，俾正学渐以昌明，科学益以深粹，吾国文化庶有蒸蒸日上之机。鄙人居今日，享此湖山之福，有如芒刺在背，惟望诸君传继无穷，如松柏之茂，无不尔或承，俾吾中国之民得享安宁之福，则此堂确可为文化之起点矣。诸君勉之，鄙人更馨香以祝之。（《茹经堂落成典礼》，《新无锡》，1936 年 1 月 5 日，第 3 版；转引自刘桂秋编著：《唐文治年谱长编》，上海交通大学出版社，2020 年，第 921—922 页）

钱仲联撰《茹经堂碑记》：

　　孟子有言："五百年必有名世者。"孟子没后，历千余岁而宋明诸儒兴，得圣人微言奥旨。然自白鹿洞阳明而还，至于今又五百年矣，而我夫子蔚芝唐先生，天实挺生，意在斯乎，意在斯乎！先生炳弇山娄水之灵，负海涵岳峙之概，自其少时，稽古学道，已痼痹与姬孔通。先后从王文贞、黄元同两先生游，沟汉宋之邮，窥天人之蕴，煦仁育义，穷理殚性，而务以见诸行事。光绪辛壬间，随使槎，持英簜，历英、法、比、美、日诸邦，履鲸海若户庭，极西极东，周亘亥步，宙合菁英，吸以一杭，封轺而返。历掌译署工商，张噰纵横，信行蛮貊，通商攻工，硕画宏布，其见诸从政者如是。丁未，丁太夫人忧，挂冠南旋，主交通部南洋大学，南金竹箭，萃天下之美，则壹意于开物成务，飙轨电机，海西所擅，其在我华，惟先生实宏倡之。老更衰乱，玄黄龙战，礼义荆榛，益以昌圣学、救人心、善国性为急，乃辟广厦于梁溪，是曰国学专修学院。承学之士，万里负笈，八面而至，沈渐既深，不期自化，盖前后所陶铸者四千数百人，其施诸教育者又如是。惟先生之学，体用一贯，融高密之笺注，补金溪之玄虚，扩永嘉之经制，各引其长，括于一囊。坐谭起行，弥纶万汇；立德立功立言，一身备之。噫，先生其名世者哉！岁在甲戌，先生年七十矣，庄敬日强，讲学不倦，白须红颊，望之伟然。而我及门诸子，谋所以寿先生于无疆者，佥曰莫如堂构是营，则有宝界山者，位太湖之阴，奇骨耸秀，插天排云，万顷朝宗，扬涛簸日，镇以华堂，是称得地。于是庀工鸠材，期年而成，颜曰茹经，先生别字也。升是堂者，俯视吴越，七十二峰出没于苍茫烟浪间，光风霁月，涤我旷怀，益觉先生之道德文章，绝地天通，视蹄涔乎沧海，吞若震泽者八九于其胸中，洵可为吾国文化之导源矣。而我辈所谓见而知之者，幸托青云以施于后世，其当兴起为何如也！时维旃蒙大渊献涂月。及门诸弟子恭记。

（钱仲联：《茹经堂碑记》，《文教资料简报》，1982年第7—8期；刘桂秋编著：《唐文治年谱长编》，第923—924页）

1月8日　中国国学会上海事务所召开第三次谈话会，与会者胡朴安、金松岑、金侣琴等三十余人。

会议由王巨川主持，"讨论各案完毕后，即在该酒楼举行聚餐。并欢迎新近加入之潘仰尧、陈小蝶、卫怀彬、金慕尧、蒋苏厂、余静芝、王琪等诸会员，约于三月间，再开大会，并闻成都、福州等处事务所，不久亦可成立"。（《中国国学会沪事务所近讯》，《申报》，1936年1月15日，第4张第14版）

1月10日　国民政府抄发《关于确定文化建设原则与推进方针以复兴民族案》，确立"三民主义为中国文化建设运动之最高原则"，并以发扬光大中国固有文化与吸收外来文化为文化建设的中心工作。（中国第二历史档案馆编：《中华民国史档案资料汇编·第5辑·第1编·文化（一）》，第26—27页）

1月26日　船山学社开第四次董事常会。

董事陈嘉会、周逸、彭施涤、谢鸿熙、王礼培、任福黎、萧仲祁、胡子清、李澄宇、颜昌峣、张有晋出席。一、王董事长报告，本社船山祠两边房屋，前被军队占驻月余，至昨日业已迁出，今后应谋一善后方法，请公决案，议决保留。二、本社社长赵芷荪先生逝世，应照章改选继任社长案。董事长提。议决：（一）由本会去函陶副社长，请其回社主持社务；（二）择期召集临时社员大会，投票选举社长；（三）照章先由本会预选五人为社长候选人，提交社员大会复选。三、本会董事邓瑾珊因公出省，并未请假，董事程子枢已经四次未出席董事会，并未请假，均应照章改选，请公决案。董事长提。议决，推候补董事刘谦、王代懿继任，并由本会去函通知刘、王两董事。（赵启霖著，施明、刘志盛整理：《赵瀞园集》，湖南出版社，1992年，第435页）

1月　胡朴安为《南社诗集》作序，认为南社文章是时代的产物，在思想方面是革命的前驱，在文艺领域，开解放的先路。（杨天石、王学庄编著：《南社史长编》，中国人民大学出版社，1995年，第635页）

胡朴安撰《〈南社诗集〉序》：

> 文章不在乎工拙，而真者为佳，所谓真者，各受其环境之感触而流露于自然者也。有时代之环境，亦有个人之环境，……南社文章，不失为时代之产生物，为工为拙，吾不得而知。惟南社时代，应有合于南社时代之文章，非汉非唐，非宋非明，非李非杜，非陶非柳，发个人之性情，起时代之衰颓。于思想言，为革命之前驱，有骤然不可抵当之气势；于文艺言，开解放之先路，有肆然不受拘束之情形。前乎此者，不能有此种文章之发生，后乎此者，不容有此种文章之摹拟；即与南社同时代之人，而无南社个人之性情者，亦不能为南社之文章。……文

之工者，固有时代之价值，即文之拙者，亦同等有时代之价值。亚子先生，南社之领袖也，今亦不复为南社之文章，盖时代所不许，强为之而已失其真。然南社文章，历史上自有价值之存在，亚子先生汇而刊之，亦犹不谋南社之恢复，而有南社纪念会组织之意也。（柳亚子主编：《南社诗集》第一册，中学生书局，1936年，序）

△　谢苇丰著《（师生必备）国学表解》，由上海东方文学社出版。

该书由杜就田题名，列表介绍国学知识，分经学、文字学、哲学、史学、文学五编。《国学表解·例言》称：

（一）本书共分为五编：一，经学；二，文字学；三，哲学；四，史学；五，文学，对于国学，颇能罗举无遗。（二）本书以至简之文字，述至复之事理，意在读是书的，了然于目，即能了然于心。（三）本书对于源流变迁，叙述较详，以期学者得其概念。（四）本书意在便利初学，所以仅述定论，或者仅写传说，其异议则多从略。（谢苇丰：《（师生必备）国学表解》，上海东方文学社，1936年，第1页）

△　私立无锡国学专修学校图书馆编《私立无锡国学专修学校图书馆目录（旧书之部）》，由编者出版。

唐文治在序言中称："旧书则略仿前例，概以四部。新书则参照杜威氏分类法，间采各家著述。而以旧书目录先行付印。读书之法，有本有末，有经有纬，近世学者，往往舍本逐末，遗经求纬，用是道德纲纪，日即沦胥，大可慨已"，"阅是录者，能以务本为学，国运人心，庶有豸乎？"该书例言如下：

（一）本馆藏书分新、旧、善本三部；平装线册，各不相混。兹编所列，以旧书为限，善本书目则另附于后，以示珍异。

（二）分类之法，始自《汉志》。隋唐以下，概为四部，相沿既久，遂成正轨。故本目亦略仿旧例，稍有变易，从人人习见也。惟因时间匆促，不能将丛书子目，详为分类，姑从《书目答问》别立丛部，而著其细目。

（三）自《汉志》有石渠五经总义之称，《隋志》即定名五经总义，《四库提要》以其近古，故不取《旧唐志》之经解，而独取此以为标题；盖总义义主群经，不专一术，固不以五为限；今以经部汇刻之书，如《通志堂经解》《皇清经解》之类，概入总义，其有类可归者，则各从其类。

（四）钟鼎彝器款识之书，昔人大抵著录于经部小学类字书之属，独《书目答问》互著于史部金石类；然金石之名，其义不广，殷契龟甲，已成专门，列于小学，未见其可！今别立考古一类，以清□别；至碑帖之书，重在艺术，归之子部较为妥洽。其有关考证者，则入考古类。

（五）子部之书，抉别匪易，近世睹记，当以《书目答问》为最严；其以考订附于儒家，本无不可，然如王氏《困学纪闻》，顾氏《日知录》，诂经证史不主一家，纳之于儒，难以兼赅，今从《涵芬楼目录》之例，于杂家别立杂考之属。

（六）前人目录，于别集总集多以诗文分属；钱遵王则以诗文并存者入文集，有诗无文者入诗集，后人訾其破碎，固已！今别集不复以诗文分属，而总集之中有可分者则不可分；《楚词》为总集所昉，尽可入于总集，另立赋之属，不必曰《楚词》类也；《离骚》如系单行，则冠之于别集之首；其他尺牍楹帖小品，唱和以及博收群篇，并无主旨者，均与毕生专集，体制相殊，今皆入之杂著，而附于别集总集之后。

（七）《四库提要》谓词曲二体，在文章技艺之间，厥品最卑，作者弗贵，故别录于别集总集之外，使不得与于斯文之列，更于词曲之中，妄分轩轾，但存其论曲之语，与曲谱曲韵，而不录曲文殊失文体流变学术公允之道；自《书目答问》著录别集总集之中，与诗文并行复以词话曲话声律之书，改隶诗文评类，目录家斯有所依据，今兹所分亦循其例。

（八）书有汇刻，昉于赵宋。迄乎元明，丛书之名乃大著；至于有清，厥风弥竞；然丛书者，一书之中，四部兼赅，若《经学丛书》专释经义，《疆〔彊〕村丛书》专属词集，虽有丛书之称，无复丛书之义，揆诸名实，当以分列为是；若《周子全书》《朱子全书》虽为一人自著之书，亦当论其性质，以定部次，今兹所录窃附斯义。

（九）有书目必有分类，所以明条理也。故书目之分类愈细，学术之源流愈见，一部之中，为类若干，一类之中，为目几何，如经部小学类，有字书、有韵书、有训诂；史部传记类，有事状、有年谱、有家谱、有图赞、有总录、有杂录；而政书地理分类尤繁。故刘氏父子，校雠中秘，阅年二纪，仅乃卒业，书籍浩浩，曾氏所叹！更非知识揣昧，岁月匆遽，所得而成之也；故本目所分，仅具雏范，甲乙错乱，在所不免；而类目之间，不再条析，百尔君子，幸教正焉！

（十）本馆新书目录，当另为一编。（私立无锡国学专修学校图书馆编：《私立无锡国学专修学校图书馆目录（旧书之部）》，私立无锡国学专修学校，1936 年，例言）

△　觉是作《整理国故与建设本位文化》，评述整理国故在现阶段建设新中国本位文化的重要性。

觉是认为，中国文化水准的低落是无法否认的事实，"因时间与空间的不同，各个民族和各个时代的文化，都各自有其特征"，全盘接受西洋文化主张的谬误显而易见。所以，我们既不主张复古，又不主张盲目地效仿英美或者苏俄，我们首先要认清中国本身。建设新中国本位文化必须对中国过去的文化"国故"重新加以整理和检讨。一方面要"反对主张重演历史的复古派"，另一方面"要去整理国故"。国故就是中国旧有文化的总称。因时势的变迁，国故已不能再主导中国，"但在国故里面，一方面固然是旧时代的遗留；在另一方面，却正表现着中国文化的特征，而这个特征正是中国的民族性和中国这特殊的环境所构成的"，"对于国故里面所表现的中国文化的特征和优点，要尽量地发扬光大之；而对于那些旧时代的遗留，却毫无吝惜地加以遗弃"。整理国故的目的是要在国故中，认清中国本位文化的特征，检讨中国旧有的错误和缺点，"而不是要把历史搬来重演"。复古派往往盲目地信任国故，没有认清国故的零乱和无条理，"只是在一个笼统的标题下——群经概论，诸子概论——对国学加以叙述，而不知去怎样整理它，说明它。他们自身已经被国故束缚住了，又怎能来整理它呢？"建设文化本位不仅要认清国故是中国旧有的文化，更要认清，"我们现在的工作，并不是在叙述它，而是在整理他，说明他"，"正以国故的零乱，没有系统，所以，我们不能不用新的方法，对它下一番整理的功夫"。整理国故在建设新中国本位文化现阶段具有重大意义。建设新中国本位文化是要组织全国民众的思想与行动，使民族意识深刻地刻划在全体民众的心中。孙中山曾说："中国古时有很好的政治哲学。我们以为欧美的国家，近来很进步，但是说到他们的新文化，还不如我们政治哲学的完全"，"所以，我们现在整理国故，最着重的便是已被书生曲解了的政治哲学。整理政治哲学最主要的目标，便是在求政治哲学的理论与中国现在实际情形相符合，力矫空谈之弊。其次，发扬固有道德这一点，也是我们应该着重的"。同时，要恢复民族思想，必须落实对历史的整理与说明，对文学遗产的接受。接受西洋文化主要是物质科学，"接受西洋文化的意义，乃在迎头赶上去，而非模仿"。总而言之，"检讨过去，正是要把握现在，更进而创造将来。因此，整理国故，乃是适应着现社会的要求而向前发展的。其关系于整个中华民族的前途，是非常的重大"。（觉是：《整理国故与建设本位文化》，《文化与社会》，第 2 卷第 5 期，1936 年 2 月 1 日）

△　湖南船山学社公布 1935 年 3—11 月入社成员名单（见表 1。

表1　湖南船山学社民国二十四年（1935）三月至十一月新入社员一览表

姓名	别号	年龄	籍贯
王章	馨湝	四十	湘潭
罗亮杰	次龙	七三	安化
黎承禧	秋澄	五六	湘潭
凌恩凰	拔枬	七四	醴陵
陈兆璇	齐七	五十	桂阳

（《本社纪事·湖南船山学社民国二十四年（1935）三月至十一月新入社员一览表》，《船山学报》，1936 年第 10 期）

△　姚蕴、储祎等编《国学试题总解》，由上海东方书店出版。

编印缘起：查各级学校各科课程标准，早经教育部明定颁布，全国一致奉行，原可整齐划一，无用更事研求。但以各校选用之教本不能尽同，故教材容易出入；各校之师资与设备亦各异趣，则教学亦或有等差；各省市教厅教局出题人之思想及所根据之书本不同，则试题又复有差别，使无综合编制之书本以供复习，则不仅学生不能得多方面的见解，即教师指导时之深浅繁简亦绝无定衡。

市上所出版之考试复习用书，或杂乱无章，掛［挂］一漏万，徒遗误青年；或为教科书之变形，条目不清，徒耗青年之光阴而难收成效。本店有鉴于此，即延聘各大学教授、中学教师，广搜历年来全国初中、高中、师范会考试题，著名大学中学入学试题，用科学方法，分析综合，遵照教育部课程标准，编成"初中会考升学准备丛书""高中会考升学准备丛书""师范会考准备丛书"三套；"初中会考题解总集""高中会考题解总集""师范会考题解总集"三辑，一方面供初中、高中、师范学生整个准备会考升学之用，一方面教师之指导解答，或可供参证。但各稿虽再三考订，疏漏仍或不免，尚希全国教育专家、贤哲君子与青年学子有以教之。

编辑大意：1.本书共分三大编：第一编国学会考试题总解，是搜集全国各省市历年会考试题，去其重复，分析综合，详解编纂而成。第二编国学要览，因各省市历年会考试题，虽全部俱见，然未必全备，故又搜罗国学重要知识，提纲挈领，辑成此编，以便复习时互相参证。第三编历年会考入学国文试题备览，是搜集历年各省市会考及各著名学校入学试题，综合编纂而成，供给读者参阅以明瞭试题之概况。

2.本书之效用有四：（1）供给准备会考之用；（2）供给准备升学之用；（3）供给平时复习之用；（4）供给毕业后应试职业及普通考试之用。3.各省市会考试题，测验题与问答题参见，但国学方面的试题，测验题极少，故本书将测验题与问答题混合编制。4.各省市会考试题，文言语体均有，凡题为文言者，解答亦用文言；题为语体者，解答亦用语体，以存真相。5.本书中所列试题，均在题后注明某省会考字样，如两省或三省试题相同时，则在题后将两省或三省省名均注出。6.编者编著本书时，虽竭力搜罗，使内容充实完备，但仍或不免有遗漏之处，如蒙读者赐以高见，以资增订时之参证，万分感激。（姚蕴、储祎等编：《国学试题总解》，上海东方书店，1936 年，编辑缘起，编辑大意）

2 月 6 日　穆氏文社第二届征求社员开始。

该社导师有沈信卿、陈陶遗、贾季英、江问渔、黄任之、夏丏尊、叶圣陶、严谔声、杨卫玉、潘仰尧、李肖白、姚惠泉、陆伯羽等，"均为国学界、文学界知名之士"。（《穆氏文社第二届征求社员开始》，《申报》，1936 年 2 月 6 日，第 4 张第 16 版）

2 月 7 日　南社纪念会举行第二次聚餐会于上海福州路同兴楼，到百五十多人。柳亚子即席赋诗，并提议推蔡元培为名誉会长，众人同意。（笙梧：《南社纪念会撷语》，《申报》，1936 年 2 月 17 日，第 5 张第17版）设立编辑部，徐蔚南担任编辑部主任。改书记为文书部主任，会计为会计部主任，庶务为事务部主任，分别由蒋慎吾、郭孝先、胡道静担任。

柳亚子《一九三六年，南社纪念会举行第二次聚餐，集者一百五十五人，赋呈同座》："江山已落侏儒手，坛坫还寻旧日盟。忍泪佯欢吾事了，可堪抉目俟河清。酒龙诗虎卅年前，剑胆箫心未化烟。倘向新亭作豪语，夷吾江左我犹贤。"（菊生：《南社纪念会速写》，《时事新报》，1936年2月10日，第3张第3版）

徐蔚南《南社在中国文学上的地位》："'南社的发起人是高天梅、陈巢南、柳亚子三人。高天梅死了。陈巢南死了。我柳亚子没有死，敬祝诸位一杯！'这是一九三六年二月七日南社纪念会第二次盛大的聚餐会时，柳先生所吐出的悲壮热烈的言语。他说完话，立刻举起酒杯来，一饮而尽。听了他说的话，看着他的举动，在座的会员没有一个不为之感动的。"（杨天石、王学庄编著：《南社史长编》，第636—637页）次日，曹聚仁写作《纪念南社》，称誉南社文艺"活泼淋漓，有少壮朝气，在暗示中华民族的更生"：

十九世纪，可以说是一个革命的时代。（鲁迅先生说：所谓革命，那不安于现在，不满意于现状的都是；文艺催促旧的渐渐消灭的也是革命。）南社首先揭出革命文学的旗帜，和同盟会的革命运动相呼应。我们不必说什么歌诵南社的话；有一句话我们可以说：南社的诗文，活泼淋漓，有少壮朝气，在暗示中华民族的更生。那时年青人爱读南社诗文，就因为她是前进的革命的富于民族意识的。（即以汪精卫的诗而论，近年所作，衰飒颓唐，与往日"引刀成一快，不负少年头"的英雄面目，大不相同了。）我们纪念南社，也就是纪念富于革命性的少壮文艺。

有一位友人庄重地告诉我：近十年来的中国政治，不妨说是陈英士派的武治，南社派的文治，这话也颇有理由。把南社放在历史上，我们来探讨一番；南社的缺点，就只是"诗的"，而不是"散文的"。以文学而论，波兰的革命文学，在十九世纪初期，表基委兹（Mickiwiez）、史洛瓦基（Slowacki）、克拉辛斯基（Krksinsoy）那些爱国诗人开出浪漫主义的局面，接着就有克拉士西主斯基（Kraszewshi）那几个历史小说家出来，接着又来了显克感兹（Svenkiewicn）那个写实主义大小说家。南社的文学运动，自始至终，不能走出浪漫主义一步，我们应该承认是个文学上的缺点。由南社文人走上政治舞台的分子，有革命的情绪而无革命的技术；在破坏上尽了相当的力，在建设上显不出过人的本领来。汪精卫、胡汉民在同盟会在南社都是第一等角色，他们的政治手腕，却处处不及杨永泰，这便是以诗看待政治不以散文看待政治的过错。假使南社派文治是一句真实的话，南社派的文治观念，仍和文学的不曾走出浪漫主义一样，同是一个大缺点。纪念南社，我们该赶快跳出"浪漫主义"的圈子。总而言之，文学是推动社会前进的一种工具，纪念南社的人不要忘记革命文学的责任。（杨天石、王学庄编著：《南社史长编》，第637—638页）

2月13日　柳亚子写作《给曹聚仁先生的公开信》，赞许鲁迅对南社的评价，"鲁迅先生承认南社为清末鼓吹革命的文学团体，其识见便也高出胡博士之上了。至于作人先生分别南社名士与清朝诗人的不同臭味，在我，也很觉得是惬心贵当之论吧"。柳亚子指出："南社是诗的，新南社却是散文的。讲到文学运动，新南社好像已经走出浪漫主义的范围了吧。南社的代表人物可以说是汪精卫先生，而新南社的代表人物，我们却可以举出廖仲恺先生来"，"先生勉励我们跳出浪漫主义的圈子，不要忘记革命文学的责任，我是深深地感谢先生的，请先生随时随地来指教我们！"（张明观、黄振业编：《柳亚子集外诗文辑存》，上海人民出版社，2011年，第134页）

2月　国学研究社拟组织社友会，致力于国学复兴运动。

津市特二区市立师范内附设之国学研究社，为李廷玉、钟蕙生等所创办。现已五年，先后报名入社者，约四五千人。本年开学后，组织益加严整。凡入社者，均须填具志愿保证书等。顷悉又有"社友会"之组识［织］。宗旨在共同致力于国学复兴运动，尝为本刊写稿之陈隽如、韩少苏等同被任为执行委员中之常务委员。闻该会负责人员，均系由社长李廷玉所指定。又该社社员，一经入社，经过相当考绩后，其好学有恒而具干材者，将来或可设法作职业介绍。至学费、讲义费等，更分文不取，纯粹为一义务教育机关云。（《国学研究社组织社友会，韩少苏陈隽如同任常委，共致力于国学复兴运动》，天津《大公报》，1936年2月13日，第3张第11版）

2月14日　赵熙为保留国粹，拯救危亡，拟建修南州国学专修院，发起院舍募款启事。

> 民族萎靡，国事蜩螗。内有潜伏之匪寇，外有窥伺之扶桑。弥大鸿雁，满目挽抢，非有经纬之博学，焉能扶大厦之倾亡，因而复兴国学，文教屯昌。夫国学者，修己达人之本，救亡拨乱之方。
>
> 吾赣有史以还，正绾播扬华夏，节义振动异邦。南州高士，庐陵文章。汉有孺子，复有程唐，晋代张陶，诗文大昌。唐时卜得诗赋典章之美誉，乃有庐肇郑谷兼钟王。古风未坠，来轸尤长。人文最盛，莫过汴梁，庐陵永叔，专心文章。临川荆公，力主朝纲，二刘既并鏖于新喻，三洪复方驾于鄱阳。文山叠山，气度激昂，金元之际，文学亦张。朱明阳明学说既立，满清文端藏书琳琅，忆古思今，焉不恫伤。仝人等愿率有志之士，修孔圣之教，一则保留国粹，一则挽救危亡。
>
> 昔以马厩讲经，树下习礼，为古贤所叹诮。今既院舍不宏，栖身无地，岂不使人彷徨。学者既鲜，道从何扬，固斯为道陈辞，愿我仁人君子均效谢尚，舍宅轻财，共襄乡邦。俯乞垂察，功德无量。（《拟建修南州国学专修院院舍募款启》，《吉安商报》，1936 年 2 月 14 日，第 4 版）

2 月 15 日　柳亚子致书蒋慎吾，不同意《我对于南社纪念会的话》对南社的过高估价。南社并非全部是反封建，反古典，"时代是进化的，尤其是孙先生指示我们，达到民生主义的社会，才是至善至美的社会。把西洋的术语和孙先生的遗训融会贯通起来，当然民生主义就是社会主义了。不了解民生主义的人，不配称三民主义者。我，三十年来的论调，始终是一致的。我的心灵总是向着民生主义——就是社会主义的路上走，不过勇气和毅力都不够，现在是徘徊中道吧了。"（柳亚子：《我对于南社的估价》，王晶垚等编：《柳亚子选集》，人民出版社，1989年，第362—363页）

2月17日　戴传贤、蔡元培、许崇灏、陈大齐等在考试院开中印学会理事会，讨论派员赴印讲授国学及研究印度文化事宜，"再中印学会捐赠印度国际大学之我国古籍第一批八万卷，现整理就绪，装二十六箱，日内运沪转印度。第二批现在选购中"。（《中印学会开理事会》，《申报》，1936年2月18日，第2张第6版）

2月19日　章太炎刊登启事，再次申明与苏州国学会旨趣有别。

章太炎称："余自二十一年秋赴苏讲演，同人为集国学会。至二十四年，以讲学旨趣不同，始特立章氏国学讲习会，就苏州锦帆路五十号自宅后方开置讲堂，常年讲演。发有《简章》及《演讲录》，并《制言》半月刊，以饷海内同志。其旧设之国学会，脱离已过一年。恐远道尚未分辨，致有误会，特此登报声明。"（《章太炎启事》，《申报》，1936年2月19日，第2版；同载《东南日报》，1936年3月18日，第2版）

2月20日　钟怡发表《〈国学基本丛书简编〉之商讨》，讨论《国学基本丛书》的得失。

　　在近几年来，国故整理，在出版界里面，颇占重要的位置；无论那一家书店，都在努力的翻印古书。这种动向的功罪如何，我们姑且不去问他；然而失之于滥，失之于杂，这许多毛病，确是不能免的。

抓住出版界的权威者商务印书馆，在这一方面，也很努力。《四库全书》的刊印，珍本的续出，再有《丛书集成》，《国学基本丛书》的单行发卖；在这种种方面，不能不算是他的伟大的贡献。在最近的前天，报纸上又有《国学基本丛书简编》的预约广告了。

在他的缘起里面，我们很可看出他所以要《简编》的理由来：

……《国学基本丛书》，为研究国学者之津梁。数年以来，先后出版多至百余种。范围日广，全部售价亦渐巨，逐觉尚有简抉之必要。因就该丛书中择其人人应读之书五十种，汇为《简编》……

诚然，售价低廉，以一百二十本书，只卖二十块钱；携带便利，装潢整齐，都用平装六开本；不能不算是这一部《简编》的特色。然而，关于他简抉的方法，和所简抉得来的五十种书名，不能不有所商讨。

这一部《简编》，共分十二类，即读书指南、哲学、社会科学、语文学、应用技术、美术、诗文总集、诗文别集、词曲、诗文评、历史、地理游记是。这十二类中，个人认为很有值得商讨的，现在分下来说：

一，读书指南类。这一类共选《书目答问》《经学通论》《诸子平议》《文史通义》这四部书。据个人的揣测，选者的用意，一定是《书目答问》是总论，其余分任经史子集四方面。不过个人以为史学和文学，在国学上也很占重要位置，决不是《文史通义》一部书所能包括的。所以个人的主张，是至少在史学方面，应当添一部赵翼的《廿二史札记》。(因为文学方面，有诗文评一类的两部书可以应用。)

二，应用技术类。国学两字的范围，不是在此地所能讨论的；然而个人总以为应用技术这一类，似乎不应当列入这一部《简编》狭狭的十二类之中。假如应用技术是可以成功一类的话，那末《内经》《素问》《本草纲目》的医药，又何尝不可以成功一类呢！所以个人的主张，应用技术类应当取消。

三，美术类。这一类已选的两部书，还可以用，不过个人主张要加添两部。在书法方面，添包世臣的《艺舟双楫》；在绘画方面，添张彦远的《历代名画记》。

四，诗文总集类。这一类，诗选得太多了。文，只有《文选》一部；个人以为至少要添一部人人必读的散文总集《古文辞类纂》，才不至于有文少诗多的毛病。

五，诗文别集类。这一类所选的，有一个绝大的缺点，就是唐以前作家都没选到。个人以为要加上陶渊明和曹子建两个人的集子，才算合式；否则，又免不了有偏重的形态。

六，词曲类。词仅有总集而没有别集，这是很奇怪的一点。曲的总集不选《元曲选》，而选《阳春白雪》，这也是值得怀疑的。所以个人的主张，以为词别集应当加白石、梦窗、稼轩三家；而曲应当加《元曲选》。

七，历史类。历史的罗列四种纪事本末，则是极不错的。不过选《史记》而不选其他的三史——前、后《汉书》，《三国志》，也是很奇怪的一件事。假如说是取《史记》的文章好，那么，就根本不应当列入历史类？何况他三史的文章又不坏呢！所以站在史的立场上说，四史是必须全面选的。

以上是就他所有的各类，来讨论的。除了这七点以外，个人还有些关于其他方面的意见，顺便提出来讨论一下：

一，在商务印书馆所登的广告上，他说这部《简编》有四大特点。第一就是"要籍咸备"。根据个人在上面所讨论的七点，似乎这部简编，还够不上这个程度。《齐民要术》《天工开物》《陶说》(应用技术类)，能算是"要籍"吗？前后《汉书》、《三国志》、《元曲选》、《古文辞类纂》，能不算是"要籍"吗？所以这些地方，实在是商务印书馆一时匆促，没请国学专家去选择以致发生的弊端。我们很希望商务印书馆以后不要急于出版求售才好。要知道这影响于出版事业、文化前途，都是很大的。

二，他的第三个特点是，一律断句。不错，断句以后，是可以便阅读，助理解的。不过中国的古籍，往往因为断句，而发生很大的纠纷；因此，句读在国学方面，常是一个很重大的问题。譬如《荀子》《老子》《庄子》《墨子》《管子》《韩非子》《尚书》《左传》《史记》等书，以前的学者，对于句读，都很有疑问。所以个人的主张，以为中国古籍，无须断句，尽管让读者自己去领悟。否则，如有误断，那更是贻害不浅了。

三，这个《简编》所列的各书，有的有注，有的无注，这在个人觉得要统一一下才好。像诗文别集里面的韩、柳、欧阳、王诸集，尽有方世举的韩集注，王先谦的苏诗注，可供参考。像这样的单印白文，似乎不是读者所需要的。

四，小说，在以前一般人的心目中，的确以为是不足道的：想不到这一部《简编》中竟没有小说一类。个人以为唐宋的短篇小说和明清的《水浒》《红楼》，至少说，应当是人人必读的；这在选抉方面，不能不说是一个缺点。

上面说了好多，个人并不是向商务印书馆有所攻击。个人因为它在中国出版界里，是一个举足重轻而引人注目的一员，所以不揣冒昧，敢作极诚恳的贡献。（钟怡：《〈国学基本丛书简编〉之商讨》，《申报》，1936年2月20日，第5张第18版）

2月23日　船山学社开第五次董事常会。

周逸、谢鸿熙、彭施涤、杨卓新、王礼培、李澄宇、刘约真、颜昌峣、王寿慈、任福黎等董事出席，陈嘉会、萧仲祁、黄巩、王代懿请假。

一、周董事逸提议，本社上年仅举行季课一次，现在各处多来函询问，究应如何继续主办案。议决，由本社每年举行春秋两季季课各一次，奖金以一百元为限。二、周董事逸提议，本社既举办春秋季课两次。《学报》自不能出版四期，应如何缩减案。议决，暂定每年出版两期。三、王寿慈、周逸介绍黄昌年，郭尺岩、周逸介绍黄履直，周逸、王礼培介绍王道纯，周逸、杨华一介绍刘璞，彭施涤、周逸介绍方新，周逸、彭施涤介绍程子楷，周逸、王代懿介绍周维翰，谢鸿熙、李澄宇介绍李达为本社社员，议决通过。（赵启霖著，施明、刘志盛整理：《赵瀞园集》，第435—436页）

2月25日　《同行月刊》发表《献给同行的第八封信——介绍一部国学丛书》，评述《国学基本丛书简编》。

文中称印行旧籍有两种方式：一种是影印精良的本子，另一种是排印国学的名著和国学上的基本著作。前者是注重古本的保存；后者是注重旧籍的流通。如影印百衲本《二十四史》《四部丛刊》《四库全书》等属于前者，排印丛书集成和国学基本丛书等属于后者。在文化上，二者都是十分重要的。

《国学基本丛书简编》分读书指南、哲学、社会科学、语文学、应用技术、美术、诗文总集、诗文别集、词曲、诗文评、历史、地理游记十二类，收录一百二十册国学基本文献。（一）读书指南类收录《书目答问》《经学通论》《诸子平议》《文史通义》；（二）哲学类收录《论语正义》《孟子正义》《荀子正义》《老子本义》《庄子集解》《墨子间诂》；（三）社会科学类收录《管子》（附戴望校正）、《韩非子集解》《盐铁论》；（四）语文学类收录《尔雅义疏》《说文解字注》《广韵》；（五）应用技术类收录《齐民要术》《天工开物》《陶说》；（六）美术类收录《书法正传》《图绘宝鉴》；（七）诗文总集类收录《诗毛氏传疏》《古诗源》《文选》《唐诗别裁》；（八）诗文别集类收录《李太白集》《杜少陵集评注》《韩昌黎集》《柳河东集》《欧阳永叔集》《苏东坡集》《王临川集》《王文成公全书》《戴东原集》；（九）词曲类收录《唐五代词选》《宋六十名家词》《阳春白雪》《牡丹亭》《桃花扇》；（十）诗文评类收录《文心雕龙》《诗品》；（十一）历史类收录《尚书今古文注疏》《春秋左传诂》《史记》《通鉴纪事本末》《宋史纪事本末》《元史纪事本末》《明史纪事本末》；（十二）地理游记类收录《水经注》《徐

霞客游记》。(《献给同行的第八封信——介绍一部国学丛书》,《同行月刊》,
第4卷第2期,1936年2月25日)

2月27日　万书发表《学生生活·书院、经馆的遗风（三）》,
描述无锡国学专修学校学生日常生活的书院遗风。

> 我在无锡国学专修学校的生活和一切学生生活,是大不
> 同的。因为学校的淳朴,是中国独一无二的奇特,充实了"书
> 院""经馆"的遗风……校里的称呼最奇怪,学生称教员为
> "夫子",有胡须的称为"老夫子"。因为朴学老者特别多,所
> 谓"老夫子",滔滔者皆是也。教员叫学生"仁弟",同学相称
> "世兄"。校役称校长为"老太爷",称教职员为"师爷",称学
> 生为"先生"。我们喊校役为"听差"。这些称呼,恐怕其他学
> 校,难听得到的。学生会附设音乐会,当然是国乐,技精丝竹
> 的大有其人,尤以粤曲最著。两广的同学,占十分之三四。刀
> 剑斧叉,排满了两庑之下,因为国术,是必修科,喜欢研究的
> 人很多,成绩还不错。孔子说:"有文事者,必有武备。"其斯
> 之谓欤。化装品、西装、革履、爱情小说……在夫子之门,是
> 违禁品,电影、跳舞、恋爱……仲尼之徒,无道其事者,不但
> 行之要受开除处分,就是言之,也有严重的惩责。唉,在森严
> 的管教下,生活怎不敬肃呢!东林、复社、白鹿洞、南菁,各
> 书院学风,还在这时候复现,读者不信,请光临一次,方知不
> 谬也。(万书:《学生生活·书院、经馆的遗风（三）》,《新闻报》,1936
> 年2月27日,第4张第14版)

2月28日　进履撰文评述章氏国学讲习会与中国国学会的分合。文中称：

按国学会的组织，甚是健全，并不因章氏的分离而停顿。去年在上海南京都成立了分会，上海分会由王巨川、金侣琴主持，南京分会由戴亮吉主持。今年还要举行会员书画展览，现在正在征求作品。以前总干事是李印泉，新近改选了张仲仁，而陈石遗主编的《国学论衡》，和金松岑主编的《文艺捃华》，按期出版，内容也非常充实。所以国学会与章氏国学讲习会并行不背，各有千秋。章氏的声明，似乎有些认明招牌庶不致误的意思。其实同为国学张目，何必分道扬镳呢？据说这件事，全是章氏的门徒和国学会的干部意见不洽，才怂恿老师出来说话；还是文人结习，标榜门户的老调。《制言》半月刊的发刊词里，已有若干不协调的意思透漏着，到了现在，便明白地表示了。（进履：《国学会的前进》，《立报》，1936年2月28日，第3版）

2月29日　上海惠灵国学播音会自呈准市党部许可以来，由王晓籁、许世英、吴开先、王延松、潘公展、陈济成、胡朴安、顾馨一、陶百川、童行白、沈心抚、王伯元等赞助，已有会员三千余人。

该会为保存国粹，研究国学起见，出有《国学周刊》，行销全国暨南洋等处。并于每晨七时至八时，假座上海各大电台播音外，该会为普遍宣传计，定于每晚七时至九时，假座九亩地露香园路智安里，南区减租会礼堂，讲演文选、五经、诗词、应用文、金石等，课目每夜更换，欢迎研究国学之士女听讲。近闻由该会热心会员叶顽石、华佩英、颜文浩等，发起组织国学补习夜校。凡欲加入者，可向一智安里瑞安小学沈心抚，二九亩地开明里八号，三邑庙豫园路米业学校孙德余、刘仲祺，四大东门育材中学钟竹友等处报名云。（《国学播音会近闻，会员已达三千余人，清晨播音晚间演讲》，《申报》，1936年2月29日，第4张第13版）

△　若水撰文推荐商务印书馆《国学小丛书》，是最适合国学爱好者的读物。

文章指出，商务印书馆出版的国学小丛书是"一套最切合于我们爱好国学的人的读物"，该书内容包含各个方面，"编制新颖，文字浅显"，"如果大家能预备这一套小丛书，在国学方面，可说什么常识都有了"。文中一一介绍该丛书的内容，按照王云五的中外图书统一分类，分为九类。第一类为总类，包括目录学、校勘学、书目以及中国群经、诸子等科目。第二类为哲学。第三类为宗教。"我国固有的宗教，不外乎儒、道二教，除儒教已列入上举哲学类外，对于道教，国学小丛书中亦有《道教概说》一书（小柳司气太著，陈彬龢译，三角），足供对于研究道教的参考。"第四类为社会科学，包括政治、经济、法律、教育。第五类为语文学，可分语言学、文字学、文法、声韵学等。第六类为自然科学。第七类为艺术，可分为美术史、书法、绘画、雕版等。第八类为文学，可分文学总论、文学分论、文学史以及诗、词、曲、文的专论。"国学范围虽广，而文学占其最重要的地位"，此类书籍出版特别多。第九类为史地，包括历史、地理、传记三方面。可见，这一套小丛书，的确是我们最好的国学常识读物，其特点主要有如下几点：

一、取材普遍。全书一百五十余种，不偏任何一科，举凡总类、哲学、宗教、社会科学、语文学、自然科学、艺术、文学、史地，均能包括在内。国学丛书中，有这样的普遍性而有系统者，可说还不多见。

二、文字浅明。国学本为深奥之学，然初学者必须由浅入深，方能获益。本丛书叙述文字，均极浅明。大都均可作自修之用，故即如初中学生，亦可自由阅读。

三、定价低廉。本丛书每书定价至多七八角，少则只有一二角，定价可谓低廉之至，无论全购分购，在读者负担上，也可说轻易极了。（若水：《值得推荐的一套国学常识读物》，《出版周刊》，第170—171期，1936年2月29日、3月7日）

2月 黎锦熙为谢国桢《丛书子目类编》作序，撰《从丛书子目说到国故整理》，认为作为新体例的类书，可以作为彻底整理国故的开路先锋。

文中称：

四部的经部既是一部整个的大丛书，而集部的别集也多半就是些"一人自著丛书"，清代大学者的长篇论文和论学的信件序跋之类，有些实在比他们的专书做得精致整齐些，有组织，有系统；他们的专著倒不免是一些笔记体裁的书。总之，太［大］多数的旧籍，非丛书，即笔记。彻底整理的工作程序，第一，就是谢先生这种《丛书子目类编》，先把习惯上认为丛书的，分析子目，以类相从。第二，把集部的一切别集，分析篇题，以类相从，王重民先生的《清人文集篇目分类索引》，就是这种工作的一部分。第三，把一切笔记，或非笔记而实是笔记体裁的书，也如法炮制起来，国立北平圕（图书馆）也在动手做索引了。第四，才可以更进一步做"辨章学术"的工作，打破四部，例如"一部整个的大丛书"的经部，就可以酌定一个合理而普遍的学术分类法，也给它做一个"子目类编"，子史诸部的书，准此办理。这不是仅仅按照新的图书分类法来部勒群籍，乃是要贯彻"裁篇别出"的主张，一书之中，例如经部的《礼记》，就得分析篇题，以类相从，如文集篇目分类之例；一篇之中，例如《礼记》的《檀弓》，又得分标篇目，以类相从，如笔记标目分类之例。老实说，这种工作，就是准备编一部囊括群籍的大"类书"。谢先生说丛书体例"实由类书辗转分合而来"，这是有特见的话；但类书之兴起，实在是学术史上一个大进步，可惜旧时编类书的目的，大都在供文人的"獭祭"，所以无甚价值；而古类书的价值增高，却又完全离开了它原来的目的，而在备佚文异本的考核。这部新的大类书，只须分类标出群籍的书名、篇、题，注明卷次、页次，尽可"有目无书"；分析起来，就是许多"专史"的材料索引；综合起来，就是一部"百科事典"式的群书索引也。第五，分类索引之外，同时须撰成依音检字的索引，以便一般人作机械的检查。第六，"正名辨物"的工作，既有"辨章学术"的工作，为之前驱，然后可以完成一部中国大辞典。——如此说来，谢先生这部《丛书子目类编》的出版，真可算是彻底整理国故的开路先锋了。

在这书出版以前，整理丛书子目的书，可以分为四类：第一，综列丛书，各系子目；创始于清嘉庆间刊行的顾修氏《汇刻书目》，略备于杨守敬氏所编，李之鼎氏增订的《丛书举要》，这种编法，只是存丛书之文献，别无用处，因为一个人若是有了这部丛书，它的子目大都是列在卷首的，何须另检？若是没有丛书而要找某书在何丛书中，八十卷丛书举要，便须编觅。后来上海医学书局出版的《丛书书目汇编》和《续编初集》，又仅把丛书的书名，改照首字笔画数序排列，而子目仍系于本丛书下，比较顾杨两家的体例，也不过五十步百步之间。第二，分析子目，编成书名笔画索引，各注明所在之丛书，这可以把最近上海开明书店出版的《浙江图书馆丛书子目索引》做个代表，比较前种，检查上便利得多，但所收以馆藏之丛书四百余部为限，子目下又不记卷数。第三，分析著者，编成姓名笔画索引，各胪列其所著在某丛书中之书；这可以把金陵大学圕（图书馆）的《丛书子目备检》已出版的"著者之部"做个代表，检查上也很便利，但所收也以馆藏之丛书三百六十余部为限，又不录丛书编刊者的姓名。第四，如前所说，"分析子目，以类相从"，这就是谢先生这部书的主要体例。以前整理丛书子目的，都不曾用过这种体例，直到最近上海商务印书馆编印《丛书集成初编》，才用这种休例出了目录一册，依所定中外图书统一分类法，把初编的百部丛书子目，分为十大类五百四十一小类编列起来。其实，近来藏书家的分类书目，也就把他所藏的丛书子目分配进去了，要是净收单行本，他哪有这么多的书？再等而上之，《四库全书》虽没有收丛书，但也要算收了些丛书子目，即如《十三经注疏》，钦定的"二十四史"，这两部书在《四库总目》中就找不出来，而子目却依然存在。总之，整理丛书子目的四种体例，谢先生这部书实集其大成：（一）仿《丛书举要》之例，为"丛书总目"；（二）斟酌增补或分析四部的类目，为"子目分类"；（三）为便利检查起见，为"书名索引"；（四）为"人名索引"，卷首的丛书考原和卷尾的丛书著者年代地舆分配等表，更是创作；至于考订版本异同，探讨名实存亡，审查详略多少等等，都非专家不办。"叹观止矣！"（黎锦熙：《从丛书子目说到国故整理》，《文化与教育》，第83期，1936年3月）

△　无锡国学专修学校丛书之十二，唐文治著《尚书大义》出版。唐文治《茹经先生自订年谱·戊辰六十四岁》：

是年，余为诸生讲《尚书大义》，内、外篇成。外篇考今、古文源流，内篇发挥每篇精义，多有先儒未经道者。振谨按：《尚书大义》分内、外二篇。外篇叙今、古文源流，采择精博，断制谨严，撷江、段、王、孙诸家之菁华。内篇分《尧典》《皋陶谟》《洪范》《康诰》《召诰》《立政》六篇，为政治学。《汤誓》《盘庚》《西伯戡黎》《微子》《金縢》《大诰》《洛诰》《无逸》《君奭》《多方》《吕刑》《费誓》《文侯之命》《秦誓》十四篇，为政鉴。于禅继大义、著作本源，阐发无遗。尤精者如论《洪范》八政、《吕刑》刑法、《费誓》军纪与周秦二代盛衰存亡之故，均足以昭示来兹，振兴世运。附《尚书应读书目表》，则分专门书、专篇书、参考书三类焉。（唐文治：《茹经先生自订年谱》，邓国光辑释：《唐文治文集》第六册，上海古籍出版社，2018 年，第 3722 页）

△ 叶长青编《国魂集》，由民生印书馆印行，无锡国学专修学校图书馆寄售。

书前有陈衍、唐文治、刘通和无锡国学专修学校学生沈讱的序，全书以历史时间为顺序，选录"古来忠臣义士有关志节诗文"106 篇，"以励激启引，是固无形之心之强心剂"。（刘通序文，叶长青编：《国魂集》，民生印书馆，1936 年，第 7 页）

△ 钱基博向唐文治辞去无锡国学专修学校校务主任的职务，唐文治商请由叶长青接任。（《校闻·叶长卿教授兼任校务主任》，《国专月刊》，第 3 卷第 1 号，1936 年 2 月 15 日。参见刘桂秋编著：《唐文治年谱长编》，上海交通大学出版社，2020 年，第 927—928 页）

△ 龙榆生在广州倡立夏声社，欲仿照南社，以文学振民志，略尽兴亡之责。

《夏声社之发起》：

自本刊创办以来，多蒙各方赞助，借联声气之雅，为词坛上作一总枢机，流布四方，远及东西洋各国。同人感幸之余，自当继续奋勉，以期不负读者诸君之盛意，而宏此倚声之绝业。惟词原诗学之支流，以附庸蔚为大国，将欲发扬光大，穷源竟委，必上溯风骚，下逮于南北曲，以及一切有韵之文，且国势阽危，士风浇薄，非表章诗教以至真至美至善之声诗相与感发，不足以起衰运而制颓波。几经集议磋商，决于本刊之外，更图拓展，发起组织夏声社。联络各方同志，相与表章诗教，砥砺风节，昌明华夏学术，发挥胞与精神，期以中夏之正声，挽西山之斜日。并先出《夏声月刊》一种，与本刊相辅而行。顷在积极筹备中，印有缘起及简章，函索即寄。想为爱读本刊者所共赞助，而亦有心世道之士所乐闻也。(《夏声社之发起》,《词学季刊》,第3卷第1期,1936年3月31日)

《夏声月刊》旨在"以研究文史，表章诗教，砥砺风节，激扬士气，发挥胞与精神，昌明华夏学术，沟通中外文化，以及指导青年治学门径者为主。一切无聊酬应之作，与靡曼淫僻之词，皆所摈弃"。

一、本刊揭载之稿，以研究文史，表章诗教，砥砺风节，激扬士气，发挥胞与精神，昌明华夏学术，沟通中外文化，以及指导青年治学门径者为主。一切无聊酬应之作，与靡曼淫僻之词，皆所摈弃。一．本刊分下列各栏，凡以是项著作或先贤遗稿之足与本刊宗旨相发者，投登本刊，皆所乐载。一．图画。本栏专载与文史有关之名人书画及其他照片。一．乐谱。本栏专载与本刊宗旨相合之论创作歌谱（中西乐不拘）。一．论著。本栏专载讨论文学或史学之长篇论著。一．译述。本栏专载足以阐发本刊宗旨之译稿。一．札记。本栏专载各作家之读书笔记，以及诗话、词话、曲话之属。一．诗录。本栏选载近代人诗。一.词录。本栏选载近代人词。一.曲录。本栏选载近代人散曲小令或杂剧。一.风谣。本栏征集各地有关民生疾苦之诗歌，无论民谣或文人所作，体制或长短句或五七言，皆可不拘。本社并当择优制成歌谱。一.文录。本栏专载与本刊宗旨相合之短篇文字。一.杂俎。本栏杂载一切有关文史之稿件。一.通讯。本栏专载各方来往商量学术之信件，读者遇有疑难，亦于本栏公开答复。一.本刊文体，以达意为主。除诗词以文言为准外，其余各栏文言语体不拘。

《夏声月刊》后因龙榆生离开广州，未能出版。回沪后，夏声社仍在积极筹备中，后遂停止，具体原因不可知。（张晖：《龙榆生先生年谱》，学林出版社，2001年，第71—72页）夏承焘记载："榆生前欲仿南社，结一社以文学尽匹夫兴亡之责，予主不囿于诗文一途，廓充之为国粹学例，收效更宏。"（夏承焘：《夏承焘集·天风阁学词日记（一）》，第425页）

3月1日　欧阳渐致函龙榆生，致歉不能领衔发起《夏声月刊》。

函称："此事渐极赞叹，亦极赞助，惟领衔发起则不能。盖以一经承认，即必全力奔赴，近办《藏要》第三辑，已感精力不敷，事藏又须作《三藏提要》（如《四库提要》之类）。故不能兼顾其他。"（欧阳渐：《与龙榆生书》，《同声月刊》，第3卷第5号，1943年7月15日）

△　天津崇化学会今日开始国学演讲，分经学、史学、文学、修身四项。

经学科讲师：郭霭春。讲题：两汉经学史。讲义内容：叙述两汉经今古文学之争立情形，及其派别源流，与在社会政治上之影响。史学科讲师：杜箓予。讲题：中国初期史学史。讲义内容：讲述中国自开辟以来之史学沿革，至《春秋》为止。《春秋》为我国史学精神之支配者，实中国史学之一大枢纽，该讲义特于此点注意。文学科讲师：石松亭。讲题：古文概论。讲义内容：计分上下二编，上编讲述古文之源流类别，及历代文家之宗派。下编讲述古文之义法通例，及初学古文之程序等。修身科讲师：骆颐儒。讲题：孔子学行述略。讲义内容：讲述孔子之伟大人格，以为为人之准则。(《本市崇化学会今日开始国学讲演，分经学史学文学修身四项，会址在东门内文庙东箭道》，天津《益世报》，1936年3月1日，第4张第14版)

3月2日　桐花发表《国学回澜记》，批评苏州国学会昧于时代性。

曩年苏州李印泉、张仲仁、金天羽等，有国学会之组织，网罗南北文人颇多，会员遍布国内外各地，其宗旨除提倡国学外，并不如存文会等之狭隘，而排斥语体文，意识比较为佳，所出版之《国学论衡》(初名《国学商兑》)及《文艺掇华》，以文会友，颇为研究国学者欢迎。讵最近出版第六期《国学论衡》，载有曾觉叟所撰《洪杨不可称革命豪杰宜正名教匪论》，文字上诸多失检，因之惹起若干会员不满。章太炎先生在各报广告在苏讲学，与国学会无关，且谓脱离该会已过一年，以明是非，复有陆丹林因该稿荒谬，而脱离会籍。年来提倡国学者，多昧于时代性，等于向古坟掘尸骸，而复辟余孽，亦常假托国学而从事某种运动，斯诚民族文艺抬头之碍石，兹录陆氏致该会原函如下："丹自加入会籍而后，虽因职务所羁，未能时与诸君会谈，但每接触《国学论衡》，内容充实，获益颇多。惟近接《国学论衡》第六期，内有署名曾觉叟，所撰之《洪杨不可称革命豪杰宜正名教匪论》一篇，此稿文字，有关国学与否，暂可不提，而其文论之荒谬，与丹之思想信仰，绝对相反。太平天国而与在中国之□□相论，本属拟于不伦；为颂扬蒋何，而与曾国藩、胡林翼相比，亦为牛头不对马嘴，况洪秀全、杨秀清本非天主教徒，天主教与基督教，辨别既不清楚，曾觉叟知识浅薄，已可概见，而《国学论衡》，竟为之发刊，不知是何原因？丹百思而不得其解。又曾觉叟于曾胡见，称之'为前清中兴之功臣'，谓是'以忠诚号召'，'纾君父宵旰勤劳'，而于反清之洪杨，则诋为'妖孽''教匪''凶逆'，直是复辟党口吻。丹忝为国学会会员，而见会刊有此谬论发现，视为奇耻。个性坚强，既不屑投机，复不屑盲从。特此声明，即日脱离会籍，即希察照为荷。"观此曾觉叟及《国学论衡》主事者之头脑为如何，亦可知矣。（桐花：《国学回澜记》，《东南日报》，1936年3月2日，第10版）

3月6日 《申报》刊登短评《瞎话》，评述章氏国学讲习会与江亢虎亢庐讲学。

"章太炎在吴门讲学，极号召之能事，江亢虎在亢庐讲学，亦大登其宣传广告，谭老三曰，一家是起首老店的陆稿荐，一家是首创第一家的浦五房，不知生意谁家兴隆，真是天晓得啦，或曰，无聊，还是唱唱大鼓和东乡调，来得受人欢迎……"（吹：《瞎话》，《申报》，1936年3月6日，本埠增刊第2张第16版）

3月8日　江亢虎通过电台，讲演国学。

演讲的主要内容为：中国文化叙论甲部第三节，即"封建时代之夏商周及春秋——中国第一次统一与扩张"，内容大略为"夏大禹之创业及其世袭桀之放逐——中国第一次武力革命商成汤之创业及纣之灭亡，周文武之创业——中国历史上最长之朝代（八百年）周文王治武功之盛，东周及五霸春秋时代之人物封建井田学校——三代文化之三种根本制度"。三时用国语，四时用英语，同时并由新新电台（周率七八〇）播音。（《江亢虎今日讲学》，《申报》，1936年3月8日，第4张第15版）

3月10日　李煦民作《谈国学四分制》，主张突破四部的分类方法。

文中称：

　　中国书籍的分类，起于六经。汉刘歆分群书为《六略》，而冠以《辑略》；所以称为《七略》。魏荀勖［勖］作《中经簿》，始分为甲、乙、丙、丁四部。晋李充分四部，以五经为甲部，《史记》为乙部，诸子为丙部，词赋为丁部，经、史、子、集的次序才确定。南朝宋王俭复作《七志》，梁阮孝绪作《七录》，隋唐以后诸史的《经籍志》或《艺文志》，以及私家著录的书目，大都采用李充的分类。至于正式采用经、史、子、集的四分制而每部更分细目的，却始于隋唐《经籍志》；自后诸史《艺文志》或《经籍志》一直到《四库全书总目》，都沿用他的分法；仅以子部的范围各加损益而已。现在目录学虽然武［日］益精密，那种毫无科学根据的四分制，因为他有历史的意义和价值，所以还很流行着；不但书商翻印古书的仍有沿用他的名称，即在公私图书的分类编目，也有不少用他的老方法。

四分制既然在书目分类上还有存在的趋势，我们对于每一部门的意义演化和派别，须得有个大概的认识，才能和现代进步的分类法有融会贯通的见解。

……经是发表见解之文；史为记载事物之书；这两种发源最古。周秦之际，诸子争鸣，于是乃有所谓诸子之学；当时著作固已法无纪统，可是综其本旨，大都还欲推其所学，行之于世，故其文字虽连缀不休，而其志趣常始终一贯；及至魏晋专门传家之学，渐至沦亡，一般能文之士，好弄文墨，其旨非儒非墨，其言时合时离，后世学者贪于检阅的便易，狃于虚名的易成，文集目为专门，而专门的学术，便从此衰歇了。

这种四分法，从目录学家的观点看来，不妥之处甚多，例如《楚辞》是屈原一家的书籍，自从阮孝绪传《七录》把他收入集部，于是《隋书·经籍志》便特表《楚辞》一类，然以义例而言，司马相如的赋，苏、李的五言，枚乘的《七发》，亦当别标一目，而为赋类、五言类、七发类了。又如《文心雕龙》一书，是刘勰专门的书籍，自从《集贤书目》中把他汇入总集，于是《唐书·艺文志》中乃并《史通》《文章龟鉴》《史汉异

义》等书为一类。今试扩充他的义例，那末魏文帝的《典论》、
葛洪的《史抄》和张骘的《文士传》等，也当混合于总集了。

　　著录既无源统，作者标题亦毫无定法，故郎蔚之的《诸州
图经集》是史部地理而有集名的；王方庆的《宝章集》是经部
小学而有集名的；元觉的《永嘉集》是子部释家而有集名的；
不但集部与经、史、子部不易辨别，即经史子中亦多彼此混
淆，不足为训；所以我国目录学自七略以至四库，旁及私家撰
述，谓为分类目录则可，谓为分类书目亦可，谓为分类法则不
可。况自科学兴而学术流别更繁，中西典籍益众；倘分类目录
无增减之可能，而与典藏出纳不相表里者，按之自然趋势，必
至淘汰无疑矣！（李牖民：《谈国学四分制》，《滇声》，4期，1936年5
月20日）

　　3月15日　余绪胜撰文《怎样立起一个国学的基础》，为民众
教育馆青年读书会会员指明通过国学求知与致用的途径。

　　余绪胜认为，广义上的国学是中国学术，"把中国的九流百氏
三统六家包括殆尽"，狭义的国学是一个"知识工具"，是中国文学
的一方面。中国有国学的名义，是因为欧美各国的学术，同出于希
腊、罗马一源，不必各别的有所谓国学。中国国学的精髓是经史子
集，现如今要知道国学与西洋学术的不同，要用科学的头脑寻找它
的关键，用简约的方法得出它的一个新生命。研究国学的方法在读
书方面，要注意先要有研究国学的计划，要知道"如何选择和调配
读物"，"如何另辟研究的途径"，"如何达到研究的目的"。在作文
方面，要明白写作的必要，注意"难于着笔""思想艰涩""文不对

题"等几个病态问题，要明白怎么写作，主要是布局与辞句的澄澈鲜明。作者申明所讲的是狭义的国学，以此为工具知识，不是要沉浸于故纸堆，而是要求知与致用，将国学作为研究政治、经济、法律，以及一切科学的基础，好比"百家通"的钥匙。以前对于国学概念，心中只有四书五经是不对的，"要知道我们是现代的人，现代的理论立场已经变了，我们也要晓得随乎时潮才好"。（余绪胜：《怎样立起一个国学的基础：献给本馆青年读书会会员诸君》，《鄂东民众》，第 2 卷第 2—3 期，1936 年 3 月 15 日）

△　刘斯楠发表《对于国学之新认识》，尝试建设新国学的整个系统，以新国学代表新政治学。

新国学包括政治哲学（认识论、本体论、宇宙观、人生观、政治问题及其解决的原理原则），政治科学（政治道德：定义定理，定律；政治知识：治事，治人，治事兼治人；政治能力：概念，数学原理），政治实际（政治要素；政治组织：使政治成为民的政治；政治行为；政治裁判：使政治成为民的政治）。政治哲学与政治科学将三民主义的党义与国学打成一片，政治实际以己立立人，己达达人为宗旨，政治科学与政治实际贯彻知行合一的原则。文中称：

> 国学为治国的学问，亦犹三民主义之为救国主义。治之一名，含有治人治事二义；治之之方，则有德治、法治二派。德治派中，或主无为而治，或主礼治；法治派中，或主立法贵严，行法贵恕，或主宽以济猛，猛以济宽。是二派者：一言有治人无治法，一言有治法无治人，旨虽不同，皆务为治。儒家

言治最高原则为《易》、《书》、《诗》、三礼、三传、《论语》、《孟子》、《孝经》等，后世尊之为经；百家言治最高原则各执一说，其徒各尊所闻，其初起于补偏救弊，末学不免互相非议，后世称为诸子；集则为经子之小型；史则为治乱之记载，事虽涉于幽独，仍一本于格致诚正修齐治平一贯之政治最高原则。此其义，总理尝夸耀为世界最良好之政治哲学，三民主义对此中国固有的学问，早已表示全部接受，加以顺应世界潮流之新精神，迎头赶上各国之新科学，治国学问一变而为救国主义，则于党治下言国学，不盲从，不武断，使国学科学化，庶无失人失言之诮。

中国时下所言国学，泛指经、史、子、集，"史不过经之一支，集更属子之变形"。孔子曰："六艺于治，一也"。《淮南子》曰："百家殊业，而皆务于治。"可见，"治"字是国学的精髓，"彼浅学者妄诋国学为一团糟，正当入拔舌地狱，岂吾人所愿闻乎"！刘斯楠指出：

国学上之理论，如定理定律化，一切不难有合用之公式与合理之演变。今人谓之计算，古人谓之占筮，夫岂道不同不相为谋者比。如以主义言，主义为解决问题之一工具，就步骤论，问题发生在先，认识在后，解决问题，已为处置问题最后阶段，在将解决与未解决之顷，即为吾人穷理研几之会。蒋院长有联云："穷理于事物始生之际；研几于心意初动之时。"其义最堪玩味！世人不知此义，穷理于事物已成之际，研几于心意已现之时，倒果为因，往往而是，国学之研究者亦每不免此弊，知其当然不知其所以然，故虽有可阐明之理学几学，卒不能成为科学，又其甚至自误误人者，或且堕为玄学，固知欧美对于社会科学至今犹无成就，而如中国先哲接近科学之政治上之理论，不使成为定理定则，运以理论科学，俾与元子论等一贯，此则未免可惜，且几近于自暴自弃！处置救国问题，既当如蒋院长注重穷理研几，处置治国问题，何独不然。古人之治天下，一日二日万几，盖已熟谙权度一切政治意识，能不悖其本末后先之序，不愤不启，不悱不发，举一隅不以三隅反则不复，良以人智本自不齐，中人以上可以语上，中人以下不可语上，民可使由不可使知，卜筮之方，殆即当时统治者之一种政策，君子深造之以道，欲其自得之也，则尚占焉。使之居安资深，一如卦画近取诸身，远取诸物，由是下学上达，左右逢原，自意中事，曷尝如后世道士者流之伎俩。由此形成之政治知识，不有益于受治者之政治兴趣，必有益于统治者之政治能力，交易之义，于是乎在。其他诸经，读唐校长所著各经大义，顾师各经讲疏，知其莫不可与《易》会通，所有发明，或属政治道德原理原则，或属政治知识、政治能力之经验思想，无一不足应用理论科学，于自然科学外，别树一帜，使凡言治术者，能于最短期间，费最小之劳力，获最大之效果；廿五史记载古今治乱兴衰，灿然在日，前车可鉴，来轸方遒，其有关于治术，前已言之，抑其主文重事，当即道或器之变通尽利举而措之天下之民之事。庄生所谓技兼于事，事兼于义，义兼于德，德兼于道，道兼于天数语，亦足表示其与政治上之关系；而诸子百家，除前所言补偏救弊各执一说，近今纷纷之主义外，其书或言治事之技，或著制事之义兼德之道，何莫非治术攸关之著作，欧美各科学书，译而存之，厥可视为此类学术之高度发展；汉魏以来各诗文集，或则主文谲谏，或仍重事重义，要不外表达政治意识之动人文字，时人或别称为文学。究其指归，始也言志而继也明道载道，言志犹言政治意识，明道载道犹明政治道德为之记载，何莫不可分隶政治道德、政治知识、政治能力之新体系之下。经史子集中之理论可分隶于政治道德、政治知识、政治能力之义明，而此义之表现，厥惟政治组织。理论属知，组织属行，能知固能行，不知亦能行，故此政治组织之理论的体系，初时虽未完成，政治组织固已先此种理论而发生，此种理论，既已发生，其所表现，不属政治意识，即属社会意识。就其互为端绪而言，有此社会意识，即有此政治意识，有此政治意识，即有此政治组织，有此政治组织，即有此政治理论。政治组织未可厚非，治术教育又岂可非，特患行之不著，习矣不察，转使指导政治最高原则不能形成一种科学，不易确立共信互信使人深明主义！如此政治组织理论体系一旦著明，揆诸不知固能行之知则更易行之义，有裨实际政治，又岂鲜哉！楠虽不敏，愿本斯义，为党前驱！就有道而正焉，固所愿也！国学有此政治组织理论体系，尤有其根本问题理论体系，姑置政治哲学不言，欲先形成政治科学而已！（刘斯楠：《对于国学之新认识》,《国专月刊》，第3卷第2号，1936年3月15日）

△ （扬州）国学专修学校开学。

常务校董胡震、韩国钧（马叔昂代）、王柏龄出席，推王柏龄为主席，领导行礼，报告筹备经过。次由省中周校长，教局辛局长相继演说，"略谓该校为造就明体达用人材，前途光明无限，后由该校长蒋太华答词，乃摄影散会。闻该校课程，为经学（徐希伯担任），散文，骈文（陈赐卿、程喜之分担），诗词（程仓光担任），史地（江武子、张羽平分担）"。（《国学专修学校开学》，《申报》，1936 年3 月17 日，第2 张第8 版）

（扬州通讯）扬州为江北之重镇，裹运之中心，有清一代名人辈出，盛倡朴学，在文化史上，颇著光辉。最近前辈流风遗韵，尚未尽替，有耆绅韩国钧、徐鼎康、马士杰、卢殿虎、鲍贵藻、程善之、陈懋森、陈含光、洪汝怡、洪可亭、胡震、戴天球、赵葆元、包翔仲、蒋贞金、周钰等，鉴于章太炎在苏州所办之国学馆、唐蔚芝在无锡所办之国学专门学校、王西神在上海所办之正风学院，俱以提倡国学为职志，成绩斐然。近拟在扬州亦创设国学专修学校一所，借以保持扬州在过去人文史上之荣誉，而嘉惠后进，俾得共宏教泽。现闻已积极从事组织，各事均渐具雏形，寒假期中，或可开始招生云。（廿五日）（《韩国钧等在扬拟创办国学专修学校，阐扬文化嘉惠后学，寒假期内开始招生》，《中央日报》，1935 年12 月26 日，第2 张第4 版）

3月16日　《制言》刊发《太炎通告及门诸子》，拟开办章门弟子集会，组织学会，发行会刊。

章太炎称："余讲学以来几四十年，及门著籍，未易偻指，而彼此散处四方，音书辽绝，难收攻错之功。近余设教吴中，同学少年，佥以集会为请。余惟求声应气，前哲所同，会友辅仁，流风未替。况余衰耄，来日无几，岁时接席，岂可久疏。因拟《草约》四条，以为集会之原则。凡我同人，如以此议为然，希于五月一日以前开示最近住址，以便通讯，共商进行之宜。"《会约四条》："一、由及门弟子组织一学会；一、每年寒假、暑假各举行大会一次；一、每次大会征集会员治学心得，发行会刊；一、会章由会员共订之。"（《太炎通告及门诸子》，《制言》，第13期，1936年3月16日）

3月20日　察冀政委会召开第八次例会，公推刘哲主席，议决天津国学研究社经费问题。

李廷玉提议天津国学研究社经费不敷，拟请饬长芦盐公所及合丰、复兴、裕蓟三公司捐助，并将向长芦盐抽捐，作为问津、三取、学海等院堂常年用费、现储备办理地方公益的款项，拨充经费，以期国学昌明。议决原则通过，先函长芦盐运使署查明情形，呈候委员长核夺。（《政委会昨开例会，每两周开会一次》，《新天津》，1936年3月21日，第1张第3版）

3月22日　船山学社开第六次董事常会。

颜昌峣、周逸、王礼培、谢鸿熙、萧仲祁、王代懿、胡子清、任福黎、王寿慈、黄巩等董事出席，董事黄赞元、陈嘉会请假。继任社长预选五人为候选人，再提交社员大会复选。董事长王礼培提议不记名投票。开票结果：黄昌年十票，王礼培八票，任福黎七票，黄巩五票，萧仲祁、陶思曾各四票，颜昌峣、胡子清各三票，王寿慈二票，彭施涤、周逸、黄赞元、罗正伟各一票。"决定以前列之黄昌年、王礼培、任福黎、黄巩、萧仲祁为正式候选人，俟择期开临时社员大

会，投票选举。"（赵启霖著，施明、刘志盛整理：《赵瀞园集》，第436页）

3月25日　无锡国学专修学校本届毕业论文选题由各教授拟定，送交教务处汇集发表。

校闻·毕业论文题发表：

　　本届丙子级毕业论文依向例，业于三月廿五日，由各教授拟就，送交教务处汇齐发表，计分：一，《周易八卦象爻及象象传注释并广论大义》。二，《孟子分类学注释并广论大义》。三，《左氏兵略旁通经子要论》。四，《汉学与宋学今后趋势之预测》。五，《唐诗与宋诗对于清诗之影响》。六，《振兴中国策》。七，《非常时期教育之实施》。八，《非常时期国学专科学校课程方案》。九，《宋诗品（仿钟嵘〈诗品〉)》。十，《纪事诗述论》。十一，《韩文评述》。十二，《中国哲学史纲要》。又顾惕生先生为便利毕业同学选择起见，另拟题目二十条，计分：一，《东方德治主义之文化与西方法治主义之文化论》。二，《中国秦汉以后之下层人民教育论》。三，《中国征兵制与募兵制之变迁考》。四，《中国历代民食与其体质强弱之关系论》。五，《管子老子同异论》。六，《管子修太公之教与孔子修周公之篇籍论》。七，《东方西方古今哲学无定论考》。八，《东方消极人生观与西方积极人生观之比较论》。九，《刘知几〈史通〉与近代史法合论》。十，《司马迁〈史记〉上绍〈春秋〉论》。十一，《〈史记〉体例原出〈世本〉考》。十二，《古礼乐亡佚考》。十三，《〈史记〉〈汉书〉中之文化观》。十四，《〈史记〉〈汉书〉中之历法考》。十五，《史记地理志沟洫志关系中国疆域水利论》。十六，《〈墨子·辩经〉与西洋论理学之比较论》。十七，《墨子"兼爱无父"，杨氏"为我无君"近于大同民主论》。十八，《诗书执礼必通〈尔雅〉一书论》。十九，《〈尔雅〉非字书而以语音通姬汉群书之义论》。二十，《六艺百家同归于治论》。毕业同学咸各就其学者所长，性之所近，择一而作，孜孜矻矻，常处书城，尽量发挥其三年来之见闻云。(《校闻·毕业论文题发表》，《国专月刊》，第3卷第2号，1936年3月15日)

△　南社湘集举行第十三次雅集于长沙定王台。

左纪勋、方克刚、谭元征、朱德龙、刘谦、刘鹏年、颜昌峣、田名瑜、田兴奎、龙曙、李澄宇、岳德德（威）、龚尔位、匡怀瑾、甘融、钟藻、周方、何振铺、王存统、蔡彤、王竞、黎梧森、黄正理到会。(杨天石、王学庄编著：《南社史长编》，第641页)

南社同人上巳雅集纪盛：

南社湘集同人于昨日（二十五）上午十一时假定王台举行禊集，届时社友到会者有龚芥弥、刘雪耘、董石朋、文牧希、龙季伟、黄汉琼、王原一、何静涵、刘约真、颜息盦、岳德威、方筱川、李洞庭、田个石、田星六、匡槐静、谭遵鲁、甘哲明、朱侣霞、蔡绍庵、王啸苏、周静庵、钟爱琴、左仲文、左铭三等二十余人。其中蔡绍老外，颜息盦、田星六两公年齿均尊，白发飘拂，比由社长刘雪耘君报告一年来社务及经费情形。并以任期已满，请另推社长接办。经公议仍留刘君连任。至经费困绌，应由各社友共同负责捐助等语。议毕，齐集台前冒雨摄影，以留纪念。随赴奇珍阁聚餐，觥筹交错，分类赋诗，极一时之盛。至午后三时始欢然而散云。(《南社同人上巳雅集纪盛》,《湖南国民日报》, 1936 年 3 月 26 日，第 10 版)

3 月 28 日　之璜发表《翻印古书与整理国故》，强调整理国故必须有科学的方法、现代的理解、谨慎的态度、批判的立场。

因目前有些出版家所采取的出版路线之错误——翻印古书，于是中国的一般读者也随之而走上了一条危险的路了。

推完翻印古书的风行一时的原因，当然不限于一般书贾们的巧取和善于花样别出。这里自然也有他的社会的原因在。在目前的社会经济状态下，读者的购买能力之一般的低落，这是一折八扣的标点古书风行的客观因原之一。致［至］于出版家的本身的经济能力之薄弱，也是造成了他们不得不要乞灵于这些并不需要付给稿费而又可多得利润的古书上去。其次，一般读者因国家大事的种种刺激及自己的生活上的种种缺陷所给予的精神上的痛楚与苦闷，也极而使读者发生一种逃避现实的反动趋势。只好走向所谓幽默的小品诗话中去，企图寻求他们幻想中的一种安慰。这也是一种翻印一折八扣的标点古书之风行的客观原因……

我们读者现在所需要的一折八扣的廉价书籍，并不是如现在这般充满了市侩气的书贾们所号召的那些只有麻醉没有营养的什么珍本，什么文库，什么禁书之类的东西，而是一般的有关于政治的、经济的、哲学的、文学的以及其他一切作为此时此地的我们国家的实际所需要的东西。

尤其要使我们觉得痛恨的，现在这批市侩式的书贾们乱七八糟的翻印古书而以整理国故这一动听的名词来做号召，更其不应该的，他们翻印古书而仅限于什么珍本，什么文库，什么禁书之类的东西。这些被翻印出来的被视为中国出版界的奇绩和莫大贡献的所谓珍本、文库、禁书之类的东西，既都不能拿来代表中国的国故，又复多以诲淫、浪漫、荒诞以及出世的思想等为其主要的内容，则其所给予中国的读书界的影响，无疑的是一种比吗啡等更深百千倍的毒害。

此外尚有一种业已频于没落的书贾们，他们为了企图作一次最后的挣扎，不惜使出种种极端卑劣的手段，利用种种耸动听闻的文字，种种时行思想的流派的名词，作为他们出卖种种一无内容，完全腐败没落了的古籍之掩护，以遂其一手掩尽天下的投机取巧，欺骗读者大众的企图。

假如现在这般书贾们真有这种诚意为我们读者大众的购买能力上着想，为我们读者大众设法减低其经济上的负担，而且更是十分诚意的要想对于整理国故的工作下一番功夫，为我们的国家民族尽一点力，则这般出版家们至少要对于现在的这种错误的危险的出版路线应该放弃，决不能再一意孤行的继续执行下去，这点实在也是现在中国的出版家们所应有的觉悟和责任。

本来整理国故这一工作，也决不是那么简单和容易的事。整理国故而不以一种科学的方法，现代的理解，谨慎的态度，有批判地去从事于推陈出新的工作，仅是盲目的，或是故意地、歪曲地把一些无裨于社会，无益于国家的实际需要的古书，大量地翻印，以图吸取一般读者大众仅有的一点金钱，以饱其贪囊，而徒自利用了整理国故这一动听的名词做号召，那么这一种挂羊头卖狗肉所谓整理国故的勾当，是应该要遭受到我们读者大众的无情打击的。（之璜：《翻印古书与整理国故》，《新闻报》，1936 年 3 月 28 日，1936 年 3 月 28 日）

3月　何键捐款筹办湖南国学专修馆。

何主席鉴于中国国粹，日日衰颓。对经学一项，尤缺乏讲学人才。若不预为培植，将来更无继起之人。特私人备款八千余元，收买南华女子中学校旧址，筹办湖南国学专修馆，并聘罗正伟代行馆长主持一切。国学馆原有学生二百余人，将一律送入专修馆，并呈请教育部备案设立以宏造就。罗系前国会议员，对国学尤有研究。最近与章太炎先生等，讨论读经问题，著有《读经平议》。内分"经之源流、经之价值、经之整理辩证反对读经之言论及结论"。且于去年奉中央党部召请在中央广播台讲演读经问题，并由全国经学会另出专刊，内容极为详尽云。（《何主席捐廉筹办国学专馆》，《湖南国民日报》，1936 年 3 月 12 日，第 6 版）

△　严耕望在安庆高中，撰写《研究国学应持之态度》，主张要有怀疑的精神、科学的精神、根据社会进化的过程观察各时代的文化、实事求是不着门户之见。

严耕望认为，三四十年前，还没有"国学"这个名词。因欧风东渐，我国学者方才摒弃固有学术，注意西方文化，于是发生新、旧学之分："新学就是西学，旧学就是固有的学术。"此后，醉心新学的人将固有学术视为杀人利器。另有一二卓识学者认为："一国之立必有其本，本者何，文化之特质也。"于是提倡国学的风气日渐兴盛。学界将"国故学"简称"国学"的名词，"其意即立国之根本学术也"。国学的范畴很广，按照胡适《国学季刊发刊宣言》所言："中国一切的过去文化历史，都是我们的国故；研究这一切过去的历史文化的学问，皆是国（故）学。"我们如果已经知晓"国学是什么"，以及"国学是那样的重要"，那么，我们势必要研究国学，研究国学要有以下四种精神：

一，怀疑的精神。怀疑，是治学的第一个原则。秦汉以前的学者，没有读书不怀疑的。自汉武帝罢黜百家，独尊儒术；我国的学术因此没有进步。……逮至清代，疑古之风乃渐趋普遍。如阎若璩之《尚书古文疏证》，专辩东晋晚出之《古文尚书》及同时出现之《孔安国尚书传》皆为伪书；姚际恒之疑《古文尚书》《周礼》《诗序》《孝经》《易传》十翼等；甚至如王氏父子，竟敢改易经文；到了清末民初，斯风益炽；而以康南海，顾颉刚为最著（《新学伪经考》《孔子改制考》《古史辨》诸书）。于是国人的思想得一解放，学术亦遂因之蒸蒸日上。盖读书而不能疑，不啻为古人的奴隶，永远不能出古人的范围。正如阮籍所说："蚤处裈中，永无见天之日。"疑古固如此重要，然而自疑也是非常要紧。朱子说："人之病只知他人之说可疑，而不知己说之可疑。"（《语类》）戴震说："学者当不以人蔽己，不以己自蔽。"（《答郑用牧书》）因为别人固然有错，你自己也难免有非：你所疑的未必是古人不对的地方，你所信的未必是古人对的地方。所以朱、戴二先生都说既要疑古，又不可过于自信。我们果能不迷信旁人，又能不过信自己，那末只有实地去找证据了。

二，科学的精神。要证明我自己怀疑的地方与自己的假说是对的，首须从考据训诂入手，汉儒清儒皆以此为唯一的治学法则。不过汉儒只用此法去解释经文，而不敢抱怀疑态度，这是他们不及清儒的地方。清儒的治学，纯用归纳法，富有科学的精神。他们考据分几个步骤：一、搜求与自己所怀疑的事项同类或有相互关系的材料，然后罗列比较以研究之；二、比较的结果，立出自己的意见；三、更从正面旁面反面，博求证据。这样努力，当然得到良好的结果。但考据训诂，仅能将单体事实个别的求得其真像，而不能融会贯通。会通之道，孔子也很注重；宋儒嫌汉代学者过于琐碎，于是以会通为其唯一的治学法则，只求微言大义，不事考据训诂；于是发生"望文生义""增字解经"的毛病。这种会通，不是我们所称意的。我们要从考据训诂，进而融会贯通。这样二者兼备，自然可以有较大的收获了。考据训诂的方法，上面已略述及。至于怎样才可以融会贯通，还须加以说明。我以为要做到贯通的工作，非运用"真正科学的辩证法"不可。（马克斯《哲学的穷贫》）昂格斯以为辩证法是"我们最优良的工作工具和锐利的武器"。（《佛尔巴黑与德国唯心哲学的尾声》）此语诚是，因为此法教我们从已有的事实推求其来因去果及彼此间之相互关系，而得一有系统的知识或学理。我们既明了辩证法的重要性，那末就应该进一步讨论如何使用它来研究国学。原来辩证法的内容是非常繁复，近来李季先生将它具体的分为七项，最主要的是：一、在运动中考察对象，二、在联系中考察对象，三、在矛盾中考察对象，四、在实质中考察对象。研究国学的人要怎样从运动中考察对象呢？简单的答复，就是要明了国学中各项学理的历史。……所谓在联系中考察对象，就是说研究学术须顾到彼此间的关系……所谓要在矛盾中考察对象，就是因为万事万物的运动与变化，都起于矛盾（昂格斯：《杜林的科学革命》，118—120页）。一切的一切，尽管是矛盾，尽管是错杂，但是也还循着一定的轨道，这个轨道，就是正反合三个步骤。我们研究学术思想史或社会制度的演变，都要按此步骤去考察。至于在实质中考察对象，就是说不可就概念测量对象，而要从事对象本身的考察。这种态度，对于研究国学也是非常重要；在做考据训诂的工作时，就要顾及这一点。上文把辩证法简略的说了一遍，我们研究国学，若能按各种情形，取科学的态度，运用科学的方法；那末自可免"琐细缀零"与"望文生义"的弊病，而真正的融会贯通的目的自可达到。

三，根据社会进化的过程观察各时代的文化。社会环境是我们怀疑的立足点，也是求证据的原则。因为文化是不能逃出社会的环境；环境不同，文化自然各异。比如说，在某氏族社会的时代，有一位学者，提倡忠君的学说。这自然是不可能的。我们怀疑他，也就是因为在民［氏］族组织的社会制度之下，决没有君主出现。我们既知社会环境的重要了，现在再讲怎样按照社会过程，来推断文化。社会环境有两种界限：一为空间，一为时间。（1）空间。根据社会进化的理论：人类的起源以及社会进化的原则，虽然相同；但是开化的迟早，与社会组织亦间有不同。例如黄白二种早已走上了资本主义的社会，而南美的印第安族还逗留在氏族社会的时代。可见开化迟早各不相同。又现今氏族社会组织的易洛魁族的家系为女系；而希腊在氏族社会制的时候，其家系则为男系（莫耳甘：《古代社会》上卷）。可见地域不同，制度亦有出入。社会既然如此，那末我们研究国学，就不可专凭外人的学说，来解说中国的文化；不可专凭外人的学说，来臆度我国的学说。我的意思，并不是说研究国学绝对不能参考别人的学术，是说我们不可妄事牵引，曲解自己的文化。（2）时间。荀子说："欲观千岁，则数今日；欲知亿万，则审一二；欲知上世，则审周道。"此语似是而实非。要知道空间不同，文化固异；若时间不同，文化亦自有别。他不明此理，以致弄出很大的谬误。……我们既然明了社会环境的重要，那末研究我国某一时代的学术，就应当搜求与此事项的时代很接近的证据，然后所得的结果比较可信些。

四，实事求是不着门户之见。我国学术庞杂繁多，九流十家，以及后来之佛学皆在国学之列。一人之力自不能精而通之。但是我们不能因治儒而非道，治道而非儒；总要各就所好，而平心静气去研究。不可蹈崔述的故辙，专根据六艺去研究古史，这是重大的谬误。至于同研究一家的学术，尤不能有门户之见。六朝之士，宁说周孔非，不谓郑氏误；元明学子，尊程朱之说，亦有此种态度；至谓朱子实兼孔子与颜曾孟子之长。其言之是非，毋庸置辩（《文史通义》卷三《朱程》）。有清一代，此风亦未尽戢。如惠氏一派，犹以尊古守家法为究竟，所谓"凡古皆真，是汉都好"（《清代学术概论》）。此吾所不取也。又江藩之《汉学师承记》以惠氏为正统；方东树之《汉学商兑》务摈戴惠，笃信朱程。可见当时门户之见甚深。惟江慎修、戴东原一派学者，不立门户，可谓实事求是。如王氏父子之间，每有不当意处，亦不敢轻信，此种精神，实尤难能可贵。

最后，严耕望格外提醒应当注意的事项："我们研究国学，不可好丑兼收；必须采其精粹，吸其英华。如在沙里淘金，不可把沙土也误为金砾。所以我们研究国学的人们，应各人研究各家的学术，把精华取出之后，再比较而观之。辨其同异，以求各家学术共同的地方。这样去研究我国固有的文化，于立国之本，庶不无裨益。"（严耕望：《研究国学应持之态度》，《学风（安庆）》，第6卷第5期，1936年8月1日）

△　金陵大学文学院国学研究班编纂《金陵大学文学院文史丛刊第一种·小学研究》出版。

刘国钧撰《弁言》，提出学术研究普及与提升的两条道路：

学校之设，本以发扬学术为旨。夫学术进展其途有二，将已得之知识广布民间，以提高一般人之程度，此其一也。基于前人之成绩而深研精进，以求得更新的发现，又其一也。大学之职责盖在后者；而以今日中国之大学为尤然。何则？国弱民贫，上下交困，欲视大学教育为普通教育而求其普及，力有未足，势有不能也。然则开拓学术之原野，促进学术之发展，殆为今日大学之唯一方针，盖无俟深论！况国际竞争日趋激烈。凡所以经纬国家荣卫民生者，何莫非学术之力？不能争胜于此，而期立国于今世，以保其人民土地，盖亦难矣。试观今日知识落后之民族，其能与列强平分一席地者，有几哉！语云："知识即权力"，处今日而益信。是以往岁承乏文学院之始，即以为事之宜先者，莫如提倡研究之精神，促进研究之事业。因有文史研究与社会科学研究分途进行之拟定。虽经费拮据，而同事诸君子不以为艰难迂远而乐助厥成，遂有国学研究班之设，以便专攻本国文史者之进修。今者，岁及再周，乃集师生讲学所得为《文史丛刊》。因述其缘起如此。夫国家立国精神之所表现，莫过于其本身之历史与固有之语言文字。昔者秦皇行同文之政而立大一统之规；近世都德纪《最后一课》而作民族复兴之气。然则文史之于民族运命，若是其深切也！今所裒集，冠以《小学研究》者，固未敢自许有所发明，而心所向往要亦无庸自讳。其或借此短幅引起学者之推敲而明真理之所在，亦所以促进学术发扬文化之一道欤。（金陵大学文学院国学研究班编：《金陵大学文学院文史丛刊第一种·小学研究》，南京金陵大学文学院国学研究班，1936 年，弁言）

　　△　国立北平研究院史学研究会创办《史学集刊》半年刊。该刊主编为顾颉刚、陈垣，1950 年改由中国科学院考古研究所编辑。

1951年12月终刊。吴世昌撰"发刊词"，表达以史学取代国学的主张。

> 近年以来各大学和研究机关对于国学的研究，尽了很大的努力；各院校都有专门的学报刊行。但所谓"国学"是个很宽泛的名词，只要是中国的，几乎没有一种学问不可以包括在内的。用这样的名义刊行的杂志，自音韵、训诂以至相去万里的天算、艺术、哲理、制度、文学批评，都可以兼收并蓄。读者既不能全备各方面的兴趣，所以得到一册学报，能读的文字只是一二篇而已。本刊名为"史学"，顾名思义，范围应较一般学报为窄。但因为中国文化本身的悠久，任何学问都脱离不了历史的渲染，所以在稿件方面，也自不能定下严格的界限：大致在历史和考古的范围之内的，都可以收刊。我们在这发刊之始，不敢预标夸饰的奢望，但愿以同人研究的结果，平实地供献于国内外的学术界。（吴世昌：《发刊词》，《史学集刊》，第1期，1936年4月）

4月1日　夏敬观主编的《艺文杂志》创刊，该刊以传统国学研究与古籍整理为主要内容。

黄孝纾、卢前协助编辑，张静庐主办兼发行。创刊号载征稿范围：一、本刊征求范围以现代及前贤之论著未经刊行者为限，以下各文稿欢迎惠赐。甲、关于经史诸子之专著；乙、关于金石文字书画之专著；丙、诗文词曲及论诗文词曲之著作；丁、海内藏书家书目提要及关于藏书论著；戊、关于国故及考证之笔记；己、游记及乡土山川名胜记载。

夏敬观作《发刊词》云：

> 文物昭明，绵历弈世。其演进而不衰者，谓之文化；传述悠久，比并当世，其深厚而特殊者，谓之国粹。斯二者，皆吾民族所赖以自存，而不为人所蔑视者也。日本与吾国同文，其学者弆藏汉文经籍，宝爱特甚；欧美诸邦，研求吾国学术，亦不乏人，伦敦、巴黎博物院，庋藏吾古物、书籍、图画，盖其著者。由是观之，发扬国学，即所以增进民族之辉光，未可视为后图也。顾国学之书，浩如渊海，珍秘之本，向少流传。书富则毕生不能尽读，非有简捷之法不为功；秘藏则异书每成孤本，非赖传钞之力不能见。简捷之法维何？读书之门径是也。而抉取精英，使读者易晓，亦为良法。迩来学者，勤于撰述，颇以科学方式整理群书。刊物日富，读者渐趋简便，此其明效大验矣。至于秘藏之籍，传钞固难，刊行亦非易事，逐渐传布，当为学者所乐闻。同人等爰本此旨，创刊《艺文》杂志，其体例以考正典籍，搜求珍本，编撰文艺，旁及金石书画，并别辟一栏，以供投稿选刊。借与海内学子，互通商榷。昔贤著书，必发凡言例，兹者编纂杂志，难言著作，发刊之辞，不同言例，固陋在所不免，惟阅者谅之，匡其不逮，幸甚幸甚。（夏敬观：《发刊词》，《艺文杂志》，第 1 卷第 1 期，1936 年 4 月；陈谊：《夏敬观年谱》，黄山书社，2007 年，第 158—159 页）

△　湖南国学馆改为湖南国学专修学校，补行开学仪式，居正

出席开学礼，并讲演。何键致训词《要用最新的科学方法来研究国学》，强调"通经致用"与"整理国故"相辅相成。

"湖南国学馆开办数年成效颇著。现第一期学生，已于暑期毕业。兹因经费支绌，已经校董会决定，本年下期实行停办云。（通）"（《国学馆经费支绌下期停办》，《湖南国民日报》，1936年8月19日，第7版）何键自称为国学馆的前途考虑，不得不充当馆长，遂改湖南国学馆为湖南国学专修学校，点明提倡国学的方法。何键认为，研究国学的方法，应当"保己之长，取人之长，两方面兼筹并顾"，也就是说，"我们要用最新的科学方法来研究国学，然后国学才有发扬光大的一天。这在表面看来，似乎不是纯粹的国学，实则正是保存国学的要道"。放眼人类文明，"世界上只有中国的学问是始终一贯的，圆满的，而且永远的替人类谋幸福的"。面对世界纷乱的局势，就原则原理而言，"国学又是最合时的学问"。"提倡的方法"和"提倡的目的"则不能不改弦更张，与时俱进。所以湖南国学专修学校确立"通经致用"与"整理国故"两个目标，作为研究国学的方针：

（甲）通经致用。所谓国学应当包括经史子集四部在内，并不以经为限，但是中国的学问，无一不以经为根据，所以研究国学，当然要以经为首。不过旧日士子读经，都抱着为"读经而读经"的目的，对于经文尽管读得烂熟，说得头头是道，然而一遇事变，常常茫无头绪，此等人只可称之为迂儒，不能谓之通经。至于口圣贤而心盗跖的小人更不足数了。我们今日研究国学，要抱为"致用而读经"的目的，处处都抱经书应用到应事接物上，才能算得通经，也才能算确实提倡国学。但说到读经，便不可不知从前学者，对于经的派别。……我们由文化的趋势，而讲求读经之道，便不能墨守一先生及一家之言，而抹煞一切。应该把所有研究经书的方法归纳起来，分出步骤，使成为整个方法，通经中一节的道理，还要融会全经而求其贯通，通了一经，还取此经与彼经互相贯通。务须将所有的经义，都贯串在一起，合乎古还要合乎今，合乎修心养性，还要宜于治事接物。这样的层层推去，把经义视为无时无地所能暂离的一种约身束心范物模事的规矩准绳，而没有附会牵强的毛病，这才算真能通经。若一处通不过去，仍不得谓之通经。能如此自然左右逢源，无往不宜了。

通经致用四字，旧时读者多谓能通经，便能致用。所谓用者，就是用经。话虽可以如此说，但通经而不能致用，就根本不得谓之通经。以现代的眼光讲，通经之外，实在另有致用之学。所谓致用者，换言之，就等于胡安定先生所立之治事斋，而通经则等于其经义斋。倘固执旧说，不惟太空洞，且除此以外，其余的国学，都在废置之列了，如何能适应环境呢。说到此点，则我们对于史地、水利、农田、医药、政治、经济、法律、天算、财政等等，便不能放弃……

（乙）整理国故。现在反对国学的人，总以为中国固有的学问，凌乱芜杂，没有系统，很不易看清眉目，不如外国之线索分明，容易研究。因此口实，遂视中国学问，为不值钱了。平心而论，数千年来中国的学者，不知道用科学的方法，为治学的工具，以致学说凌乱，不易寻出眉目，这是无庸讳言的。但是因此而说中国学术没有系统，我却不敢承认。试观过去能成一家言的学者，其学说总有结晶之点，任是千言万语，或直说，或譬喻，看似离题万里，然细心研究，必能发现其归宿之处，仍如众星拱北辰，不离主旨。以中国学问没有系统，这只能怪研究的人不得窍要，不能说国学便是乱七八糟的东西。所以今日想研究国学，除了上说通经致用之外，如果为"国学而研究国学"的人，便不可不抱有整理国故的志愿，把固有的学术，一一重新估定其价值。简单的说，就是要用最新治学的方法，将国学加以整理，系统难明者，使之线索分明，凌乱芜杂者，使之整齐划一。经一番整理之后，精粗优劣之点一一呈现，则后来之研究者，用心小而成效大，而国学的价值，才不致如今日之受人轻视。此种工作，虽甚艰巨，但是研究国学的人，若没有如此志愿，则国学的地位，便不容易增高，而研究者的本身，也就失去其重要性了。诸生来学于此，对于国学，当然都有极大兴趣，望深切注意此点，以期发扬国学。

何键指出，湖南国学专修学校的师生关于国学的志愿和理想的最低限度虽然有所不同，但"通经致用"与"整理国故"这两种目标中，"必择取其一，以为各人致力之点"。"若仅在于博闻洽记，或文章词藻，未免辜负国学了。"同时，这两种目标，也并没有严格的界限："整理国故，可以为通经致用之助，通经致用，当然也可以为整理国故之助，不过用力时有所偏重而已。若视作鸿沟，不免将国学化整为零，亦失国学研究之意。"（何键：《要用最新的科学方法来研究国学》,《国光杂志》,第17期，1936年5月16日）

表2为湖南国学专修学校教师履历简表。

表2　湖南国学专修学校教师履历简表

姓名	年龄	职务	履历
何键	50	校长	省政府主席
罗正伟	52	教务长	湖南优级师范毕业
李云杭	43	训育主任	历任省第一、二、五中实习主任，教育厅审计委员
张有晋	57	事务主任	省政府秘书
卢海峰	38	军事教官	团副
陈大榕	39	党义教员	北平师范大学
李肖聃	55	文学教授	湖南大学兼任教授
孙鼎宜	58	文学教授	不详
王啸苏	53	文学教授	湖南大学兼任教授
王之平	43	经学教授	曾任中华文化复兴社编辑及省国学馆教务长
骆绍宾	45	经学教授	湖南大学兼任教授
颜昌峣	69	经学教授	清廪生，曾任湖南大学、武汉大学文学和史学教授
孙文昱	67	小学教授	湖南大学兼任教授
毛觉民	58	哲学教授	省武备学堂陆军少将
罗元鲲	55	历史教授	湖南中路师范毕业
缪育南	51	地理教授	省中路优级师范史地科毕业
唐景尧	64	政法教授	历任长沙师范学校、长郡联立中学等学校教员
唐炳堃	42	会计庶务	宁乡中学毕业

（《湖南国学专修学校教师履历简表》，1936年，湖南省档案馆藏，档案号为59-4-525。转引自罗玉明：《湖湘文化与湖南的尊孔读经　1927—1937》，湖南人民出版社，2004年，第166页）

4月3—4日　中国国学会年会在苏州召开。

国学会年会本年春季在苏州集会，各埠会员有数十人赴苏报
到，开会日程摘要如下："第一日（四月三日）上午在苏州沧浪亭，
江苏省立苏州图书馆。下午在虎邱山冷香阁。第二日（四日）上午
在无锡蠡园，下午在鼋头渚附近茹经堂，同时提出研究报告并讨论
今后之国学趋向。"干事会暨编审会委员已推定金天翮、贝琪、蒋
维乔、陈柱、金东雷、易君左、徐泠秋等汇集提案，将在下期会刊
中发表。（《国学会年会》，《艺文》，第1卷第3期，1936年6月15日）

4月9日 船山学社照章填写《全国学术团体最近概况调查表》
（见表3）。

表3 全国学术团体最近概况调查表（二十四年度）

名称	湖南船山学社
地址	湖南省长沙市中山东路二零一号
负责人	副社长陶思曾，董事长王礼培，秘书兼编辑主任周逸
宗旨	以研究船山学说，发扬民族精神，倡明国学，扶翊风教为宗旨
沿革	本社为民国二年（1913）浏阳刘人熙先生就小吴门正街原有之思贤讲舍遗址所改建，呈请中央政府令行湖南省政府备案。其后改办省农民协会。至民国二十年（1931）八月奉令改组，二十一年（1932）六月成立董事会，九月四日开社员大会，选举正副社长
成立年月	民国二十一年（1932）七月
立案年月	民国二十一年（1932）五月，呈中央政府令行湖南省政府立案
备案年月	民国二十三年（1934）九月，呈教育厅转呈教育部备案
组织状况	本社组织系正副社长总理全社社务，以下分设：1.研究；2.讲演；3.编辑三部，董事会及正副董事长负保管社产，稽核赈目，执行社员大会议案及议决关于社务应兴应革之事项

续表

名称	湖南船山学社
职员人数	共二十一人
社员人数	共一百六十一人
经费	岁入国币四千八百元（除折扣外每年实收洋约四千二百元），岁出国币约五千余元
所办重要事项	每年刊行《船山学报》三册，举行春秋两季季课二次，每逢星期日讲演一次
出版物	丛书三十余种，定期刊物一种
备考	本社社员现共百六十一人，照章程每年每人应缴纳社金一元。自开办至今，四年来共收入社金二十二元。今以百六十一人四年计算，共六百四十四元，除收二十二元外，尚应收六百二十二元。本社经济虽属困窘，曾未索缴，听人输纳，以重道义故也

（《全国学术团体最近概况调查表（二十四年度）》，《船山学报》，1936年
第11期）

在备案最近概况时，特意备注："本社研究事业除船山学说及
近代哲学、政学、文学外，特崇孔孟，专重躬行，以明善复初之
学，提醒天下之人心，严义利、重纲常、戒空谈、敦实行为主。观
本社学报札记栏'恒心堂读书答问'，便知作者忧时之切。"（《全国学
术团体最近概况调查表（二十四年度）》，《船山学报》，1936年第11期）

4月19日　船山学社开临时社员大会。

周逸、谢鸿熙、刘约真、郭人谦、彭济昌、杨佑群、王寿慈、
方永惕、沈醉七、刘国逸、萧甘溪、李砾、黄赞元托周逸代表、杨
蕉园、萧仲祁、廖树勋、王礼培、葛邃铭、粟戡时、李忠澍、王道
纯、黄仲深、陈健民、周维翰、黄巩、任福黎、言汝昌、彭昺、李

达、郑铸心、王代懿、辜天佑等到会，郭尺岩来函请周逸代表投票。报告事项："一、王董事长报告本日开会意义及开会之秩序。二、推定临时主席案。议决，推王董事长为临时主席，并推举周逸先生为发票员，王代懿、刘约真先生为监票员，彭济昌、陈健民先生为开票员。三、选举社长，发票三十三张，黄昌年得三十二票，理合当选。"（赵启霖著，施明、刘志盛整理：《赵瀞园集》，第436—437页）

4月20日　钱玄同致信章太炎，商谈弟子录事宜。

函称：

> 近读吾师通告及门诸子，敬悉将有学会之组织，甚休甚休。窃思三十年来，著弟子籍者甚多，但师讲学多次，异时异地。其共同时受业者，已多散处四方，音书辽绝。至于时地不同者，彼此互睹姓名而不知为同门者盖甚伙。鄙意似宜先在南北大报上登一通告，属各人开列姓名，字，年岁，籍贯，何年在何处受业，现在通信处，及现在在何处任事各端，并定一表格，使之照填，集成目后，刊《章氏弟子录》一册。如此不但便于通讯，且可使先后受业诸人互悉某某为同门，不知尊意以为然否？（《章氏同门会通讯录》，《制言》，第16期，1936年5月1日）

鲁迅《关于太炎先生二三事》说："先生遂身衣学术的华衮，粹然成为儒宗，执贽愿为弟子者蓁众，至于仓皇制《同门录》成册。"（鲁迅：《鲁迅全集　编年版》第10卷，人民文学出版社，2014年，第149页）周作人在《章太炎的弟子》中称："章太炎先生的弟子很多，虽然传闻其间有门人、弟子、学生三种区别，但照他老先生的性格看来，恐怕未必是事实。大概有些正式磕过头的，或者以此自豪，而同门中以时代先后，分出东京、北京、苏州几个段落来的也未始没有，不过实际上并无此等阶级，曾见苏州印行的同门录，收录得很广。"（周作人：《章太炎的弟子》，陈子善编：《知堂集外文·〈亦报〉随笔》，岳麓书社，1988年，第91页）

4月22日　唐文治为无锡国学专修学校经费事呈文林森、蒋介石等，并发起公启。

发起人傅焕光、金其堡、朱家骅、王震、陈衍、王清穆、张嘉璈、薛桂轮、荣宗铨、蔡文鑫、杨寿楣、周毓莘、顾倬、杨寿枬、荣宗敬、华士巽、唐滋镇、侯鸿鉴、孙家复、曹铨、冯振、陈鼎忠、惠美珊、高阳、陈柱、叶长青、唐文治等提请"私立无锡国学专修学校募捐建筑经费启"：

> 盖闻"立国要本于人心，善俗必基于正学"。聿维东林之里，实为南纪之纲，教泽旁流，余风未沫。我国学专修学校肇立于民国十年春，初设惠山之麓，嗣经锡绅孙鹤卿先生出资，就泮宫旧址别营讲舍，即于是年秋迁入，文治等承乏其间，忝居讲座，当世局元黄之会，民生憔悴之时，礼乐崩坏，黉序荆芜，孰为大雅之扶轮，深冀中流之砥柱。某等障澜乏术，济溺有心，雅慕鹅湖之论道，缅怀鹿洞之传经，载赓芹藻之章，庶革鸥鹑之响。区区愚忱，惟期于正人心、兴礼义两端，树国家根本之图，为世界壤流之助。盖自立校迄今，十有五载矣。中经匪乱，旋幸恢复。十七年呈准教育部立案，先后添辟校舍，负笈来者益众，卒业者三百有四人，学籍占十六省。僻邑边

隅、海外华侨不辞数千里而来。而校宇狭窄，后至莫容，至有徘徊墙之外，仰止涕泣而去者。拓地之谋，急不容缓。爰购地于五里湖滨，得五十亩，惟以中外观瞻，规模不宜过隘。玉虹万丈，下饮波涛，宝界一峰，式瞻云日。当春诵夏弦之暇，宜浴沂风雩之游。就辟大庠，实称得地，惟营建所需约十万元之谱。敢请当代伟人、各界鸿彦登高一呼，众力共举，恢兹广厦，惠我诸生。我校为宣扬国粹之学府，推崇文化之枢机，诸君子卫道情殷，当仁不让。倘蒙慷慨输囊，从容集腋，凡惠捐二万元以上者，建堂铸像；一万元以上者，勒碑纪勋；募集得以上数目者，亦为相当之酬报；一千元以上者，一体刻石镌名，金石腾辉，河山并寿，曷胜馨香祝之！

唐文治后又呈文国民政府林森主席、行政院蒋介石院长：

呈请赐捐款并指拨英美法庚款为建筑校舍经费复兴文化事业由。呈为呈请俯赐捐款，并指拨英美法庚款为建筑校舍经费、复兴文化事业事。窃维立国之要在正人心，而正心之本，根于道德。吾国数千年来，郅治之由实以孔教道德为重心，孔教一日不废，则人心一日不亡。先总理尝谓道德为民族精神，此种精神不但要保存，并且要发扬光大，然后民族地位可以恢复。近年以来，蒋院长、钧长提倡新生活运动，于礼义廉耻诸大端特谆谆告诫，草偃风行而人心犹有待于救正者，以孔教尚未修明，道德重心尚未恢复故也。文治等于民国十年在无锡创办国学专修学校。专以躬行道德、发扬文化为宗旨。十七年呈由教育部批准立案，校址在无锡孔庙东旧金匮县儒学，几经困难，始克成立。学生人数自三十人增至二百七十余人，学籍占十六行省。校舍自赁屋开学，逐渐改建，今有楼房六座、平房两座。图书自五百册增至四万余册，刊行本校丛书已达十余种。惟是地基有限，无由开拓，设备尚多缺憾。窃思本校乃国内惟一专研国学学府，四方就学者日众，徒以校舍逼隘，未能尽量收容，向隅者往往流涕而去。文治等仰体政府培植人材、推广文化之至意，爰就逐年经费节省所余及各界热心捐助，在无锡太湖宝界桥旁购地五十亩，山水清嘉，足为学子藏修之助，拟即从事建筑，借树国学根基。惟关系中外观瞻及将来逐步推广之计，规模不宜狭陋，预算需费约十万元。目下经济困难，筹措非易，伏念钧席，钧长提倡道德，策励人心不遗余力，而复兴本国文化尤为刻不容缓之图，为特呈请钧座赐捐巨款，以为首倡，并令饬英美法庚款委员会各拨助二万元。俾兹事得以成功，所以兴复孔孟道德，发扬民族精神，巩固国家基础，皆于是乎在理。合具文呈请批示遵行，曷胜屏营，待命之至。（陈国安等编：《无锡国专史料选辑》，苏州大学出版社，2012年，第177—179页）

5月21日，行政院院长蒋介石和教育部王世杰联署批文；5月28日，国民政府行政院文官处致函先生，均称按教育部《补助费分配办法大纲》之有关规定，"对于私立学校校舍之建筑，尚无给予补助之规定"。（陈国安等编：《无锡国专史料选辑》，苏州大学出版社，2012年，第173—179页）

△ 朴发表《国学与复兴民族》，主张致力于国学，恢复民族

固有道德，实现民族复兴。

文章称：

孟子云："生于患难，死于安乐。"以安乐易于怠惰，患难易于奋激也。史可法云："今敌之拒我，正我所以自奋。与天所以存我之时，特在人心一转耳。"人心之转移，为非常时间之第一要着。而转移人心，断不在外部之形式，而在内部之精神，断不是收吸外来之知能，而在恢复固有之道德。此之谓民族复兴。忘记内部之精神，与固有之道德，民族断无有复兴之望。精神与道德之所寄，在于中国历代相传之学说，即近日普通所谓"国学"是也。特"国学"二字之名词，非常笼统晦涩，而后世学者昧于"国学"之真。故群以"国学"为诟病耳。兹略述大纲如左。详细述之，非短篇文字所能尽也。

何谓国学，国学者，中国历代相传之学，与民族之精神道德，有密切之关系。（一）因生活之相传，成为家庭之组织。（二）因语言之相传，成为文字之产生。（三）因风俗习惯之相传，成为社会之结合，因此成为三派之学说。（一）儒家之伦理学说。（二）道家之自然学说。（三）墨家之功利学说。因儒家之伦理学说，养成人民家族相亲之特性，为政治之基础。因道家之自然学说，养成人民平和谦让之特性，为社会之基础。因墨家之功利学说，养成人民任劳耐苦之特性，为事业之基础。国学者，即一国历史之结晶。二千年以来，孔子之学说，为政治之中坚。（一）集各家之大成。（二）便于政治之运用。老子之学说，为政治之辅佐。（一）无为，便于民。（二）

自然，便于用。墨子之学说，为社会之行为。（一）刻苦耐劳。（二）互助亲爱。所以中国之政治，在于家族。中国之社会向于和平。中国之经济惟有农业。吾人必须了解本国思想之渊源，及其变迁之迹，然后对于国学有彻底之了解，即对于民族，有彻底之了解也。

吾人既了解民族，当发展民族之特性，容纳外国之学说，（一）发展家族相亲之特性，扩充家族与国族。（二）发展和平谦让之特性，进世界于大同。（三）发展任劳耐苦之特性，尽人类互助之精神。所以国学一名词，断不是知识技能的，而是精神道德的。吾人当树立精神道德，以运用知识技能。知识技能，无民族性之关系，而精神道德，即民族性也。统括国学全部有二，（一）修己，（二）安人。

修己。（一）由外至内，非礼勿视，非礼勿听，非礼勿言，非礼勿动。（二）由内至外，求放心。（三）立愿，忠。（四）致力径途，博学，审问，慎思，明辨，笃行。

安人。（一）政治。继绝世，举废国，治乱持危。（二）社会。已欲立而立人，已欲达而达人。（三）立愿，恕。（四）致力径途。格物，致知，诚意，正心，修身，齐家，治国，平天下。

此之所谓精神，此之所谓道德，此之所谓国学。欲应付国难，当复兴民族。欲复兴民族，当恢复民族固有之精神道德。欲恢复民族固有之精神道德，当用力于如此之国学。（朴：《国学与复兴民族》，《新江北日报》，1936年4月22日，第2版）

4月24日　厦门大学历史社会学会在该校生物学院大讲堂举行

第一次学术演讲，主讲者郦承铨，讲题："研究国学新趋势。"（《历史社会学会消息》，《厦大周刊》，第15卷26—27合期，1936年5月18日）

4月25日　广州学海书院副院长钟介民，至无锡参观国学专修学校，并拜会校长唐文治，双方商定合作方法。学海书院创办人陈济棠为无锡国学专修学校筹建新校舍捐资千元。

广州学海书院原为仪征阮文达公所手创，民国以来书院制废，去岁始由陈伯南氏，倡议复兴。鉴于国内学术界素乏联络，最近委该院副院长钟介民氏，北上参观苏州章氏讲学会，及无锡国学专修学校，以资借镜。钟氏在苏参观后，即于本月二十五日，由章太炎夫人汤国梨女士陪同来锡，晋见国专校长唐蔚芝氏，考察该校一过，极表赞佩。又以该校与章氏讲学会，乃研究国学最高学府，掌教者咸为一时宏硕，当即商定合作办法。嗣后绍介该院高材生，分赴苏锡两地，借资观摩。并闻陈伯南氏对于国专筹建新校舍一事，认为复兴中国文化基础，已慨捐千元云。（《广州学海书院与无锡国专文化合作，陈伯南先慨捐国专建筑费千元》，《申报》，1936年4月29日，第4张第13版）

4月26日　船山学社开第七次董事常会。

谢鸿熙、周逸、王礼培、胡子清、颜昌峣、刘约真、李澄宇、萧仲祁、王代懿、王寿慈等董事出席；黄赞元、陈嘉会请假。"报告事项：周董事逸报告，上次社员大会选出继任社长黄杼舆先生，业于日前由本会去函，及本人与王董事长私人亦去函，敦请莅社主持。讨论事项：一、黄董事巩、周董事逸介绍陈钟岳为本社社员案，议决通过。二、周董事逸提议，推举程雳生先生为本社名誉董事案，议决通过。"（赵启霖著，施明、刘志盛整理：《赵瀞园集》，第437页）

4月30日 金天翮《复兴文化之责任与期望》，提出文化与国运互为表里，希望以国学铸就新学术家、新政治家与新道德家。

文中称：

> 国运之盛衰，系乎文化之隆替，雅颂，政教，相为表里者也……是故文化之于国，犹精气神之于人焉……惟文化之光辉与活泼，而后一国之声教孚尹旁达，由域内而推之域外。声教之所被，即国力之所至也……至于近数十年，文化与国运并呈萎缩倾颓之象，而外来之文化骎骎焉若与之代兴……夫当文化生机绝续之会，宜有名世者出弥缝其罅漏，而张皇其幽眇，以期适应时势，而与外来之文化相周旋，无如盱衡四顾而卒未有其人也……今清之亡而所赠贻于民国者，皆因袭欧美、日本唾余之才，而魁儒硕彦忧国识微之君子，不登于朝，抑不产于野，产于野者，一二护惜国故之士，又日钻故纸，考遗文，门庭不广而烦琐新异，仅与夫搜金猎石订甲骨陶瓦者分埘列幄，无关宏旨，不能南面而朝群英焉，何名世之选之不生也……夫诸儒匪有宏伟之天能，其所保持不过艺、文、科、哲，究其极，欧洲列强宏伟之政治、宗教、名物、理智之材出于是，是何故？以其文艺之中富有创建迈往之活性故也。夫文艺细事，善用之，足以斩欧洲黑暗时代之锁，划历史为两部，而开新世纪之元焉，而况乎吾先圣先贤所传之文化耶？然而五十年来，国日以削，学日以衰……于是而当代之学者，又不能逃其

责矣。夫吾固未尝死抱祖国之文化，不与外来者相接构焉，使孔、墨、孟、荀而生今日，其必兼综欧西之科学无疑矣。使欧西各国而生先识如孔、墨、孟、荀者，其必深赏吾国固有之文化，以为胜己者无疑矣。于是而吾之所谓复兴文化者，其蕲向可得而述焉。述之如左：一曰：熔经铸史，悬标准以待继往开来之新学术家。二曰：体仁蕴智，悬标准以待旋乾转坤之新道德家。三曰：函文孕武，悬标准以待经邦定国之新政治家。（金天翮：《复兴文化之责任与期望》，《新民月刊》，第2卷第2期，1936年4月。）

△　曹聚仁著《国故零简》，由上海龙虎书店出版。

该书收录《国故学之意义与价值》《春雷初动中之国故学》《国故学之研究法》（一）、《国故学之研究法》（二）、《王充与〈论衡〉》《章实斋与〈文史通义〉》六篇文章。

△　张振镛编《国学常识答问续编》，由上海商务印书馆出版。

《国学常识答问》包括文字学、经学、子学、史学（附地理学）、理学、诗歌、文章、词曲、小说戏剧九个部分，续编将第一部分"文字学"改为"文字学续编书（增书学）"，并增加"目录版本学"。

△　马铭阁编《国文常识讲话》，在北平由编者出版。该书分十四节，开篇叙述研究方法与国学梗概，介绍经、史、子、集常识，重点在文学，附录《国文常识测验》（马铭阁编：《国文常识讲话》，编者自印，1936年）。

5月1日　周予同《〈大学〉与〈礼运〉》在《中学生》中刊出，叶圣陶特意推荐读者从思想与现实的角度仔细阅读。

叶圣陶指出，周予同的《〈大学〉与〈礼运〉》在这一期刊出，"读者诸君中间也许有一部分不很留心所谓'国学'，看见这样一个题目，觉得没有兴趣，就此翻过不看"。编者特地致意："希望每一个读者把这一篇仔细阅读。这不是一篇宣扬'国学'的文章，乃是一篇针对现实、有关思想的文章。如果是前者，我们绝对不赞成诸君去阅读，当然也不会刊载在我们的杂志中。这一篇却是后者，简直可以说非阅读不可。为什么呢？唯一的回答是：阅读之后可以增进我们对于现实的认识。"（《编辑后记》，《中学生》，第 65 期，1936 年 5 月1 日）

5 月 3 日　江亢虎国学演讲主题为"中国本部"，"对于中国本部发展之程序，北部、中部、西北、东南诸省天然与人文之区别，及各省大都市之沿革发展，均有详尽之阐述"。（《江亢虎讲学期缩短》，《申报》，1936 年 5 月 3 日，第 5 张第 18 版）

5 月 4 日　天津国学研究社公布第六次测试成绩。

李廷玉创立国学研究社，"为津市唯一义务机关"，该社自开讲以来，每次前往聆听者不下二百人，"为使学员成绩猛晋及甄别优劣起见"，于每月举行测验一次，每半年举行大考测试，第六次测验卷录取前十名，"予以奖状一纸，奖品一份，以资鼓励"。本届前四名为龚望宾、陈文彦、顾象枢、周铁铮四人，"该四人为该社资格最老、成绩最佳之学员，故无论每一月考或测验"，均名列前茅，社长李廷玉因该四学员，"其志可嘉，其材可喜，均已于不久以前，予以相当出路，得任某委会职员，俾娈半工半读，继续深造，前途实有厚望，李社长（廷玉）之用心，亦云苦矣"。（《国学研究社第六次测验已竣事，陈文彦等名列前茅》，《大中时报》，1936 年 5 月 4 日，第 4 版）

5月15日 无锡国学专修学校丛书之十三，唐文治著《性理大义》出版。

全书共二册，分《周子大义》二卷，《二程子大义》二卷，《张子大义》四卷，《洛学传授大义》一卷，《朱子大义》八卷。"校长所著《性理大义》一书，取材于宋五子，剖析精微，穷源竟委，一纸风行，销售早罄。复因四方购索者踵至，特重付手民，并刻入本校丛书，以便嘉惠来学云。"（唐文治：《本校丛书新编〈性理大义〉问世》，《国专月刊》，第3卷第5号，1936年6月15日）

△ 王叔苹发表《如何研究国学》，指出辨真伪、通小学、明地理、识人情、慎疑古为初学者治国学的基本方法。

处今日而言国学，诚蒙流俗之讥，然作自菲之论，亦失之于昧本。中国者，四千年之古国，虽华夷杂糅，相互陵替，而学术之盛，文化之广，非一言可以蔽之，虽如斯，余敢断而言之：我国四千年之文化，大率汉族之文化也，稽之典籍，据之金石，可索而知，溯我黄帝以来，汉族之势力日广，由黄河流域开拓至于长江，中原辐辏，尽我汉人，而夷虏他族，惟处荒陬之间耳，是以秦汉之前，我国学术未尝有假于他族也，汉末，天竺佛教，浸渐我土，迻经译论，士有好之，然儒术之行，未尝衰替，清谈虽遍于宇内，世法之施，仍舍儒莫属，自五胡窜乱以后，契丹、女真、蒙、满，相踵而入，复为同化，国亡种弱，征之史乘，在在可见，迄于今日，国交频烦，往来日盛，互究文字，相讨因果，我人以国之弱也，而病疵文化，自疑迂陋，率而弃之，凡西方之学术，俱为新知，我国固有者，尽可摒绝，文化至于今日，可为衰残至烈。夫不知国强者，其学术非尽可用于他族者也，国弱者，其学术亦非尽可泯灭者也，其质精者，虽亡国之民，犹足以为荣；反之，终必自绝，守之何济，人之益者，可效而仿之，我之优者，我坚信以守之，取精断乱，剔粗收粹，发扬光大，其有待于青年积学之士也。设有志于往古学术之探求文物之观摩者，思古之情，必油然而生，益觉我文化之可爱，对此外寇猖獗文化被掠之今日，必扼腕椎心而长叹者也！然而，国学方域至广，涉猎至难，今日青年既疲于西学，复求国故，良非易言，斯编之占，以为初习国学者所应知，凡有五端，祈识者察焉。

推荐汪辟疆所列十五种书目：“《论语》《孟子》《礼记》《荀子》《庄子》《左传》《国语》《国策》《史记》《汉书》《诗经》《楚辞》《文选》《尔雅》《说文解字》。”

　　精而不乱，博赅四部，《论》《孟》《礼》《诗》《左传》《尔雅》甲部也，《语》《策》《史》《汉》乙部也，《荀》《庄》丙部也，《骚》《选》丁部也。《论》《孟》《礼》《荀》义理之渊薮也。《语》《策》《左氏》《史》《汉》记事之规模也。《诗》《庄》《骚》《选》文章之源泉也。《尔雅》《说文》识字之基础也。能熟于上列诸书，则基本坚立，旁阅《资治通鉴》《通典》等史，参以工具之书。虽不即成大家，则循此可入国学之堂奥矣。市有诸书选本，不可守也。盖守此，终身不知原本究有几卷，究作何云。若时月实有未逮，亦宜节取熟读或熟阅，此有志者不

可忽之而以为河汉之言也。（王叔苹：《如何研究国学》，《青年月刊（南京）》，第2卷第2期，1936年5月15日）

5月22日　章太炎致函钱玄同，商谈国学讲习会读经事宜。

函称：

国学讲习会前二岁在苏州，本开春、秋二次，近亦随例开讲，或以随时演讲不成片段为病，因改定简章，期以二岁毕业。此事当于秋后举行，至能否成就人材，则今亦未能预计也，往时见大学诸师，辄讲经学、史学概论，弟子既未读经史，闻讲概论，亦如老妪听讲法华经耳。史既无暇卒读，经书稍简，讽诵非难，久欲仿亭林读经会为之，倡议三载，和者终鲜。今岁湘粤诸校，皆有读经之议，人心稍转，此举亦遂如志。目前每星期讲演一次，课诵经文一次（皆曾诵经文者），至秋后更当扩充之也。简章尚甚疏略，将来容有改定，今先寄去一通。（马勇编：《章太炎书信集》，河北人民出版社，2003年，第156页）

5月24日　船山学社开第八次董事常会。

刘约真、李澄宇、周逸、王寿慈、黄赞元、萧仲祁、王代懿、陈嘉会、黄巩、胡子清董事出席；董事王礼培、谢鸿熙请假。讨论事项：

一、周董事逸提议，推举凌拔枬先生为名誉董事案，议决通过。二、举行本社上期季课案，议决通过。三、推举社课委员案，议决，推周逸、萧仲祁、黄巩、胡子清、李澄宇、黄赞元、王寿慈、陈嘉会、颜昌峣、王代懿、刘约真十一人为社课委员，并推周逸为委员长。四、议定社课取录名额及奖金等第案，议决，取录正取二十名，附取三十名，第一名奖金十二元，第二名八元，第三名六元，第四名五元，第五名四元，第六名至第十名各三元，第十一至第二十名各二元，附取三十名，每名各一元。（赵启霖著，施明、刘志盛整理：《赵瀞园集》，第437页）

△ 《新天津》刊登秋心《评〈国故论丛〉》，赞誉该书"比较可观"，"极堪注目"。

这本书出版得很早，距今差不多有十几个年头了，但是一部极堪注目的国故理论丛书，这本书是汇集《学艺杂志》国故方面的论文十篇而成的，关于史学的，有：（一）屠孝实的《汉族西来说考证》，（二）李贻燕的《中国地图学史》，（三）郭沫若的《周秦以前古代思想之蠡测》。关于哲学的，有：（一）屠孝实的《南华道体观阐隐》，（二）吴晓初的《评易》，（三）冯振的《荀子性恶篇平议》。关于校勘学的，有：伍非百的（一）《墨辩释例》，（二）《墨辩定名答客问》，（三）《辩经原本非旁行考》，（四）《评梁胡乐墨辩校释异同》。

这本书的内含既然是多方面，而著者又不止一二人，学术思想当然不能一贯，所以想用简短的文字米作明确的批评，在势实绝对不可能，现在姑且就主观的意见，简洁的论上几句。

我在这本书中，觉得最值得一读的，是屠孝实先生的《南华道体观阐隐》一文，这不仅在行文的技术上感着慎重密栗，绝没有时下支离曼衍的弊病，而且对于阐释，明晰正确，也没有时下拿佛学或《易》学来附会庄子的流行病。我平素对于那些喊哲学、科学的口号先生们，总不免有些蔑视，但屠先生为学的态度稳重而有独见，实为不可多得。至屠先生的《汉族西来说考证》一文，以宗教神话证明汉族由西方逐渐南下，虽不能说没有创见，但究竟还是假说，只能供研究古史学者的参考，而不能即据为定案。因为依我的私见，觉得光明崇拜，四大思想及天地开辟神话的相同（日月五星一段可包含在光明崇拜中），是初民思想必经的阶段，而不能据以为东西民族同源的确据。

这十篇论文中，冯振先生的《荀子性恶篇平议》一文似乎是草率的作品，照时下流行的刻薄话，可以说是"水平线下"的作品。为读者便利计，将杂志上的论文，依类汇刊，本是可以的，但我觉得编辑汇刊的也应富有点制限，就是汇刊杂志上已载的论文，当有一定的选择，而此价值不甚高的论著施以割爱，因为不然，只有把读者的兴味减低，而将以为编辑汇刊的在作无聊的或者贸利的事了。

郭沫若先生的《周秦以前古代思想之蠡测》一文不客气的说，不能称誉为成功，自然批评一篇论文，与批评个人全部的作品与思想，有绝对的界线，不相混淆，我平素对于郭君的文学本具相当尊敬，但这一篇论文虽然材料不能不算丰富，意见不能不算新颖，但，或者因为他对国学修养不甚深潜的缘故，所下断语似乎总不十分有力。因为这种近于考证的文字，最重要的是材料，而材料来源的正确，更是重要而又重要的事，这篇文字中，如（一）相信《周易》之前有所谓"连山归藏"，（二）相信《序卦》《说卦》的话是《易》的原义，（三）相信伪列子，说东汉出世的《易纬乾凿度》是抄袭东晋出世的伪书，（四）相信宋儒河图戴九履一的妄说，以为是《洪范》的原文：这些在我们稍具国学常识的人们，都觉得有点不安，都觉得不能为正确的材料。

其余几篇文章恕不细评了，伍非百先生关于墨学的四篇，于胡梁二君的近作的确有所正是。吴晓初先生的《评易》介绍日本学术界对于《易》的意见，亦颇新颖可喜，李贻燕先生的《中国地图学史》似乎简略些，并且我疑心材料的来源，或者是日本转译。

总之，这本书是一个比较可观的国故论集，虽然出版已久，但是近年来还很少见，关于这类集子呢！（秋心：《评〈国故论丛〉》，《新天津》，1936 年 5 月 24 日，第 13 版）

5月28日　柳亚子 50 岁寿辰，亲撰辞寿文，敬谢各界，要求将祝寿之资移助南社纪念会，作为基金。（《柳亚子辞寿募捐，酿集南社纪念会基金，草野穷交半忽不嫌其少，庙堂贵客千金未厌其多》，《申报》，1936 年 5 月 28 日，第 4 张第 13 版）

5月　竺可桢初掌浙江大学，随即要求马一浮到浙江大学讲授国学，因双方理念分歧，此事未果。

竺可桢希望马一浮能"指导学生，使略知国学门径"，马一浮要求所授课程不在普通学程之内，竺可桢视之为类似外国研究生班的课程。但对于马一浮要求学校称其为"国学大师"，学程命名为"国学研究会"，浙江大学职员多不赞同。据《竺可桢日记》记载，张圣征称马一浮提出所授课不能在普通学程以内，此点竺可桢表示允许，"当为外国的一种 Seminar"。但马一浮"欲学校称其为国学大师，而其学程为国学研究会，则在座者均不赞同，余亦以为不可。大师之名有类佛号，名曰会，则必呈请党部，有种种之麻烦矣。余允再与面洽"。（《竺可桢日记》第6卷，上海科技教育出版社，2005年，第121页）8月4日，"子梅来，据云马一浮有若干条件不能通融，如称国学研究会之会字不愿减去，亦其一例，因此谓此事俟余南京回后再谈亦佳"。8月7日，"接章子梅函，知马一浮事因国学研究会之会字不肯取消故，事又不成。余对于请马一浮可称仁至义尽，子梅谓其学问固优，世故欠通，信然"。（《竺可桢日记》第6卷，第122—124页）双方各持己见，最终马一浮未能成行。

马一浮认为，"欲明学术流别，须导之以义理，始有绳墨可循，然后乃可求通天下之志。否则无星之秤，鲜有不差忒者。群言淆乱而无所折衷，实今日学子之大患也。若只泛言国学，譬之万宝全书，百货商店，虽多亦奚以为？"马氏认为，如果竺可桢能以此为然，则"能喻之学生，使有相当了解，然后乃可与议。否则圆凿方枘，不能收教学相长之效"。进而强调：

> 与竺君相见两次，所谈未能尽意。在竺君或以为弟已肯定，然弟实疑而未敢自任。不欲令种子断绝，此天下学者所同；然虽有嘉谷，投之石田，亦不能发荣滋长。故讲即不辞，实恐解人难得。昔沈寐叟有言："今时少年未曾读过四书者，

与吾辈言语不能相通。"此言殊有意味。弟每与人言，引经语不能喻，则多方为之翻译。日日学大众语，亦是苦事，故在祖国而有居夷之感。处今日而讲学，其难实倍于古人。"师严而后道尊，道尊而后民知敬学"，亦难责之于今。乐则行之，忧则违之，吾行吾素而已。

竺君不以弟为迂阔，欲使诸生于学校科目之外更从弟学，大似教外别传，实为特殊办法。弟之所言，或恐未足副竺君之望，餍诸生之求。其能相契，亦未始非弟素愿。若无悦学用力之人，则语之而不知，虽舍之可也。此当视诸生之资质如何，是否可与共学，非弟所能预必，非如普通教授有一定程式可计日而毕也。故讲论欲极自由，久暂亦无限制，乃可奉命，否则敬谢不敏。此意当先声明，并希代致竺君谅察为荷。以左右与竺君相望之意甚诚，故坦直奉答，不敢有隐。

马一浮还特意撰写了《浙江大学特设国学讲习会之旨趣及办法》，表明讲授国学的立场与旨趣：

当世不乏名教授，且竺君所延纳已尽一时之选，弟固无能为役。必欲相求，须在学校中所有科目之外，纯粹以讲学意味出之，使知有修己之学，不关干禄之具，然后乃可进而语之以道。

今日学生皆为毕业求出路来，所谓利禄之途然也，不知此外更有何事。荀卿云："古之学者以美其身，今之学者以为禽犊。"开宗明义，须令学生了解此意，方可商量。因恐竺君事繁，或未暇计及，辄不避越俎，为代拟设立国学讲习会之旨趣及办法。力求浅显，粗具厓略，留俟讨论。偶为张君圣征言之。昨竺君复托他友致语，以讲习会之名恐引起干涉，非学校所宜。大学规程弟所未谙，然未闻政府有讲学之禁也。此项名义亦与他种集会性质不同，此而须受干涉，则学校各系讲堂上课亦须受干涉邪？既于学校无益而有妨，何为多此一举。

今将所拟讲习会旨趣附呈一览，即便毁弃，不必更转竺君。竺君虽有尊师重道之心，弟实无化民成俗之德。今其言既无可采，是犹未能取信，前议自合取消。此事本于学校为骈枝，于学生为分外。且选拔生徒，尤感困难。为竺君计，不如其已也。乐行忧违，或默或语，于弟毫无加损。幸为代谢竺君，勿以弟之直遂为怪责也……

□□大学特设国学讲习会之旨趣及办法

一，本校为引导学生对于吾国固有学术之认识，兼欲启示学生使知注重内心之修养，特设国学讲习会。一，国学讲习会设特别讲座，由本校延聘主讲大师，自由讲论。每星期一次，其时间另定之。但主讲大师有故不能到会时，得由本校商请派遣高足弟子出席代讲，或许学生造门请业，仍以每星期一次为限。一，国学讲习会纯粹为养成国学基本知识，使学生离校后可进而为深切之研究，发挥本具之知能，阐扬固有之文化，故超然立于本校所有各院、各系科目范围之外。不列学分，不规定毕业期限。但每届一年终了时，由主讲大师考询其领受之深浅，另定甲乙。其学业优异者，经校长之特许，得酌予嘉讲［奖］。一，本校各院、各系学生中，不论年级，于所修科目之外，有志研究国学，曾读四书及五经中一经以上者，由校长选

拔，令自行填具志愿书，得入国学讲习会听讲。其未读四书者
不与。一，国学讲习会分经术研究、义理研究二门。俟学生领
解力增进时，得增学术流别（即哲学评判）、文章流别（即文
学评判）二门，或其他门类。由主讲大师察看学生能力自由酌
定之。一，学生既入国学讲习会听讲，不得无故中途废辍。其
有领解力薄弱或不守规则者，由主讲大师随时告知校长，令其
退席。一，国内通儒显学遇有缘会，由主讲大师介绍，经校长
之同意，得临时特开讲座，延请讲论，示学者以多闻广益之
道。（吴光主编：《马一浮全集》第二册，浙江古籍出版社，2013年，第
462—464页）

△　船山学社公布新入社社员名单（见表4）。

表4　湖南船山学社民国二十五年（1936）一月至四月新入社员一览表

姓名	别号	年龄	籍贯
黄昌年	子舆	八十	长沙
黄履直	止盦	七十	长沙
周维翰	漱巅	六十	湘潭
王道纯	仲厚	五十	湘潭
李达	慕慈	五十	浙江

（《本社纪事·湖南船山学社民国二十五年（1936）一月至四月新入社员
一览表》，《船山学报》，1936年第11期）

△　《国光杂志》周年纪念，该社同仁撰文谈及今后该刊的方
向与希望。

国光杂志社坦言该刊出版后，因稿源问题，自第九期后，由半

月刊改为月刊。然而稿件仍然匮乏，究其原因，"因本社所标宗旨，不与时合。研新学者讥其太旧，研旧学者，拘于一家之言，又病其太新。故新旧学者，多不愿代为撰文"。其实，该社同人既未"泥于旧"，亦未"迷于新"，不为古人所愚，也未为今人所惑，仅以解决问题为目的，志在"以是非为标准，求合乎时用而已"。我国文化是否需要发扬，如何恢复固有道德，"明达之士，当能知之。此则本刊之宗旨"。适逢创刊周年之际，特确立今后目标，以为今后致力的方向：

> 其目标如何？则研究中国文化之优点安在是也。刘华瑞博士，漫游欧美各国十余年，于各国之风俗、习惯、文化、学术诸项，一一了若指掌。回国之后，约集各国人士，在上海组织"国际文化合作协会"。与外人谈论，未尝不言中国文化之优美也。近日重游潇湘，为吾人言，世界文化之美，首推中国。欧美文化，虽能致现代之文明，然止于此矣，不能更有所进。欲谋进展，不知又需若干时日。即如近年列强备战之亟，不可终日，非其民性果嗜战也，因舍此固别无解决出路之智慧也。夫以杀人为文明，则虎狼枭獍，何一非文明之种子？所谓"文"者，果若是乎？盖欧美之文明，进一境始知一境，既知此境，乃分析其脉络文理，以为其文化之根据，并无预定之目标，悬于前途。其文化之实在在此，其文化之浅薄亦在此。若中国之文化，则前无始而后无终，上下数千年之间，悉立一定之轨则。如孔子大同主义，乃人类文明最后之归宿。欧美人士，迄今尚不足以知之。而孔子在数千年前，即已说明办法，如数家

珍。故中国之文化，乃世界文化之总枢纽。各国文化，不过等于中国文化之一环。惜国人不知发扬而光大之，弃汪洋大海而贪恋无源之行潦，殊可叹息云云。刘博士学贯中西，其所言自与未出国门之奢自夸耀者不同。故同人等愿因刘博士之意，而研求中国文化优点之所在。此则本刊今后之目标也。

然则中国文化之优点果安在乎？夫道路不修，田野不治，不见中国之美也。水利不兴，旱潦时作，不见中国之美也。政治紊乱，经济恐慌，不见中国之美也。法律无灵，盗匪横行，不见中国之美也。人民因循颓废，自私自利，不见中国之美也。——岂独无优美可言，而悉在于鄙劣。虽善自解者，犹将无词可说。欲外人之明了内情，而尊崇其文化，夫安可能？今之研究国学及整理国故者，执一得之见，不曰中国文化之优美，在周秦诸子之说，即曰中国文化之代表，在宋明程朱陆王之理学。各诩所见，自以获骊龙之珠。然而管晏之政治，不如欧美今日之详也；申韩之法理，不如欧美今日之精也；孙吴之兵法，不如欧美今日之良也。程朱陆王之学，虽可以代表中国国粹之一部，然欧美今日之哲学，其精微亦有足多。夫说明中国之文化，已非甚易，何况更执言其结晶点耶。吾人以为中国文化，为欧美人所梦想不及者，惟孔子之道而已。孔子之道，下学上达，言似玄妙，而各有其致力之阶；行似艰难，而实有其一贯之法。其说平易，而无所不包。其效宏伟，而所守至约。乃位天地，育万物，不可须臾稍离之道也。吾谓实行孔子之道，以缔造大同，由讲信修睦以谋人类共同之乐利，则争杀之祸，与循环报复之殃，必可顷刻终止。讵非人类之所翘望者钦？惟外人不足以知此，而国人亦莫名其妙，且从而诋毁之。舍韶乐而溺北鄙之声，斯中国之不幸，而亦人类之灾也。故吾人以为舍却孔子之道，更无以探中国文化之美，不知有世道人心之仁者以为如何也。夫人必自尊，而后人尊之；人必自重，而后人重之。英国之人民，则炫扬英国之文化；德国之人民，则炫扬德国之文化。日本无自己之文化，而亦欲以文化之政策侵略我国。我有高明如日之文化，而不知研究，徒惊奇爝火之光，甚且诧为大观，岂自尊自重之道哉。同人等本其初衷，始终不变。今闻刘博士之言，弥自信其宗旨之正当。特因周年之会，重申述其希望，贤者幸赐教之。俾孔圣之道，得明于时而行于世。乃世界之幸，非独中国之光而已也。(《本刊今后的希望（为周年纪念作）》,《国光杂志》，第17期，1936年5月16日)

6月10日　无锡国学专修学校丛书之十四，陈衍著《石遗室论文》。

陈衍撰，陈步编《陈石遗集·石遗室论文》"解题"："《石遗室论文》著于一九三六年，同年由无锡国学专修学校出版。旧时治学讲究经义、词章、考据，从读名篇入手，本书为陈衍教授文论之作。从本书选论各篇可见作者反对姚鼐一派过于重视唐宋八家，认为这是'以水济水，不觅源头'。他赞同曾国藩之《经史百家杂钞》，兼采经、史、子三学，强调学以致用，经世济民，推究名篇源头及其传承变化，提出'未有不精于经术而能行文者'。本书独到之处在于不仅论述文章结构变化，且对文中所述经世济民之得失多有评论。作者兼述历代文章嬗变，推崇《出师表》上变汉京之朴茂，下开六朝之隽秀。涉史自上古至唐宋，重点在唐，批评桐城派，抑韩扬柳。"（陈步编：《陈石遗集》，福建人民出版社，2001 年，第1547 页）

△　潜子发表《章氏国学讲演会演说词》，强调尊经为国学之关键。

演说词称：

中华五千年文明祖国，首出东方。大成之圣，适生于前后二千五百年之间，世界文明，自推先导。晚近学者，忽自贬损，甘居顽腐，菲薄先圣，此实可怪之现象。平心而论，亦由讲学者泥古拘墟。后生惮其烦难，激为反响，然因此遂欲东书而不观，毁方以自便，则固不可。有志继往开来者，诚能得其精要，施诸实效，则国学岂止赖以保存，亦可借以光大耳。

洙泗垂教，以六艺为宗，后人尊为六经，此实国学之关键。汉代表章五经，而《乐经》已亡，不能缀述。《乐记》虽附《戴记》以存，音律俱佚。六艺已阙其一矣。《礼经》淆乱亦甚，不复能施诸实用。《尚书》存帙无多，而古今文聚讼尤甚。《春秋三传》参互异同，致招断烂朝报之诮。惟《诗》与《易》，尚属完编。然《诗》不明声律以合于乐章，《易》不考象数以施于人事，不亦空文而无用乎。愿善读书者必求其要也。

孔子之道，以仁为体，以礼为用。研究国学，当自礼始。中国近两千余年，孔教不能大行者，礼不足也。然礼意终在人心，故其道亦赖以不绝。孔子举知仁勇三达德而不及礼，盖以礼附道德而行。汉儒乃以五常配五行，属礼于火，亦识其为后起也。惟其附行而后起，故难修而易散。魏帝以枭雄之姿，破坏道德，不遗余力。清谈之士，承其敝化，相尚脱略，礼法遂荡然无存。虽由世来运使然，亦礼书散乱之所致也。近来海国大通，始自悟饮食举止之放逸，仍不知检束尽饰，反以袒裼舞蹈，号为新奇，则失之更甚矣。倘能纂集《礼经》精义，用紫阳《经传通解》之例，勒为专书行世，其有益人群，非浅鲜也。

乐必通声音律吕，融合古今，此为至精至神之事，极难措手。自郑世子以来，虽考求著录者，不乏其人，大半不能贯彻。果得洞明音律者，沿流溯源，兼证以外国之乐律，精订成谱，此真不朽之盛业也。乐有移风易俗之用，古人定不我欺。最浅近者，改良戏剧，芟除暴乱淫靡之弊，使有益于观听，亦转移风化之要道也。

治《毛诗》者不解为诗。学诗者亦不上溯之三百篇，诗教微矣。夫文词之兴，肇于韵语。诗之来源最远，绵绵不绝，以迄于今。纂组之工，不能谓今不如古。体格屡易，亦循质文变通之自然。学诗者鄙夷近体，刻意摹古，诚可不必。但变而至于白话诗，甚至并叶韵而无之，尚得谓之诗乎。孔子之论诗也，温柔敦厚，兴观群怨，标举真谛，体变而诗义不变。自诗与乐分，六律既乖，六义亦晦。近代诗人，骋异争新，怪牒佹词，骇人耳目。是不可不亟兴诗教以救正也。

《尚书》记王者之言，而归本于帝治。《春秋》记霸者之事，而折衷以王道，皆史家之鼻祖也。纪事编年，已成先例。今治《尚书》者只辨真伪，置义理于不问。治《春秋》者只谈褒贬，束事实而不观。或且别辑司马之文，独演公羊之义，自托专家，无当宏旨。孟子谓《诗》亡而后《春秋》作，实则《春秋》之时，《诗》未尽亡，而《书》则唯有《泰誓》一篇而已，是《春秋》继《书》而作也。后人尊之为经，一字而疏以万言，一事而科以三世，语繁而义流晦矣。刘向以战国秦汉史编，列于《春秋》之次，诚知言哉。

《易》之为书，较为深奥。而注解家反多于他经，何哉？惟其奥而难明。故任见一隅，皆可言之成理。窃以为既名曰《易》，义必非难，求之过深，则反遁于玄渺，非易知易从之旨也。苏明允论曰："圣人之道，得礼而信，得《易》而尊"，最为精确。盖天人相合之理，自《易》发之，不知《易》则不足言天道，即人事亦有不能尽者矣。宗教家言天言鬼神，皆极其恢诡，以动人之信仰，从未有微显阐幽，而不越经常之理如此者。而且哲理物质，靡不综贯，所以百世俟圣人而不惑也。

尊经为中华粹美之性，而晚近学者以为无用。盖科学发达，人方苦为聪明所限，不能周知遍识。况肯糜精神于注疏乎，故知问奇数典，非当务之急也。然而六经则实非无用，特向来尊经之说，无异以远祖而奉之祧庙，遂为世俗所诟病。曾文正钞经史百家，以读文之法读经，已开广大法门。吾谓以文读经，不如以经为国学各科之首，通经即以致用。其为尊经，不已多乎。

吾观古今通俗之好尚，而知六经之易施也。酬酢往来，祈禳占卜，此性中之《礼》与《易》也。读小说，听平书，阅新闻，此性中之《书》与《春秋》也。唱歌曲，演戏剧，奏弦管，此性中之《诗》与《乐》也。凡此皆人情之所喜，法制之所不能禁也。倘本六经之教，因势利导，示以范围，施诸政术，升平不难致矣。何至以读书稽古，徒托空言乎。（潜子：《章氏国学讲演会演说词》，《讲坛月刊》，1936年第4期，1936年6月10日）

6月14日　"天赋国粹与己身"的章太炎在锦帆路五十号病故，"素王之功不在禹下，明德之后必有达人"。

（南京）中大文学院长汪东，为章太炎高足弟子，得章逝世电告，悲戚异常，十四日晚赴苏慰唁章家属，并商办后事。记者访汪氏时，汪谈太炎先生逝世，为我国学术界最大之不幸，亦乃无可补偿之损失。去年丧一季刚先生，今太炎先生又与世长辞。本人心绪非常纷乱，实不能道其生前行状之万一，但太炎先生之国学文章与有功革命之事迹，早已昭然国内，无待本人之多言矣。汪并谓去年上季，先生曾应京学术界邀，来京讲学，因患鼻衄症而中止。中央曾派丁惟汾往慰问，并致送万元疗疾，先生即将此款在苏作讲学之用。嗣虽渐痊，体乃益弱，夙有喘疾，至是转剧。家属因病势严重，十四日电京张溥泉先生述病状，张在陕，故丁惟汾往苏探视，不料十四日晨接丁电告，先生已于十四日晨辞世而长逝矣。（十四日中央社电）（《章氏略历》，《申报》，1936年6月15日，第2张第7版）

6月15日　王伯祥在日记中感叹："朴学大师，余此室光，天竟不遗一老，卷之以去，从此读书种子殆绝乎。其人虽日即耄荒，其学终足起人敬仰也。"（张廷银、刘应梅整理：《王伯祥日记》，中华书局，2020年，第2097—2098页）王伯祥立即敦促宋云彬去苏州拜访孙世扬，设法揽印《章氏丛书》与《黄季刚日记》。金毓黻在日记中感叹："章氏实结清代汉学家之局，而其治史颇能排弃旧说，自树新义，观《訄书》所论，即可得其梗概。其弟子遍于南北，执教坛之牛耳者颇不乏人，其传授之广，近代亦属罕见"，"近岁讲学苏州，徒众颇盛，正如康成之居高密，于群言淆乱中独树一帜，如再能聪明老寿，如伏生之教于齐鲁，则其津逮后学更非今日之比"。（金毓黻：《静晤室日记》第五册，辽沈书社，1993年，第3855—3856页）

6月16日　邵元冲、丁惟汾、邓家彦等国民党元老赴苏州章宅吊唁，提议为章太炎举行国葬。

张继拟拜祭章太炎，称"章为民国创造元勋，革命史绩次于总理，且为国学宗师，中央应予优恤"。（《张继过徐晋京（拜祭章太炎）》，《申报》，1936年6月17日，第1张第3版）

6月17日　国民党中央政治会议散会后，邵元冲与张继、冯玉祥、陈立夫、王伯群、程潜等政要继续讨论章太炎身后诸事。

邵元冲致函蒋介石，商谈章太炎葬礼问题。22日，邵元冲、居正、冯玉祥、程潜、丁惟汾、张继及李烈钧等元老再次讨论章太炎国葬问题。邵元冲认为，这一问题"惟仍将取决于介石"。三天后，邵元冲从陈立夫处获悉，蒋介石"对太炎国葬事，犹主从缓"。

△　章太炎大殓，汤国梨召集章门弟子，力主维持章氏国学讲习会，组织章氏学术委员会。

朱希祖与马宗霍反复讨论国学会不宜继续存在。6月17日，朱希祖与马宗霍再至章宅，拟劝师母停办国学讲习会，"母颇力主续办，且已留住同学四十余人在先师灵前签名，且派余等与吴承仕、汪东、马宗霍、马宗芗、孙世扬、诸祖耿等为讲师，而向来吊者募款维持学会，此余等所大不愿，而来吊者颇有政府要人，亦不以此为然。余与马君宗霍不能进言，只好唯唯而退"。（朱希祖：《朱希祖日记》中册，第669页）

6月22日，朱希祖记述："上午九时至陵园小筑访张溥泉先生，谈先师饰终事以国葬为最要，其他皆缓图。同车进城，约十一时至中央大学同汪旭初再谈此事。闻邵翼如（按：此处指邵元冲）竭力主张国葬，已提议于中央党部，惟闻吴稚晖反对此事，盖与先师有旧怨也。"

6月26日，朱希祖"傍晚至中央大学，并至汪旭初处，闻先师国葬事党部会议为吴稚晖以'无功于党'否决，不知先师盖有功于国，故须国葬，不须党葬也。闻邵、张、叶诸公拟移于中央政治会议再议，嘱旭初草一呈文，请求国葬，弟子十人署名其上，而以余为首，马裕藻、钱夏、许寿裳、周作人、沈兼士、汪东、曾道、马宗芗、马宗霍次之，并委分头接洽"。（朱希祖：《朱希祖日记》中册，中华书局，2012年，第671—672页）

国学大师章太炎逝世后，业于十六日下午四时大殓，吊客盈门，颇为凄惨，大殓后各地友好赶来祭奠者，络绎不绝，当晚八时，章夫人汤国黎［梨］女士，乘众弟子毕集之际，特在灵前向众弟子训话，谓先生之成功，为研究学术之成功者，对于先生生前遗著散处各地，希望收集，俾资刊行专集，先生手创之国学讲习会，仍主维持，以成先生之志，并将住宅改为纪念馆，楼上为藏书室等语，众友好对国学讲习会，决定继办，组织章氏学术委员会，推定邵元冲、张默君、蔡元培、柏文蔚、张一麐等数十人为董事，并拟举行国葬，将由丁惟汾向中央党部接洽，扩大追悼会，将假孔庙举行，其墓志铭请章士钊主撰，行述由汪东主稿云。（《筹商国葬章太炎》，《申报》，1936 年 6 月 18 日第 3 张第 9 版）

志然撰《悼国学大师章太炎先生》：

　　呜呼先生，弃我人而逝也耶！国难方殷，国粹待保，先生去矣！谁其继之？半农先生逝世，吴稚晖先生挽句云："端赖人偏要早死，倒霉国实在伤心。"吾移为先生挽，至切当，实为先生恸者，当不止志然一人也！余未从先生学，而尝聆吴承仕先生之教，于先生述著，又多所流览。向往者久，未获亲炙，二十三年先生至北平，余因吴先生得见。所谈虽为国学，而实有国事之深意在也！

　　以中国之大，学者之众，治国学者，何啻千百，然其享盛名不如先生，对学术界无佶大之贡献者；亦其社会民族之观念不如先生重耳，越稽革命史乘，避祸台湾，忠告康梁毋效忠异族；避难日本，发起亡国二百四十二年纪念会。为排满尝试三载铁窗风味；为反袁受年余之幽禁。任《民报》主笔，创《国粹学报》，追随孙总理效忠党国者可谓鞠躬尽粹［瘁］矣！晚岁各地讲学，创办《制言》半月刊，揭清滤浊，蔚然成风，使举国学子，知国粹之所在，炉火纯青，不杂沙质，舍先生而外，吾国其谁？许多新学子，詈先生为顽固，讥先生为迂腐。

吾以为非先生之顽固与迂腐，则中华数千年之宝藏，肯变质变色矣！为国鞠劳，谁或知之，余不禁为先生凄矣！（志然：《悼国学大师章太炎先生》，《求是月刊》，第2卷第10期，1936年7月10日）

鲁迅先生在《关于太炎先生二三事》中，评价上海官绅追悼章太炎的活动，"在寂寞中闭幕，于是有人慨叹，以为青年们对于本国的学者，竟不如对于外国的高尔基的热诚。这慨叹其实是不得当的"，进而强调"我以为先生的业绩，留在革命史上的，实在比在学术史上还要大"。（鲁迅：《魏晋风度及其他》，上海古籍出版社，2019年，第299页）胡风指出：

《关于太炎先生二三事》是鲁迅先生逝世前写就的遗稿之一，原为一个未出版的周刊，也就是本刊底前身所执笔的。先生回念旧事，情不自已，特为画出章太炎氏的革命的，然而却正是他的读者、门人、以及他自己所掩蔽没却的一面，不但可以看见作者的胸怀博大，在历史大流上阔步的姿态，同时也可以感觉到在这里面隐伏着的对于当前现实的热烈的反抗。单从这一篇也可以看到先生对于求生存的中华民族具有怎样伟大的引导力量。（胡风：《〈工作与学习丛刊〉编校后记及其他》，《胡风全集·集外编》第5卷，湖北人民出版社，1999年，第248页）

如何认定太炎晚年学术求真与致用旨趣的分野引发太炎门生的激烈争议。姜亮夫师从廖平、梁启超、王国维、章太炎，有意调和各派学术。姜亮夫认为，章太炎"于近日学人，皆叹其根柢太浅，言经者泛滥杂抄，不明家法，究习吉金甲骨者，既好立异说，不根子载籍，而又捃扯正史，以为无益而诬史，为治学者所当谨择而已"，章太炎晚年学术趣向有二，近世治学趋向，在于求真，太炎治学在于求用救民，"求真者在无我而依他起信；求用者在为我而求其益损"。章太炎晚年不忘宗邦之危，学术趣向"一欲救世以刚中之气，一欲教人以实用之学，其归在于不忘宗邦之危"，"刚中则夸诬奇觚皆在当砭之列，实用则怪诞诡谲皆在宜排之数。变更旧常，不轨于典籍，或有危于宗邦者，皆为心所甚忧"。不明此意，"论先生者必不免于诬妄，而拥护之者，亦未必得其本真"。孙至诚认为，章太炎学术自始至终以求是为旗帜，不废致用，"未闻先生晚年定论有违前说"，且一再申明章太炎以经学为主，说经以古文为主，"此乃其大本营所在，而非游击队，傥为之拔赵帜立汉帜，将无以自植坫坛。舍此而言其全，更非弟之所敢知也"。姜亮夫、孙至诚往复函件数通，双方各持理据，固守己见。（一十：《章太炎弟子论述师说》，陈平原、杜玲玲编：《追忆章太炎（增订本）》，生活·读书·新知三联书店，2009年，第335—349页）

6月18日　船山学社开社课委员会。

周逸、黄赞元、黄巩、刘谦、王代懿、颜昌峣、胡子清等社课委员出席，萧仲祁请病假。"讨论事项：推定评阅社课课卷案，议决，推黄社长杼舆先生评阅。"（赵启霖著，施明、刘志盛整理：《赵瀞园集》，第438页）

6月20日　《私立无锡国学专修学校十五周纪念册》出版。

该书刊登陈钟凡《十五年来我国之国故整理》，钱萼孙《十五年来之诗学》，杨铁夫《十五年来之词学》，顾惕生《十五年来之目录学》，叶长青《十五年来之校雠学》，唐兰《十五年来之文字学》六篇。唐文治撰《弁言》：

> 今兹世界，一大战国也。火器日精，千辟万灌，一遇战事，杀人盈野，人命若草芥。悲乎哉！天地之大德曰生，生理灭，乾坤几乎息矣。昔子舆氏目睹善战之惨，大声疾呼曰："人皆有不忍人之心。"不忍者，生理也。欲拯民命，先救人心；欲救人心，先明正学。正学明而后人各安其分，各得其所，此古今中外之常经，莫能外焉者也。文治束发读书，受父师训。弱冠潜研经训性理，志闲先圣之道。壮岁服官，游历欧美，自愧无裨于世。强仕后，奉先姚讳回籍，掌上海南洋大学。淬厉工业，日省而月试之，尤兢兢焉以道德礼义为根本。民国十年解职，遂于无锡创办国学专修馆，嗣易名学校，迄今十有五年矣。此十五年中，拮据卒瘏，一经齐卢之战，再经匪人之侵陵，三经中日沪上之衅。道途梗阻，黉舍飘摇。然风雨如晦，鸡鸣不已，庋图书则自数百册增至四万余册，修屋宇则自十数幢增至七十余幢，核学额则自三十名增至二百七十名，至于救时之志，更无日不申儆诸生，相与朝乾而夕惕若也。横览东西洋诸国，靡不自爱其文化，且力谋以己之文化，扩而充之，深入于他国之人心。而吾国人于本国之文化，孔孟之道德礼仪，修己治人之大原，转略而不讲，或且推去而任人以挽之。悲乎哉！文化侵略，瞬若疾风，岂仅武力哉！吾为此惧，深恐抱残守阙，终就沦湮。爰于太湖之滨，购地数十亩，将悉力经营，建兹广厦，俾文人学士之来游兹土者，观感兴起，勤读

经尊孔之思。而吾校生徒，春诵夏弦，更得怡情高旷，祛鄙吝而涤烦襟。圣人所谓智动仁静，《礼记》所谓藏修息游，吾中国文化，或借此为权舆，复其见天地之心乎？或曰：斯举也，非其时，而程功远，不其艰哉！余曰："然。"夫重明之光，吐焰寸爇，放海之波，滥觞一勺。我孔子论为山曰："止吾止也"，"进吾往也"。斯举也，一年不成，期以三年，三年不成，期以五年，恃一心之至诚而已。造物之阂也，山川之富也，彼其无穷广厚广大而不测者，皆太和元气之所积也，积之时义大矣。西人制器，敛目视，求神遇，冥心妙合，恒自一世积累，传嬗至数世而成，其锲而不舍如此。吾国民性，何渠不若西人乎？且夫宙合万几，举人生精神之所构造，殚数十年之精神，斯有数十年之效验。善教者使人继其志。则夫开鹿洞，表鹅湖，绍龙场之心传，与夫正人心，救民命之事业，当吾校三十周纪念，必有发扬而光大之者。愿吾校诸同人诸同学暨海内同志，视兹弁言，以为息壤。若夫提倡辅助斯校，董其成者，与是编之惠锡南针者，凡我师生，咸感激不去于怀也。

陈钟凡撰《十五年来我国之国故整理》，首先叙述整理国故的渊源：

整理国故之说，近十数年来始宣腾于人口。溯其远源，实始于清代。有清三百年，其学派虽至纷歧，要以古典考证为一代学术之中坚。盖自顾炎武倡"经学即理学"后，一时学者多以治经为事。乾嘉之世，爰标"汉学"之名，考证之风，斯时特著。举凡群经传记，诸子著书，下逮汉唐各家笺注，莫不疏通证明，而得古学复兴之结果。斯固晚近整理国故之先导，犹之西纪元后一四五三年，东罗马学者奔避意大利，从事希腊古典研究，为西方文艺复兴（Renaissance）之前驱也。道咸以后，今文经学运动起，汉学遂别为两支，言今文者务引古匡今，归于经世致用。光宣之间，康有为、梁启超乃昌言变法。学术之涂，至是丕变。西方科学及其工艺技术，渐为国人注重。直至民元八年，五四运动起于故都，一般学子津津于东西文化之比较，乃认新文化提倡与国故整理为不可偏废之两大工作。

陈钟凡认为"国故"一辞，含义至广。"近人每嫌国学一名之涵浑，爰析为哲学、文学、史学三者述之。文字音训，前人所称为'小学'者，为治国故之工具。亦附及焉。"

哲学方面，陈钟凡认为近代哲学以情代理，可谓一大进步。清人考证学，由文字声音义训，推求古代典制。原与哲学无多关系，惟宋元以来言理学者，每以六经为注脚，傅会释老之玄谈。清人怀疑其说，不得不援据经训，以相质证。戴震因著《原善》及《孟子字义疏证》两书，主"惟情主义"以代"惟理主义"，实近代哲学上一大创获也。清代学人以治经之法研究诸子：

> 晚周诸子本以说理为宗，而清人治诸子学者亦从考证入手，犹之其治经学也。其学约分数派。一曰，校勘。如汪中、毕沅之校《墨子》，谢墉之校《商子》，孙星衍之校《孙子》

《吴子》，顾广圻之校《韩非》，毕沅、梁玉绳之校《吕览》，及
王念孙之《读书杂志》，俞樾之《诸子平议》，孙诒让之《札
迻》是也。二曰，辑逸。如严可均之辑《慎子》《商子》，章宗
源之辑《尸子》《燕丹子》，及马国翰玉函山房之辑逸书，黄奭
汉学堂遗书考之辑先秦汉魏诸子是也。三曰，订伪。如姚际恒
《古今伪书考》之疑《鹖子》《关尹子》《子华子》《晏子》《鬼
谷子》等书是也。四曰，疏证。如洪颐煊之《管子义证》，王先谦
之《庄子集解》《荀子集解》，孙诒让之《墨子间诂》是也。

上举四者，并与哲学无涉。其近于哲学者，则为“通论”
一派。如汪中《述学》有《荀子通论》《墨子序》《墨子后
序》，孙星衍《平津馆丛书》有《墨子序》皆条举一家学说，
考其原委，平其中失，成一有体系之学说，实近人言诸子者
之所本。

清末，章炳麟、严复、梁启超、章士钊倡导哲学研究，“严
氏实导其先路，此皆西方思想输入后之影响中国哲学者也”。
十五年前各家关于中国哲学论著，多属单篇，散见群书中，绝少
专门巨制。“其足提前为专门著述者，则自胡适《中国哲学史大
纲》始。胡氏此书，刊行于民国八年，诚近世哲学中一部开山
之著。”

前述胡氏《中国哲学史》仅及古代，两汉以下，付诸盖
阙。其后，常乃德著《中国思想小史》，杨东莼著《中国学术
史讲话》，并嫌简略。日人宇野哲人著《中国哲学史研究》《中

国哲学史讲话》，三浦藤作著《中国伦理学理》，渡边秀方著《中国哲学史概论》，亦未能尽惬人意。近冯友兰著《中国哲学史》，上册述周秦哲学，持论精当，下册述汉至清代哲学，限于正统派人物，取材未免太窄。他若李石岑之《人生哲学》，《中国哲学概论》，吕思勉之《先秦学术概论》，姚舜钦之《秦汉哲学史》，并纯驳互著，未能一致。容肇祖近编《中国思想史》，钩沈删要，撢阐精微。蔡尚思亦拟编思想史，分经济思想、政治思想、文化思想、艺术思想各篇，先搜集史料，写为长编。容、蔡两书以取材繁密，一时尚未杀青也。

文学方面，陈钟凡认为，文学本以创作为能事，十五年来的新文学小说、诗歌及戏剧层出不穷。整理国故当从理解旧文学方面论述，"摹拟与创作皆非所及"：

> 二十年来，坊间出版之文学史，何只三四十种。胡适之《白话文学史》较有见地，惜其所述，自汉魏讫于中唐，首尾未完。钱基博著《现代中国文学史》，起自王闿运，下讫胡适，凡二十五家，附录三十二人。于文章外，兼著行事，非仅传其文也。冯沅君、陆侃如合编《中国诗史》，由三百篇，辞赋，下及散曲，实文学史中最重要一大部门。陈钟凡昔著《中国文学评论》，以文学批评史弁其简端，坊间分印为《中国文化批评史》及《韵文通论》两部。后罗根泽著《中国文学批评史》，详尽倍之。郭绍虞著《中国文学批评史》，益远过罗书矣。

史学方面，陈钟凡认为，中国史学界自德人夏德（F.Hirth）在清末出版《中国古代史》，根据史学方法，驳斥古来无稽之谈。"国人见之，治史学之态度为之一变，知数千年相传之神话及传说多不可尽信。"近十五年来，史学可分为信古、疑古、考古三派。信古派"笃信传统的古代经传史籍及诸子之传说，下逮西汉以后之纬书"。疑古派，从清代学者继汉人王充、唐刘知几之后，"对于传统学说怀疑攻击者，始有姚际恒之《古今伪书考》，继有崔述之《考信录》，于古代伪书伪事，考其来由，准之事理，详加辨正。五四运动以后，疑古之风益炽，顾颉刚、钱玄同等专摘古书中之破绽，穷造其造成之时代，及其所以伪造之原因，乃知古史率由历世累积而成"。考古派从书册、甲骨文、金文中，更从地质学、古生物学、人类学、古器物学、社会学、民俗学上搜集古史材料，"说明古代社会结构，民族迁徙及其文化发达情形。近代研究古史，既不能墨守成见，又不便一切推翻。惟有取地下发掘之材料，参之各低级民族生活状况，建设科学的古史，方有信今传后之价值。否则抱残守缺，徒自误误人而已"。（无锡国学专修学校编：《私立无锡国学专修学校十五周纪念册》，民生印书馆，1936年，第1—10页）

6月21日　无锡国学专修学校举行十五周年纪念暨十五届毕业典礼。考试院副院长钮惕生，中央政校主任孟伯洪，前两路局长苏绅任筱珊，以及陈柱尊、钱基博、荣德生、蒋遇春、蔡其标、唐星海等。

（首由唐文治报告）至于十五年来经过情形，则艰难困苦，风雨飘摇，惟一念保存中国文化，故一息尚存，此念始终不懈。愿爱护本国文化者，加以保护。本校至百五十年纪念时，庶几中国文化普及于全世界云云。次由教务主任冯振心氏，报告本届人数及成绩，同时授给文凭。

名人训词，嗣由考试院副院长钮惕生致训。略谓："兄弟与校长，乃南菁书院先后同学，辛亥革命之际，受教于校长者极多，故得免谬误。既承明命，不敢不略致数言。窃谓当今之世，欲奠定天下，使生民享太平之福者，环顾世界，惟我国人口、土地、物产、种族，为最有资格。英俄亦未尝无此资格，而历代传统思想及国民性，多以侵略为当然之事。独中国则不然，立国之精神纯受孔孟之影响。故惟中国而强，世界和平始保障。此责任皆在研究国学之士，则本校所负责任之重大可知矣。至于创办之初，艰难困苦，乃必然之事。其始愈艰苦，则其后根基愈稳定。国术馆初成立时，众皆轻视之，及一·二八之役，发挥其威力，今渐普遍于闾巷之间矣，国学亦犹是也。"末复以军训、体育、生计三点勉同学，辞甚恳切。

学生致答，次由臧专员、陇县长致词。大意为精神文明，乃物质文明之根本，必有义理、考据、词章而后，一切有所附丽。国专之学，根本之学也；济济多士，必有名世者矣。次由孟伯洪氏致词，略谓立国之要，土地、人民、主权而外，尚有武力与文化二点；而指挥武力者，必以文化为基础，所谓民族意识、一切教育，皆以为最后之目的。而国专尤独以此为唯一之任务。其发扬光大，可预卜矣。次由钱子泉氏致词。末由毕业学生代表答词而散。（刘桂秋：《无锡国专编年事辑》，中国大百科全书出版社，2011年，第237—238页）

6月20—22日，唐文治在《新无锡》连载《国学专修学校十五周之过去与未来》，公布无锡国学专修学校后续计划：

> 今世界各国莫不自爱其文化，且力谋以己之文化扩而充之于他邦。吾国文化，讵可让人？若长此抱残守缺，不为发扬光大之谋，恐吾国学终至沦灭。本校既为国中所仅有，同志之士，更宜尽力襄理，借以继往开来。爰述未来计划如左。训教合一宜力求进步。吾校以文行交修为本原，即以文武兼资为宗旨。凡一切训练管理当益加严格。昔有孙夏峰先生之讲学，而后有汤文正；有罗忠节公之讲学，而后有李忠武、王壮武。规范非遥，不宜自薄。下学期拟增设高中国文师资科，添置讲座，厚植国文根柢，希望各处高中国文程度蒸蒸日上。嗣后再续设史地、经济及一切武略应用诸科，扩充世界知识，道在实事求是，不务空谈。若夫恪守道德礼义，以正人心，激励民族精神，矫正社会风气，皆当与诸位同学朝乾而夕惕若也。（唐文治：《国学专修学校十五周之过去与未来》，《新无锡》，1936年6月20—22日，第4版，转引自刘桂秋编著：《唐文治年谱长编》，第939—940页）

△　惠灵国学会主办惠灵国学补习夜校休业典礼，校长孙德余报告，校董顾馨一、陈子彝及各教授，相继致词。（《惠灵国学会主办之惠灵国学补习夜校》，《申报》，1936年6月22日，第4张第13版）

6月25日　国立中山大学中文系公布1935年毕业论文题目登记表（见表5）。

表5　国立中山大学文学院二十四年度（1935）毕业论文题目登记表

学生姓名	论文题目	学生姓名	论文题目
伦京兰	李义山诗之研究	伦贺春	中国诗之起源及其构造
欧阳竹君	历代诗话序目汇编	唐如庆	五言诗之研究
彭炳晟	孟子学说之研究	程秉衡	唐代诗学批评
姚良彬	诗经研究	俞琼珴	唐宋文学之研究
郑洁贞	曹植评传	吴家柱	楚辞研究
赵清权	朱淑真诗词述评	凌汉桑	楚辞研究
劳光济	五四至五三期中国文学研究	陈云蟾	中国诗歌研究
梁玉冰	元人小令及其代表作家	金佩文	［阙］
金秀珍	墨子学说研究	刘振鹏	杜甫之生平及其作品
吴炳镛	六书论略	沈佩瑶	唐诗通论
刘有能	左传凡例自相违反考	张为纲	南昌音系
郭文敬	孟子研究	黄友筠	［阙］
黄炳钟	李义山及其诗	谭瑞基	史记汉书研究
赖崇钦	中国文学形式之探讨	吴镇琨	诗经音义之研究
孔宪铨	陆放翁诗研究	徐书海	诗经异文通训
曾广烈	诗经中几个问题的研究	罗时旸	清真词研究
余超原	六书通论	李粹龢	先秦文法之特征
周年泰	孟荀异同	林淑芬	孟子研究
陈应槐	历代骈文散文之变迁	陈哲豪	中国文学之变迁与特点说略
易永铭	屈原研究	林德孚	儒墨道三家政治思想述要
李子瀛	荀子新探	张沛桐	宋诗述评
胡祖杰	汉魏六朝诗评论	黄良深	毛诗辞例考

续表

学生姓名	论文题目	学生姓名	论文题目
丁平生	唐代妇女诗学概论	曹绍棠	国学概论
陈洁华	唐代诗学	谢天鹏	论语条贯
易绍尧	三礼声读考	冯安	六书通论
袁文澜	元曲研究	黄华鸿	诗经通论
韩俭周	中国声韵学概略	石肇纯	韩非子研究

（《国立中山大学文学院二十四年度毕业论文题目登记表》，《国立中山大学日报》，1936年6月25日，第8版；参见刘小云：《学术风气与现代转型：中山大学人文学科述论（1926—1949）》，生活·读书·新知三联书店，2013年，第354—355页）

6月30日　费怒春发表《整理国故意见》，提议组织中国国学研究社，主张以社会学眼光、三民主义立场，整理中国国学。

费怒春认为，中国图书卷帙浩繁，缺乏科学体系，导致读者往往"皓首穷年，不能得其要津"，"或者涉猎群书，博览今古，自鸣得意，然究其实际，不过仅得其糟粕"。如今整理国故，势必要将中国典籍，"统统用科学的方法整理一番"。这种浩大工作应由政府完成，然而中国内忧外患，政府疲于应付，没有余力来顾及此事。作者从学习的经验，提出整理的办法，希望得到国内人士的认可，"愿意集合起来，担任这一重大的工作"：

整理的方法：一曰提要汰繁：中国的书籍，真是汗牛充栋，要想普遍阅读，的是难事。但是在这广大的书海里，确可以找到一些至理名言，作我们民族抗争战的轨范，作我们处世接物的格言，作我们治国平天下的法理。浅见之士，未曾见到中国文化的菁华，率尔评击，对于来自西洋者，不问是否合乎中国需要，总是欢迎。所以弄到中国文化破产，道德沦丧，民气消沉，民志堕落，瞻望前途，不寒而栗！格物，致知，诚意，正心，修身，齐家，治国，平天下，为中国最高之政治哲学，为总理孙先生所极端赞许，但是这几句话，中国社会上有点什么力量？不过为历史上之名言罢了！我们试就经济说，中国人以为中国的人是向来不注重经济的，晚近以还，所谓经济学者，始从外国输入。其实中国老早就有很精辟的经济思想，譬如说："生之者众，食之者寡，为之者急，用之者舒，则财恒足矣。"这是何等伟大的理论。再如"圣人之治天下，必使菽粟如水火"，这简直是社会主义的精神。我们整理国故，必须要在那广大的矿苗里，挖出金子来，不能因了那是一座玩固的矿山，便不去理它。作者正拟起草一册人民精神宪章，就是想提出中国书里的精髓，作为吾人的圭臬，只以没有工夫，至今难以完稿。总之，汰繁的工作，极其要紧，可以说是整理国故之初步。

二曰个人学说之调整。每一个历史上有名的人物，其人之学说思想，必为某时代社会环境之反映，所以我们讨探个人的学说思想是很有意义的。但是中国历史上许多名人的著作，殊乏科学编制的精神，所以必须加以调整的工作，方可作为初学者读物，否则用力多，而成功少。中国学者，因为没有这一种的书籍——调整完善的个人学说思想的书籍——可观，便全不去理会它，本来，一个人的著作，没有科学的体系，而且文字又甚艰深，自然不是容易了解的，无怪一些初学，不肯潜心研究。譬如周秦百子百家，以及宋明诸儒，其立说都有至理，且为一个时代社会环境之反映，如果加以研究，对于建立本位文化这一点，不无相当帮助，然而那些书籍，却不易阅看，非集合众人之力，分工合作，不能成功，如若真的得了很好的结果，以后学者研究，自是轻而易举的事了。

三曰分科整理。中国的书所以不易读者，其主要的原因，就是因为没有科学的编制。所谓经史子集，在表面上看，似乎也是分科的样子，实际上如果把中国的书仅仅分为经史子集，自然是太笼统了一点，况且经史子集，是皮象上的分别，究其内容，所包涵者又大抵相同，科学的整理，当然不是这样的办法。我们的主张，是要把所有经史子集许多书籍，通统拿来融会贯通，分作哲学、政治、经济、数学、法律、风俗、伦理、宗教等等科目从新编纂。这是纵的叙述，同时我们还要注意到横的研究。过去做这样工作的，实不乏人，如梁启超的《先秦政治思想史》，胡适之的《中国哲学史大纲》第一卷，对于整理国故，当然有相当的供献，惜叙述的时期太短，不能把整个中国的政治思想史及中国哲学史撰拟出来，这不能不是遗恨，此外尚有有体系的著作，不在少数，但是要想求得一个善本，的非易事！最切要的如中国经济史，中国经济思想史，中国社会史，中国政治制度史等等，现在尚无此项书籍出版，作者提出这一个主张，并不敢自己担当此任，不过想借此促进一般才志或境遇优越之士，踏上此道路，以共挽中国文化之厄运。

以上三种办法，当然不能算是尽善，不过照此作去，或有相当效果。但是此种工作，实为繁难，非用政府力量，不能举办，而目前政府，然没有余力来作此不急之举。在这个时期，只有集合志同道合者，分别担任这一个重大工作，也不必一时把他完成，更不必要一个人来完成，因此，我提出一个具体的办法——组织国学研究社，来负起这一个责任。现在拟具简章草案一则，借供研究：

国学研究社简章草案　第一条，本社以社会学眼光，三民主义立场，整理中国国学为宗旨，定名为中国国学研究社。第二条，本社暂设湖北。第三条，有左列情形之一者得为本社社员：甲，担任本社所指定编辑之书籍确能完成者。乙，有关于国学之著作或关于社会科学之著作与本社宗旨相合，经本社赞同者。第四条，凡国内名人赞同本社宗旨并帮助本社者，本社得聘为董事。第五条，本社设主干一人，秘书一人，办事员若干人。第六条，本社设编纂审查委员会，人数无定额。第七条，本社目前之任务，编纂下列各书：（1）中国大历史，（2）中国社会发展史，（3）中国政治史，（4）中国经济史，（5）中国经济思想史，（6）中国政治思想史，（7）中国教育史，（8）中国教育学说史，（9）中国司法制度史，（10）中国法律思想史，（11）中国封建制度考，（12）中国井田制度考，（13）中国土地所有权变迁史，（14）中国商业史，（15）中国工业史，（16）中国发明家小史，（17）中国文学史，（18）中国艺术史，（19）中国哲学史，（20）中国宗教史，（21）中国官制变迁史，（22）中国货币史，（23）中国考试制度，

（24）中国选举制度，（25）中国民族发展史，（26）中国水利考，（27）中国风俗史，（28）儒家思想发展史，（29）中国御史制度考，（30）儒家思想体系，（31）墨家思想体系，（32）道家思想体系，（33）中国文字源流考，（34）中国音韵学，（35）中国各种战史，（36）中国古代兵略，（37）中国现代社会结构，（38）中国现代思潮，（39）中国医学史，（40）中国医学评价，（41）十三经汰繁，（42）各史汰繁，（43）各子汰繁，（44）各集汰繁，（45）中国诗曲评价，（46）中国诗曲作家小史，（47）中国诗曲选，（48）其他……第八条，本社得设图书馆、印书局及其他文化机关。第九条，本社各种章程细则另订之。

费怒春总结道，如要参加此项计划，必须具备几个条件："第一要对于国学有深切的研究，第二要对于社会科学有明确之了解，第三要有健全身体，第四要有优越境遇，第五要有最大决心，这几种条件，缺一不可。但是如果由政府举办，当然不必要具备如上所述条件之多了。"（费怒春：《整理国故意见》，《江汉思潮》，第 4 卷第 5—6 期，1936 年 6 月 30 日）

△ 姜忠奎发表《兴复书院以倡明国学议》，批评中央在军事、政治均开设专门学校，唯独缺乏国学专校，失去典范国人的功能。

文中称：

夫道德之凝，固有多端，而学术为最要。析自然者，莫如科学，阐知慧者，莫如佛典，论道德者，莫如国学。国学有四，经史子集，罔不以道德为归，迄今数千年，作者数千人，内极性情之微，外尽行动之变，确有泰西天竺所未及者，行之而止乎至善，则血气之属，莫不尊亲，必非浅尝所能知其意，而薄试所能得其效也。今学校制度，仿自欧美，本为研治科学而设，今究国学，亦取是制，钱范铸鼎，用非其宜，何则？中国之书，其是其多，百家之说，若是其繁，而亦欲以数年之力，探寻精蕴，其难有甚于挟山超海。夫科学各有范限，若理虽密，而术则甚简，国学彼此互通，其文若易，而道则极复，自幼学以至于壮，尚未必能达其训，无论明其义，更无论见诸行，故自改制以来，能科学者，世不乏人，能国学者，殊所罕见。方其在学校也，按年修业，茫然不知当读者为何书，及其出学校也，缘情干禄，恬然不知所学为何用，于己无益，在国有损，于是有斥国学为无用者，而一切皆欲取之外国，此其弊有四。

留学外国者，愈久而自视愈卑，甚至侮圣贤，谤经典。夫圣贤吾祖宗也，经典者祖宗之遗训也，人日蔑其祖宗遗训，家必不昌，此一弊也。留学欧美者，其习惯信仰，尽为欧美，留学日俄者，其习惯信仰，尽为日俄，十国留学，则习惯信仰，必有十种不同，各以不同之习惯信仰，导其后进，弥衍而离，国家渐呈分裂之象，此二弊也。民族之所以永存于大地者，以其有本性也，今背其本性，而取之他人，则蜾子螺化，族且不保，国于何有，此三弊也。夫人之爱其国者，非但以其有山川土地也，乃以其有数千年之历史，如语言，如礼俗，如建筑，如艺术，如音乐，如衣服饮食，及一切应其天时，适其地利，而演进为其人之文化者。今既弃其文化，而言爱其土地，则犹舍酒而取糟也，爱皮肤而不爱精髓，虽爱亦妄，此四弊也。今欲补救此弊，必先崇尚国学，而欲崇尚国学，必先振兴书院。书院之制，始于晚唐，盛行于宋元，明清因之，至民国而始废，其初多由私人所组合，其后亦有政府所设立，或以补校官之失，或以救科举之弊，盖有志淑世之儒，应时所需，而构成者也。

当宋之世，白鹿、岳麓、应天、嵩阳，号称天下四大书院，元世知名书院，见于记载者，四十余处，明自阳明讲学军中，书院之设，随地而有，而明史所记，不下五六十处。清则各省皆有书院之设，在昔大儒，若宋之朱子，元之许鲁斋，明之湛若水，清之孙夏峰、李二曲、顾亭林，皆尝讲学书院，而书院所出，名臣硕学，亦代不乏人，其风气所钟，一方丕变，德泽所衍，累世不易。

自汉以来，负世道人心之责者，大氐皆在野之儒，而乱离之萌，则多起于在朝之士大夫，政学之离合，影响国家治安若此。然则今日外寇孔急，内政多歧，非借此不足以平静之。备军所以制强，理财所以济贫，明术所以解纷，然皆一时之用，至于永久安定之道，盖非学术道德，不足以成之也。

今建国二十余年，范维人心之具，未遑顾及，而无识之徒，又或加以摧残，然而嚣哗不轨之事，亦惟都会市井有之，穷乡僻壤，尚夷然莫为之扰，足见先泽流传之深且远，若再过十年二十年，听其飘摇，而不事整理，则上下齐乱，益难为计矣。天下事可则为之，不可则废之，依违而不决，终受其乱，如国学果有害于立国，则虽焚其书籍，毁其文字，无不可者，如非有害，且为益甚大，则当振而兴之，倡而明之，勿令若存若亡，误人于无己也。昔柯先生劭忞之死，曾明令抚恤之，今章先生炳麟之死，又明令国葬之，则国府之于深于国学之人，固极尊崇之矣。然其人既死，其道已绝，虽有数千元之恤金，一亩广之坟地，于死者无补，于生者何益，如以其地，作为之宫，更以其金，储为之俸，设帐招生，讲学明道，岂不甚善。

夫匿踪好古之儒，恬退求志之士，乃礼义之攸存，廉耻之所寄，以此表民，方知所瞻，始若无为，久斯丕变。盖道德之行，在于默化潜移，而不在于手提面命，若徒事口号，不求行践，为目不为腹，终非治治之本。海内耆年老宿，落落无几，而厄于时尚，未便出而讲学，青年后进，岌岌上达，而囿于功令，无暇从之问业，如有书院，以资讨论，则在人者，后先有所启承，其于术也，道艺亦可调剂，糜费无几，获益甚多，古有成效，今何不为。书院制度，前世亦多不同，今当参其离合，别为规定，至其名称，或仍用书院，或改用学院，均无不可。要以读书明理，立身致用为归，若汉学之流而为琐细，宋学之流而为迂腐，皆无当也。中央于军事，于政治，咸有专校，独于国学，则缺焉未备，殊失昭率国人之义。夫国之所以独立天壤间者，不在人民，不在土地，而在学术，故杀一人不足为丧权，失一地不足为亡。国惟学术为人所变，思想为人所化，辱及先人，灭其本心，虽一民不伤，一地不削，然其神魄既飞，志气已晦，三生不悟，万劫难复，语曰哀莫大于心死，国学者吾国人数千年之心血所寄也，此而可忽，他尚不足惜乎。

　　今国家举行大典，礼制音乐，俱袭欧西，不足表见国族本性，而民间婚姻丧祭，或沿旧习，或趋时尚，千形万色，亦非一统气象，凡此均宜招聘国学渊雅之士，推研讨论，用为功成制作之备，此乃长治久安之本务，正可借书院预培其材，否则，异日欲兴此举，亦恐无由得其人也。（姜忠奎：《兴复书院以倡明国学议》，《国学论衡》，第 10 期，1936 年 6 月 30 日）

6月　刘修业编辑《国学论文索引四编》，由北平中华图书馆协会出版。

　　郭绍虞作序，称"国学"只是中国某某学某某学的共名：

　　所谓国学，本含有二重意义，对于西学而言则为"中学"，对于新学而言，则为"古学"。国学，本不必死看作国界的表示。所以胡适之先生说："国学在我们的心眼里，只是国故学的缩写。"称国故学为国学则所有'中学''古学'二种意义都包涵在内了。包涵这二重意义的国学，我们觉得国学一名，尚不致成为诟病的名词。

　　不仅如此，对"国学"二字给予以一种新意义后，同时也即给予一种研究国学的新态度与新方法。一般国学研究者，有时不免分别体用，以中学为体，西学为用，于是只作附会之论，不肯公允地作比较的研究，这即是过于把国学看成"中学"的缘故。有时又不免抱残守阙，墨守着传统的见解，不肯运用近代治学的方法，则又是把国学看成"古学"的缘故。这都不是我们所蕲求的。我们认为一方面不应囿于传统的范围，不妨增加许多新辟的园地，于"国粹"之外再顾到"国渣"，同时也于"国渣"中间整理出"国粹"；这才见国故学的重要。一方面更应利用分工的方法，各自作专门的研究；先有某种学问的专门知识，然后再来整理中国的某种学问才能创造新的术语，获得新的见解。这才见国故学研究的价值。

照这样，实在即是何、郑二先生所提倡的，所希望的意旨。而且，实际上，现在一般国学研究者也早已有意无意地照这种方向进行着。假使我们看到刘女士所编的《国学论文索引三编》的分类，已可看出这些趋势；假使我们再看到她最近所编的《四编》之分类，其细目与《三编》有所出入的地方，那更可证明这是事实。然则，所谓国学云者，中国某某学某某学之共名而已。

然而，所谓中国的古学，固可以扩充为较广的意义，固可以适用较新的态度与方法；同时，传统的见解与传统的方法，却也不会一时丧坠他的地位。学术固应该有时代性，然而假使有人以曲学阿世为耻辱，以抱残守阙为得计，那也是各人的自由。守经乐道，是多么好听的名词；说得时髦一些，提倡东方文化，恢复中国旧道德，也不失为动听的口号。在此种旗帜掩护之下，可以使国学成为所谓"国粹"，可以使国学的研究，仅仅以儒家为中心，以经典为本位。我们并不是不知道此种国粹式的国学也可以看出他的时代性。最明显的，是旧时所认汉学宋学之称。汉人宗经，成其文字训诂之学；唐人宗经，成其文学；宋人宗经，成其性理之学；明人宗经，以六经为注脚，成其心学；清人宗经，一方面实事求是，成考据之学，一方面以六经为史，成为史学。这都可以说一代有一代之学。然而，正因其范围过窄，对象相同，所以可以创为经学即理学之论：汉宋可以沟通，文道可以合一，那么，所谓一代有一代之学，其分别之点，也就很有限了。历史上——或习惯上——的所谓国学，就是这么一套，传统的势力，当然不会一时失坠，于是《国学论文索引》之内，不得不"既有文学科学之类，复具群经诸子之名"了。这本是过渡时期中所不能免的现象。事实所限，又不能不沿用这已经约定俗成的名称。然则所谓国学者，又不能不说是中国传统的古学研究的意思。

也许将来，渐渐走上科学的路，于是所谓群经诸子之学，便只同文选学一样，于是所谓"国学"，便只是中国某某学某某学之共名。于是刘女士所编的论文索引，其分类标准也比较地可以单纯了。（刘修业编：《国学论文索引四编》，北平中华图书馆协会，1936年，第1—4页）

△ 钟泰著《国学概论》，由上海中华书局出版。

该书分述六书、声韵、章句、六艺、诸子、目录、汉宋异同、文章体制八篇。钟泰自称："学至于义理，其至矣；义理之原在经，其征在史。若夫诸子之书，百家之集，则皆经史之发挥，而义理之纶绪也。今也典册具在，学者有能因是以穷经史之奥，撷义理之精，上绍先民之泽于不坠，下开来世之学于不弊者乎？"

时人评述：

时下国学概论之书多矣，高下参差，立有云泥之判，要系乎作者之道德与学问，非掇摘陈言，无自见之明者所能几希也。何以言著述有关乎道德？中国学术最重自受，即人格之修养，有峥嵘之人格，则其立言自能拔立不群，不自觉间融道德（生活之认真）、学问（知识）而为一，故义理（哲学思想）、考据（史学）、辞章（文学）三者，其貌虽殊，必合道德与学问之精，乃勉可成一家之言，而考据、辞章，倘乎废义理（持身立己、左右逢源之一贯思想），则又直等市侩之学耳。吾故曰，国学易言而实极不易言。近年吾所见以国学概论名书者，惟钱穆氏之作与钟氏此书，其人可谓勉于合道德学问而为一者也。知其人而论其世，吾重有感乎吾言。钱氏之书，大抵侧重于文化史之叙述，此书则先之以六书、声韵、章句诸篇，为读书之舟车；次六经、诸子、四部，为读书之图经指南。殿以汉宋学术之异同，使学者知汉学之所以贵乎博观，而宋学之所以贵乎约取，发为文章，故以文章体制一篇终焉。此一编之中，窥其所三致意者，惟在汉宋异同篇，自序谓："自清人标榜汉学，排诋宋儒，以言理为禁忌，于是穷经经不足以润身，治史史不足以平世。周章于训诂，彷徨于考据，乃至竭毕生之力，而不免为穷人之无所归，不亦悲乎！"其言虽若可商，然何其深切著明矣。（《介绍·国学概论》，天津《大公报》，1937年2月4日，第11版）

张舜徽曾在《壮议轩日记》中称钟泰："余十余岁时即闻其名，尝观其《哲学史》《国学概论》诸编，论议平实，辞气尔雅，心焉仪之。"（张舜徽著，周国林校注：《壮议轩日记》，华中师范大学出版社，2018年，第4页）在教授"校雠学"与"国学概论"诸课，曾为文、史系学生开列《初学求书简目》，其中便有钟泰氏《国学概论》一书，与王易、钱穆两家之《国学概论》并提，认为此三家著述"剖析源流，评骘高下，要言不烦，多中肯綮……初学涉览及之，必能于古今学术，有以知其梗概矣"。（张舜徽：《四库提要叙讲疏》，云南人民出版社，2005 年，第 180 页）

△ 顾颉刚编订《崔东壁遗书》，由亚东图书馆出版。王伯祥撰文推荐该书，"《崔东壁遗书》既为治国学者所必读，而遗书的本子又推这本为最善"。（王伯祥：《偶谈·崔东壁遗书》，《中学生》，第 66 期，1936 年，6 月 1 日）

△ 金陵女子文理学院公布国文系学程，其中国学概论为主修生必修学程，上学期讲授经史子集之概要，使学生知中国学术之横的派别，下学期讲授周秦以降各种学术之嬗变，使学生知中国学术之纵的源流。（金陵女子文理学院编：《私立金陵女子文理学院概况》，金陵女子文理学院，1936 年，第 64—74 页）

△ 丽泽文社成立，以研究国学阐扬文化为宗旨，发行《丽泽艺刊》。张寿镛为正社长，胡朴安为副社长，季景范为诗词评判长（见表 6）。

表6 丽泽文社社员通讯录

姓名	年龄	籍贯	通讯地址
叶百丰 颖根	24	桐城	福煦路海梧路二四六号
黄鸣山 冲一	45	崇明	上海西门林荫路林荫小学
严爽 履彬	36	阜宁	上海闸北新民路东福安里五号
严至瑞	38	宁海	上海天通庵路第四中队部
童葆华 日吾	34	宁海	上海闸北民立路一百九十八号

续表

姓名	年龄	籍贯	通讯地址
陈东生　复生	33	金坛	上海金神父路法政学院
周行　宇清	30	宜兴	上海杨树浦华盛路柏禄里三二弄三九号
何恩朋　友仁	28	曹县	上海方浜路青莲街二二二号
陈延雍　商萍	28	鄞县	上海施高塔路恒丰里八二号
韩子盛　鼎孙	26	镇江	日本东京神田区三崎町二丁日八番地宫本方
顾善同　君明	24	上海	上海邮务管理局闸北彭浦镇顾家宅十二号
钱陶　念生	24	嘉兴	长春长通路三号
陈馥荪　文鹤	24	吴县	本埠闸北蒙古路荣森里二十二号
严振扬　权五	23	宝山	本埠邮务管理局
沈尚德　就田	22	无锡	上海北成都路庆余里二十三号
夏沂　蜚如	24	青田	上海光华大学
石鑑尧　原名琢	24	仪征	上海光华大学
刘鲠	22	确山	上海方浜路青莲街二二二号
周鼎　静松	22	桂林	上海光华大学
金祖同　郐斋	22	嘉兴	上海西门高家弄四七号
达祥贵	19	吴县	上海西门方浜路青莲街二二二号
吴荣嵤		鄞县	上海宁波路福康钱庄
秦鼎　孟源		天长	南京五州中学
杨玉顺	17	江都	上海方浜路青莲街二二二号
倪匡　介桓	42	崇明	本埠枫林桥上海市党部
叶志昌			本埠闸北顺澂路新民坊二六号
沈赞镐　志铺	29	无锡	本埠海宁路高寿里四一号
滕惠若　明康	32	苏州	上海邮政管理局

续表

姓名	年龄	籍贯	通讯地址
万云骏　网珠	26	南汇	上海大西路光华大学
杨启文　彬然	21	定远	上海方浜路青莲街二二二号
胡广厚　坤庵		凤台	上海方浜路青莲街二二二号
马同顺　春轩	22	菏泽	本埠伊斯兰学校
周廷槐	29	南汇	本部大西路光华大学
王苓思	20	南汇	本埠杨树浦广信路振兴号
王佩芬	18	南汇	本埠杨树浦广信路振兴号
陈亦平　仲衡	47	海陵	本埠闸北京江路丰润里二七号
滕家琪　美东	35	海陵	本埠闸北太阳路荣福里七号
赵泳江	34	海陵	本埠闸北京江路长庆里十一号
魏志秋	26	江宁	本埠闸北共和路余庆里五三号
叶馨声	21	定海	本埠闸北满洲路长安里廿号
陈梅吟　纬才	26	海陵	本埠闸北京江路庆余里十九号
陈文举	42	北平	本埠麦特赫司脱路三八三弄廿四号转
蔡晓和　大龟	42	兰溪	本埠法大马路磨坊街承志里火腿公会
黎祥燊	22	南康	本埠大西路光华大学
瞿震元　璞生	33	崇明	本埠西门方斜路三八四号
曾纪宋　影空	25	江西	本埠大西路光华大学
陈宗亢　友鱼	33	崇明	本埠闸北虹江路市立海山小学
江平　仲亮		南通	上海闸北共和路德明里一号
方子卫			地址未填
朱邵之		泾县	上海江湾持志学院

（《丽泽文社社员通讯录》,《丽泽艺刊》，第 1 期，1936 年 6 月）

黄鸣山发表《入国学讲社记》：

> 呜呼，学之不讲也久矣。经籍荒落，六艺不吟，百家九流不披览，宜其胸怀鄙塞，意气粗疏，而茫然蒙昧终为无识之人也。古之人孜孜矻矻，求道则穷源委，研经必尚淹通。旁及杂家九流以博其趣，而融贯于胸，是故发为文章，则铿金石而感鬼神。以之经国家，则敦世风而励薄俗。学有本源，而用有征验也。今也不然。寡闻浅识，妄自矜夸，舍旧谋新，邀取声利；操觚读律，驰说结精。自命为名流政客者，问其经邦济世之术，瞠目结舌，但取干时罔利，而不顾祸国亡家，可叹息痛恨也。

叶浦孙先生评议此文"立意正大，古人晚学甚多，愿与君共勉之"。（黄鸣山：《入国学讲社记》，《丽泽艺刊》，第1期，1936年6月）

7月1日　天津崇化学会继续招生。

自1日起，该会讲授国学书籍，"讲授科目，选定《孟子》《左传纪事本末》《通鉴纪事本末》三书，修身一科，则随时采辑经史中关于八德之嘉言懿行，作为材料"。（《崇化学会续招学生》，天津《益世报》，1936年7月11日，第3张第9版）

7月9日　上海美专暑校拟由阎甘园进行国学讲座。（《上海美专暑校》，《申报》，1936年7月9日，第4张第16版）

△　《大公报》答复读者关于国学毕业生参加文官考试资格问题。

一，大学或独立学院之国学系及国学专修科毕业，能否参加文官考试？如若有资格参加，可以投考何科人员！（如普通行政人员，外交领事官，财政会计人员，教育人员等。）

二，大学或独立学院之国学系及国学专修毕业，服务何种职业最为合格？有无资格服务行政人员？

三，师范大学或师范专修科毕业，服务行政人员是否合格？

答：一，大学或独立学院之国学系及国学专修科毕业者，以参考普通行政人员考试较为合宜。

二，有资格充任行政人员，其他职务则教授中等学校国文历史教员，亦属相宜。

三，师范大学或师范专修科毕业者，充任行政人员可能合格，最好充任教育厅、局行政职务，展其所长，最为相宜。

（《文官考试·答朱承祐君》，上海《大公报》，1936 年 7 月 9 日，第 12 版）

7月12日　吴英华发表《国学研究社课艺序》，针砭世风，坦陈国学研究社宗旨。

文中称：

际兹沧海横流之时，大雅不作，淫哇沸声，枉象毒龙，莽言间错，谓夏禹为虫类，奉殷契若璆琳，叔重所桦之大小篆，疑其未必近古，老聃所述之五千言，认作书真晚出，杨朱乃庄周之化名，而尧幽囚、舜野死之言，胥成为名言矣。清代刘申受、廖季平狂惑，沉迷于公羊之今文学说，予圣自雄，数典忘祖，而近世之康长素则力扬其波，撰《新学伪经考》《孔子改制考》，凭臆逞私，直等诸杜道士，余杭章氏斥之为善附会，洵匪已甚也。乃俭腹耳食之辈，以其说之邻于奇也，且信奉之，斯真奇其所奇，非子长所爱之奇矣。民国已来，胡适等又力倡语体文，所以便速化利易简，遂致一般后生小子，枇杜不识，亥豕莫辨，而颠易之夫，又欲改华文为简笔字焉？夫简笔之字，市侩用以记簿录之字也，今乃取而公诸世，毫不之怍，夫以画脂镂冰，道听途说，打油卖浆，里巷邪许之词，已不足以言文。况又易以钩棘碍目，笑人齿冷之字也欤？故居今日而言文，诚哉其言之也难。（吴英华：《国学研究社课艺序》，《大中时报》，1936年7月12日，第5版）

7月13日　《申报》报道章氏国学讲习会增设预备班。

章太炎氏在苏州设有章氏国学讲习会，章氏去世后，由蒋委员长赙仪三千元。现其夫人汤国黎［梨］女士，将该款作为该会预备班开办费，自任主任，本年度招收新生四十名。另订简章如下：一、年限，修业一年完毕升入讲习会听讲；二、学程，读经、模范文、学术文、作文、文字学、马氏文通、通鉴、诸子选读、诗词选、书法、国术；三、纳费，学费免收，每学期全膳三十五元，半膳十七元，宿费五元，杂费五元，讲义费三元，女生暂不设宿舍；四、程度，高中毕业及同等程度；五、八月十五日上午作文，下午国学常识口试；六、报名，报名处苏州锦帆路本会，报名费一元，随呈二寸半身照片及毕业证书。（《章氏国学讲习会增设预备班》，《申报》，1936年7月13

日，第 4 张第 15 版）

7月14日　《大中时报》发表社论《发展国学》，评述冀察政务委员会举行例会，李廷玉临时动议"发展国学"一案。

国学社陈隽如：日前冀察政务委员会，举行例会，临时动议，有"发展国学"一案，案为该会委员李廷玉氏所提。吾人目触国伤，深维世变，以为治术多舛，实由学术不纯，当此存亡绝续之交，今后若不能将国学从速发展，则一切救亡工作皆将无从着手，劳而无功。故对李氏提案，极愿促其实现，早日见诸施行，并将所见略述如下：

溯自欧风东渐，一部人士，迷信科学万能，根据其偏狭主张，起而宣告国学破产，谓其不能立足二十世纪，高呼打倒以后，国人思想受其影响，陡然大变。青年学子，被外来学说诱惑尤甚，以致风气浇薄，人心浮荡，礼义不明，廉耻道丧，纲常名教，大义销沉，而乱政亟行，危机四伏，殆与孟子所谓上无道揆，下无法守，朝不信道，工不信度，君子犯义，小人犯刑，国之所存者幸等语情形相似，其更可异者，即近日倡议废弃原有文字，实行简字一事。当兹各国肆行侵略之时，武力经济，交相压迫，犹为未足，正思欲以文化为灭我之计，此议如果实行更不啻与人以入手捷径，事实至可忧虑。是以此时从速发展国学，实为对症下药，无上之策，故宜速将国学定位基本教育，令各学校一律添读经书，并一面用政治力量，作普遍宣传，双管齐下以求速效，盖舍此殊不足以戢枭风而纳正轨，排万难而弥隐忧也。夫国学荒废已久，师资难觅，推行之先，势须先就教师培养其学力，砥砺其道德，教师负有教人之责，大之在一国一省，小之在一乡一镇，均不仅为一个学校内之先生，而实在是全社会所仰望尊敬之师长。中国从前所谓经师大师，如书院山长，以及乡邑塾师，国学精良道德高尚，大都负一时之重望，为一般所景仰，转移风气，振作人心，亦多所利赖。果能如此施行，俾人人咸能铸史镕经，明体达用，志德凝道，身体力行，必可养成拨乱反正之才，实施正德利用厚生之化，不特通经致用，足以牖启后人，而先圣德猷亦能发挥光大，国家庶可转弱为强，民族始有复兴之望。（国学社陈隽如：《发展国学》，《大中时报》，1936年7月14日，第2版）

7月18日　长聿文发表《国粹》，讨论国人的善后主义。

我觉得中国人并不是不想前进，不过是缺乏力气更少胆量，前进而被挡驾，自不得不退回自认倒霉，自己抑忍着安慰自己。没有再接再厉的精神和人家碰个死活，只是在"何以善其后"上用工夫。向前干去，另创一个新的局面那够多么麻烦？究不如退后着想，容易取巧。于是一切善后哲学、善后思想、善后事业、善后会议竟成了生活上的"善后主义"了。对于环境仅仅敷衍现状。精神上和物质上受到别的欺侮，都可以委曲求全的忍下去，决不敢挣扎。中国人在反的方面生活巧到如此；在正的方面尤为妙不可言。一切面前的工作，有个最好应对的办法：就是"以不理理之，以不办办之"。这两句话几乎成了中国人的格言，不论何事，每逢难以抵抗时就该实行这两句格言了。

我们稍一观察社会，就可以得许多巧的教训：孔老夫子说过"天何言哉"，自然的秘密既以不宣宣之，所以大度的人们与人辩至无理可辩的时候，即以不辩辩之，或压根儿就缄口不语。《道德经》的作者有"无为而无不为"，换言之即"无为而有"这一句金石良言，所以一个急待解决的问题来了，人们概以不了（了）之。主张"剖斗折衡而民不争"的庄周更要"以不治治（之）"。人生是动的，中国人以不动动。人生是要物质来营养的，中国人有避谷绝粱仅求精神的安慰以不生活来生活的。

由于上面几件事，可以求出中国人生活的方式：

（一）一不□□。

（二）以不□□之。

注：□是代表人们应事的态度和方法，在文字上，同式中的两□代表同形同意的两个字，或同形同意的二词或短句。

我们根据于这个方式，我们可以推定十足的中国人，他若愿打倒什么，他来"以不打打之"；他若相信作某事可以救国，他必"以不做做之"。

这一点美德，并非世界各国所有，故吾名之曰"国粹"。

（长聿文：《国粹》，《华北日报》，1936 年 7 月 18 日，第 12 版）

△　上海各界在北京路、贵州路湖社追悼章太炎。

大会主席团有吴铁城、蔡元培、杨虎、王晓籁、童行白、潘公展、杜月笙。主祭吴铁城，献花蔡元培，读祭文周雍能，司仪黄钩，总干事李大超，干事周国屏、李世振，招待金田、查维汉、陈同甲、张卓等。首先，由蔡元培报告：

> 章氏幼年情形，本人不甚深知。某年，余由杭去临安，过余杭，始初识章氏，时年二十有余，方作《訄书》也。辛丑，章即去发辫，徜徉过市，复倡排满革命之说，邻里侧目。章氏太炎之名，实慕明末清初学者黄太冲、顾炎武之为人而取，时杭州有《经世报》者，章常著论辱骂政府，鼓吹革命。终因环境关系，未久，即来上海，为《苏报》《民报》撰稿，迨苏报案发，章及多人被捕，他人即经营救出狱，惟章以《驳康有为书》中，有骂光绪为"小丑"字样，经判禁西牢三年，与陈蜕庵同狱，余时往探视，并递送书籍及零用钱，出狱时，章剃一光头，人谓恐风吹伤脑。章笑曰，刀尚不怕，乌论风吹，乃东渡日本。在东京讲学，听者均年长于章，而国学根蒂甚深者，一时对留东学生影响甚大，复在北京大学及现中央大学中国文学系教授中，不乏章氏彼时之高足。中年而后，犹不忘情政治，对时局时通电发表主张，近年复致力讲学，惜未竟全功，而遽归道山，殊使人怀念不置云云。

其次，由吴市长的代表潘公展致词：

> （一）吾人追悼章氏，应无愧章氏在满清末年提倡革命之精神；（二）国人素有引用大师名号，以自诩者，实则大师应为众所公认，如章氏始得谓一代师宗，深盼其高足能发扬光大

朴学及其精神；（三）革命思想行动，应相辅而行，章氏既开近代思想界之先河，复与革命行动合而为一，应为吾人模范。

再次，由中大教授汪东演说：

太炎先生，常以三人自比，（一）为顾亭林。但余觉有过之无不及，盖顾为明末学者，矢志不屈犹易，章氏生时，已在清代建国二百余年后，而依然能保持其不屈精神，实为吾国民族坚强抵抗外来侵略之最好例证。（二）为刘青田（基）。襄赞明主大业，光复中国，章氏对之，可无愧也。建立民国之功不可没者有二人，一为中山先生，一即为章氏，清末民族思想之勃兴，章氏实为主要之鼓吹人也。（三）为王充。章氏作《訄书》，其革新及怀疑精神不可及，惟后来思想略有转变，自谓抑孔颜，实为推倒康梁谬说而起。章氏未食清粟，但在民国曾两度作官，一为袁世凯时代任东三省筹边使，未二月即离任，一为大总统府时代之秘书长，章氏在民元即有其远大目光，以东三省筹边事，为我国国防当务之急。晚年在苏讲学，手订章程，为期两年，竟一年而逝世，殊可悲痛云云。

最后，大会祭文如下：

维中华民国二十有五年七月十八日，上海市市长吴铁城，暨党政军警各机关团体代表等，敬以香花酒醴，致祭于太炎先生之灵曰：人伦师表，文章典型，早出革命，晚年穷经，入狱不死，奋笔有神，风行一纸，宏我三民，邦家初奠，琴瑟始亲，大盗窃国，共和几倾，再囚羑里，重恢汉京，护国之役，赫然蜚声，四十筹边，五十从军，六十七十，老于典坟，麟见非时，哀此世纷，父书在箧，兰玉趋庭，及门豪俊，灿若列星，薪传万祀，永以为铭，平生所学，著述等身，光被吾党，化及强邻，东方西土，共悼哲人，国难方亟，枢府震惊，首降明令，俄集群英，千秋史乘，备极哀荣，春申江上，吊者如云，敢告市廛，道在斯文，不有所表，其仪能群，尚飨。

挽联如下：

我佛如来，现众生相，斯人长在，为百世师。（吴铁城）旧物重光，志业真能绍黄顾；徽传未坠，渊源自与接俞孙。（孔祥熙）以革命先觉，为国学师宗，溯当年幽禁雷廷，举世惊传文字狱；避海上繁华，作吴门小隐，怅此日驾游蓬岛，知公原是地行仙。（潘公展）太行不移，所过者化，遁世无闷，其死也哀。（杨虎）为朴学大师，集乾嘉以来之成，有其统系；是革命前辈，在赵宋诸公而外，独树风标。（胡朴安）并世益师儒，麟见岂徒吾党惜，大名垂江海，星沉同为喆人嗟。（市政府）（《昨开会追悼章太炎，吴市长王晓籁等为主席团，蔡元培献花周雍能读祭文》,《申报》, 1936 年 7 月 19 日，第 3 张第 12 版）

7月19日　船山学社开第二次社课委员会。

王寿慈、李澄宇、陈嘉会、刘谦、胡子清、萧仲祁、王礼培、黄赞元、周逸、陶思曾出席，颜昌峣来函请假。"一、报告事项：委员长周逸报告，今日开本年上期社课揭晓会，并假定教育会门前张贴榜示。二、提议事项：又提议将课卷传观，请决定等第案，议决照社长评定优劣，以分等第。"（赵启霖著，施明、刘志盛整理：《赵瀞园集》，第438页）

7月21日　《申报》报道苏州国学专修学校本届招收初级男女新生，讲授国学基础。

苏州国专本届招收初级男女新生，因连日天雨，迭经远道学子纷函要求展缓改期。兹据该馆招生委员会讯，准予一律展缓数天，随到随考，惟余额无多，有志者须从速报名，并探悉该馆鉴于现时国文程度低下，难有适合高级标准程度，是以高级规定只由初级递升，并不招收新生。凡投考初级者，无论初中或小学毕业生，只须粗通国文，或自愿勤读者，即可前往应考。本届并附设大学高中特别高级班，得免考入学，惟报名必须亲到，学费每学期四十元，其余与高级同。课程仍由《论语》《孟子》主科读起，以期灌输国学基本学识，惟学业进展较速，仅须修业二年。（《各校消息·苏州国专》，《申报》，1936年7月21日，第4张第16版）

8月1日　裘可桴发表《国粹论》，提出学派能被誉为国粹者，必须关系国家命运之安危存亡，我国国粹既有修己治人之学，又有格物致知之学。

丁福保叙述此文的缘起："在国族大变革之会，必有一二先知先觉之士，奋其笔舌，大声疾呼，以为天下倡。于其时愚者震怖而却，智者快然而前，迨环境转变，无论智愚皆服膺不已"，"沪战屡起，先生愤学术之不切实用也，因作《国粹论》万余言，以辟俗学之无裨于族，一时朝野颇动，沪、锡各报相转载，电台为广播"。（薛冰：《古稀集》，海豚出版社，2017年，第314页）

自西学之名词立，国人咸视为国故之大敌，纷起言国粹焉。近又纷起言文化，文化之范围大矣，然其来也，以渐不以顿，故自古至今，只有集大成之文化，无创造之文化。即如中山先生三民主义，亦只能称为新文化之集大成，而非创造，近有人欲创造最适宜于今日中国之文化，谓非旧日文化，亦非西方文化，名曰中国本位文化。易言之，即自古未有之文化也，吾惊怖其言，不敢论，论国粹。

国人旧有之德性，无一非国粹乎？众曰然，窃以为国粹不若是之滥。不得已，则为下一定义曰："凡国人自以为美德，实非美德，及确为美德，而他国未必不我若，或且远胜于我者，皆不得为国粹。"有此定义，则吾国与他国相比，而吾特殊之国粹弥足珍！故今日不言国粹则已，言国粹，惟孝足以当之。何以故？他国莫我若故。

大孝始于虞舜，厥后文王之为世子，武周之称达孝，靡不以身作则，为天下先。及孔子崛起东鲁，论孝乃有专书，其轶复时时见于他纪载。厥后礼学专家，亦复时有撰述，汉儒裒取其言，成《礼记》。其书于事生之礼，丧祭之礼，辑佚补亡，为功颇巨，亦或刊落繁文，于孝子心理，与其态度，摹写尤精绝，厥后，短书俗记，流传里巷，亦多劝孝之言，朝廷又有以旌异之，祸福果报之说，又有以歆惧之，故孝之一字，深入人心，可以感动古今之大孝奇孝，不必言，即鄙夫俗子桀傲不驯之徒，亦莫不知孝养其亲，为人子应尽之天职。他国莫我若也，孟子曰："善推其所为而已。"推爱亲之心以爱国，则曾子战阵无勇非孝之说也。推爱亲之心以爱群，则有子本立道生之说也。孝之涵义，博大无伦！他国论孝之辞，尤莫我若！故曰：不言国粹则已，言国粹，惟孝足以当之。顾孝为美德之一，不能称为国学，国学又当别论。

国学皆国粹乎，众皆曰然。于是汉后二千年名物制度训诂之学，魏晋六朝唐宋八家之文，三百篇后之诗词，宋明诸儒心性之学，及其他杂家著述，无一非国粹矣。窃亦以为国粹不若是之滥，不得已，则为下一定义曰："凡各学派，不为国轻重者，不得为国粹。"有此定义，则学派之可以称为国粹者，必皆为国命安危存亡之所系。故今日不言国粹则已，言国粹，惟秦前数千年旧学，足以当之。何以故？非此不能立国故。

旧学始为一派，后乃分为二派：（一）修己治人之学，此派孔子集其大成，人人知为国粹，今不必论。（二）格物致知之学，此派早于西人三千年，墨子以后，浸微浸灭，与西人同。然西人越二千年，而格致之学复兴，又越三百年，而发扬光大，有如今日。我乃数典忘祖，以西人之自称为西学也，则亦从而西之，于是中学西学，永相对峙，遂不复有迎头追及西人之一时，国不若人，其不以此也欤。呜呼，国人好古之心理，非不蒂固根深，惜其所好之古限于汉后二千年，而于二千年前之国粹，孔子所称格物致知者，竟不复能邀好古之一盼。职是之故，百不如人，彼为刀俎我为鱼肉，非孟子所称生心害政之所致欤。

吾读《易传》，而知格物致知之学，已萌芽于未有文字之时。故庖羲氏之王天下也，视宇宙万象之森罗，皆其研究之资料，仰观俯察，近取诸身，远取诸物，务求意验相符，此为西人治自然科学最高之方法，亦即吾国最古之学风。观象制器，加人巧于天然物品，以利民用而厚民生，此为开辟洪荒之要图，亦即铸造文明之首务，今乃轻视之曰，形下之器。呜呼！使无形下之器，则吾中华民族，终古榛狉矣。形上之道，又何由而生？以故，庖羲氏没，列圣相承，靡不绍述前徽，躬亲制造，烁金为刀，凝土为器，行水陆以舟车，何一非圣人之所作，何一非全民之所需，降及战国，犹以攻守之具，互争胜利，相称述为美谈。盖农工商兵，惟器是赖，亦古今同之。然吾二千年中，竟无可指之进步，进步转在太古之时。其故由于首出庶物之圣人，靡不竭其才力心思，为民生创造自古未有之新器，恃此以利天下，而天下蒙其利，恃此以威天下，而天下畏其威。吾又因此知不能备物致用，不能成器以为天下利，即不足当孔子所称之圣人。当太古时，海外诸民族，方匿居于森林窟穴之中，睢睢盱盱，度其席地幕天之生活，而我中华民族声教所被，已远及古所称日出入之邦，文物声明，灿然大备，即如磁针指南之车，璇玑窥天之器，非圣人其孰能为？非有格致之学，圣人亦不能为也。

数千年前，物质文明，他国莫我若也！故孔子述古之明明德者，辄以格致为治平之本根，文以能尽物性，谓可以赞助天地之化育，此派之足以为国轻重，自太古以至今日，曾不少殊。吾以是为吾最粹之国学，即质诸二千年前，圣哲在天之灵，不我非也。今乃推而远之曰西学，历年滋久，心习已成，率视西学为中学之大敌。故虽阳为提倡，意实轻之，遂不复能知体之于用，犹因之于果，而以牛为体以为马用之说兴。（严几道先生论教育书曾引吾此喻）。又或高谈西学方法，鼓动群伦，其方法不精审也，然西人恃以尽物性，性以窥造化之秘，恃以征服自然，驯之畜之，操纵而驾驭之，因以开五千年未有之富强。我乃恃其方法，研究古籍，性之所好，假以自娱，可也，乃复盛言标榜，谓发明一字之古义，功不下于发现一恒星，于是科学方法之言论炽，而科学方法之效果殊。影响所及，可为寒心。不图又有人焉！以西学为文化侵略也，不知文化可云互相传染，不得云侵略。况西学输入即吾已亡之国粹，而今且胜于古，与外货输入，损益乃迥不相侔，此而不知尚复何说。或又以西学日新月异，战具因之益烈，行且造成浩劫，而深恶之。是惟恐吾国之不亡，又将以剖斗折衡之说而速之。彼亦知操刀杀人者，咎不在刀乎？彼亦知昔日义和团之忠勇，近日阿比西尼亚之猛鸷，不足当坚甲利兵乎。呜呼！自有人类以来，治乱循环，中外相同，浩劫皆数百年一至，不能幸免，虽尽取天下杀人之利器而销毁之，无益也。人固无如此浩劫何，天亦无如此浩劫何矣，然求其所以然之故，盖别有原因，造因者不自知其为恶因也，故积因生果，而数百年一至之浩劫成。其将与人类相为终始矣乎？或曰："否，否。"能尽物性之格致，他日发达至最高程度，可以杜绝人类自造之恶因，可以赞助化育，弥缝天地之憾，可以消除数百年一至之浩劫，可以实现数十年来有志未逮之大同。今人所称为国粹者，彼时将为世界之粹焉。是说也，吾无以易之。（裘可桴：《国粹论》，《无锡旅刊》，第170期，1936年8月1日）

裘可桴将此文列为《可桴文存》之首篇，后命侄孙维裕将此文译成白话文，作为附录，以白话文作《国粹论跋》：

有人对我说：你最欢喜劝人家学习自然科学，学习制造，这些学问，你都是门外汉，你配么？我哈哈大笑道，你错了，我因为是门外汉，才肯唠唠叨叨向人劝说，若是门内汉，那就天天在试验室里，试验自然界的东西，天天在工场里，制造农工商兵利用的东西，埋头苦干，还来不及，怎会有闲工夫，向人唠唠叨叨劝说呢？况且门内汉工作时，有一种乐不可支的兴味。二千年来，古人都领略不到，他怎肯对牛弹琴呢！我是门外汉，才会有闲工夫说，才肯唠唠叨叨说，且现在是病急乱投医时代，有一部份新人物，开倒车，我更不能不说，不生效力也要说。劝人加餐的人，不必自己会烹调。曾国藩不懂算学，生平以为大耻，他两个儿子，出了学堂门，他就劝他两个儿子学习算学，后来他第二个儿子名纪鸿的，居然做成算学名家，你能说曾国藩不懂算学，不配劝他儿子学习算学么？我只怪曾国藩在那时是一个提倡制造的人，提倡翻译的人，提倡留学西洋的人，又是一个登高一呼众山响应的人，为什么只劝儿子学习算学，不劝全国，难道还不知算学是开辟格致门户的锁钥么？可惜！可惜！（裘可桴：《可桴文存》，裘翼经堂，1946年，第110页）

吴稚晖在《可桴文存》序言中，指出："先生以为科学工艺之外，吾人将可无余事。虽倚重科工，今世人士亦多有能随声附和者。惟先生之文之坚决信仰，反覆述说，多方罕譬面喻。篇近三百，字达十五万，字字以形下成器勉人于不疲。此吾所以谓以《可桴文存》，附益《戴记》《礼运大同》章，必并为千万年淑世之瑰宝，得最大变革，以达于大同"，"然若能读《可桴文存》，如其人人能从事科工，不必圣人，大同立致。则有孔子大同章之二十四字在，《文存》固不谋而合也"。（吴稚晖：《裘可桴先生文存序》，《申报》，1946年10月29日，第11版）

8月7日　《申报》报道惠灵国学会定孔诞节成立国学播音会。

惠灵国学会推定孙德余、钱蓉襄、钟竹友、吴伯襄、金长康、朱乐颐、赵静齐、沈心抚等为大会筹备员，"积极进行该会成立事宜，并赶印国学名宿所著之大会特刊，分赠全国有关之团体学校机关等，藉资提倡中国固有之文化"。（《定孔诞节成立国学播音会》，《申报》，1936年8月7日，第3张第12版）

8月16日　胡怀琛发表《研究国学的途径》，认为"中国的学术"这个名称既然能存在，"国学"作为"中国学术"的简称，肯定能够存在。不但能够存在，中国人更有研究的必要。

胡怀琛指出，国学研究可以分为五步：（一）搜集材料：材料不限定在书本上，民众生活都是材料。（二）分析：把复杂的问题，分析成为最简单的问题。（三）比较：以各个最简单的问题为单位，将中国的与西洋的比较一下。（四）弃取：比较之后优劣自现。然后取其好的一部分，而弃其不好的一部分。（五）实行：既已认定弃取，便当努力实行。在此基础上，胡怀琛确定了初中毕业程度的国学基本书目，如下：

（一）《国学概论》。《国学概论》，当然是研究国学入门所必须用的一部书。今人所编的《国学概论》共有三四部，虽然各有各的好处，但是我终觉得过于高深。其中以我自己编的一部最浅近，也比较的最适宜于初学之用。现在我就介绍这一部罢。这部书是乐华书局出版的。此外马瀛的《国学概论》（大华出版世界代售）、钱穆的《国学概论》（商务）、蒋梅笙的《国学入门》（正中）都很好，但稍深一点，无妨放在第二步读。（二）《学生国学丛书》是商务出版的，约共有百余种。就自己的须要选读二十种上下已经够了。（三）《中学生丛书》是开明出版的，共有多种，就自己的须要选读关于国学的五种上下就够了。（四）《国学基本丛书》是商务出版的，都是翻印的原本的古书。可就自己的学力及经济能力，置备若干种以供参考。（五）《国学小丛书》是商务出版的，共有多种，可以随便选读。

除了书本以外，再将人情风俗，随时随地留心研究。见闻愈广愈好，所以旅行，访问名人，参观博物馆，参观展览会等，都是很须要的，如有机会，切勿错过。但自己须立在客观的立场，并随时养成正确的判断力，方为有益。见闻虽广，自己的思想要有系统；外界的事物极复杂，自己的头脑，要清楚。如此，方能研究国学，而不致被国学所包围了。（胡怀琛：《研究国学的途径》，《读书青年》，第 1 卷第 4 期，1936 年 8 月 16 日）

8 月 17 日　叶圣陶与王伯祥、宋云彬、孙鹰若等商谈《章氏丛书》《量守庐日记》《古韵三表》《音学述闻》出版事宜。（商金林编：《叶圣陶年谱长编（1936—1949）》第 2 卷，人民教育出版社，2004 年，第 34 页）

王伯祥记载当日散馆后，"与雪村、圣陶、云彬共往福店，偕晓先同过悦宾楼，俟孙鹰若。有顷，鹰若偕其友缪君至，谈黄季刚《日记》《三韵表》及章太炎《丛书》《制言》等事，皆获解决。大抵再经一度往返，便可订约矣"。18 日，"午刻饭云彬所，孙鹰若、朱宇苍外，有陈望道，余则丏、琛、圣及予耳。于昨晚所谈各事，复作一度具体之接洽，约明日下午先拟草约，似可告一段落矣"。19 日，"下午鹰若、榆生及黄季刚之子念田来，商订《章氏丛书》《量守庐日记》《古韵三表》及《音学述闻》等出版契约，研讨至晚，始成草约。拟于明日打清本正式签立之"。20 日，"雪村先签，持以过鹰若于旅舍，并得签定携归。惟章约则须鹰若带苏，俟太炎夫人签定之"。（张廷银、刘应梅整理：《王伯祥日记》第五册，第 2123—2125 页）宋云彬后来追忆此事：

开明书店还准备印行《章氏丛书》正续编，我曾经代表开明到苏州去跟章夫人汤国梨接洽（其时太炎先生逝世不久），章夫人一口答应，并经开明登报声明。但不久抗日战争爆发，这桩事情就搁起来了。开明还决定出版黄季刚先生的日记和遗著。我特地到南京去，向黄念田先生取得季刚先生的日记（记得有好几十本，是否是黄先生日记的全部，现在记不起来了）。不久抗日战争起来，开明把季刚先生的日记和一部英语辞典稿搁在第二批运走货物的轮船里运往汉口，准备在汉口排印，不幸船未开行，就被日军劫走了。我到现在一想起这桩事情，总觉得对不起季刚先生。（宋云彬：《开明旧事——我所知道的开明书店》，《文史资料选辑》编辑部编：《文史资料选辑（合订本）》，第10卷第31—32辑，中国文史出版社，2000年，第21页）

△　天津国学研究社开学。

国学研究社前以伏期溽热，循例放假三十日，现在伏假期满，定于八月十七日正式开学，该社为本市纯粹义务讲学机关，并不收丝毫学费和讲义费，际兹各校添课读经时期，该社社长李实忱先生为竭力提倡国学，并造就国学师资起见，拟将该社扩充，已呈请长芦盐运使公署饬各纲商，援向捐各书院学校成例协助经费，并请天津特别市政府，将南市歌女感化院故址，拨归该社，以为正式社址，并拟征收大批社员，促事研究，兹将该社办理情形，略述如左，为有志向学者介绍。

社址是在本市"特别二区市立师范学校"内，时间每日下午七时至九时，星期下午三时至五时，主要课目为《易经》、《书经》、《诗经》、《春秋》、《周礼》、《礼记》、《论语》、《学》、

《庸》、《汉书》、《史记》、《说文》、音韵、《尔雅》、书法各门，讲师悉为耆儒宿学，迥非学无根底而侈谈国学者可比，最近并已聘妥本市著名诗家张芍晖先生担任讲授诗学，备有简章，时随可向市师传达处索取，函索附邮一分，有志者请注意焉。

又该社音均讲师吴杰民先生所著之《半舌音古读考》一书，现已出版，旁征博引，发明独多，实为音均学界莫大之贡献，定价二角，社员购者减半，北马路成文厚书局，大胡同瑞芝阁南纸书局均代售云。（隽如：《国学研究社征收社员，伏假期过，今日开学》，《大中时报》，1936年8月17日，第2张第6版）

8月19日 《申报》报道国华中学提倡国学，校董胡石予捐助该校一千元，作为国学奖励金，每学期考试，国文课卷，特请当代文学巨子胡朴安、高吹万、叶楚伧、柳亚子、严独鹤、周瘦鹃评阅。（《国华提倡国学》，《申报》，1936年8月19日，第4张第15版）

8月27日 竺可桢与祝文白商谈国文课程，嘱其教授《国学概论》，继之以唐、宋诗。（竺可桢：《竺可桢全集（6）》，上海科技教育出版社，第135页）

△ 惠灵国学会召开成立大会。

上海惠灵国学会，于孔子圣诞节举行成立大会。到有市党部代表杨家麟，教育局代表聂海帆，尊孔会代表张侣侠，及男女会员等三百余人。孙德余、吴伯襄、钟竹友为主席。先由主席团孙德余、吴伯襄、钟竹友相继致开会词，并报告国学会组织经过后，接着市党部代表杨家麟、尊孔会张侣侠，及会员颜文浩、项震，夜校部学

员许赛霞女士等演说，继由主席致谢词。经济主任汪奇文报告经济
状况，通过会章。选举职员孙德余、钟竹友、吴伯襄为常务执行委
员。金长康、赵静斋、颜文浩、汪奇文、朱昌年、沈心抚、叶鸿
生、刘仲祺为执行委员。钱蓉襄、王春林、汤亮为候补执委。胡朴
安为常务监察委员。庄一拂、徐浩良、陈怡卿、汪乃昌、陈云庆、
许良臣为监察委员。沈慕韩为候补监委。（《惠灵国学会昨开成立会》，
上海《大公报》，1936年8月28日，第14版；《惠灵国学会成立》，上海《大公
报》，1936年8月29日，第15版）

　　△ 《惠灵国学会大会特刊》出版，刊登《惠灵国学会会章》，
该会"利用无线电提倡国学，发扬固有美德为宗旨"。

　　本会定名为惠灵国学会，设会于上海，"凡赞同本会宗旨者，
填具入会志愿书者皆得为本会会员"。赞助会员，"精神物质襄助"；
基本会员，"始终拥护本会，于经济精神上尽相当义务及介绍会员
者"；普通会员，"凡有志研究国学，按时听课者"；特别会员："凡
听课外复欲批改课卷者"。发布宣言如下：

　　　　生当万国竞争剧烈时代，种族异，宗教异，国势异，习尚
　　异，莫不欲保守其固有特异之点，以相争竞，于是乎有兵战，
　　有工战，有商战，而学术亦不能例外而不战矣。操术愈上，为
　　道益险。我中国目前迫于列强共同争竞之下，岌岌焉朝不保
　　夕，才识之士，蒿目时艰，伤心国难，创巨痛深，莫不愿以毕
　　生之精神，集群体之能力，举而与之抗争，与之周旋。盖与其
　　束之而亡，毋宁尽力相争，匪特救国，实亦自救也。但一国之
　　大，经纬万端，犹人身之精神体魄，均臻健全，而后可内外平

均发育。今谈革命已二十余年矣！依然外侮日亟，内乱未已，无他，实人民犹乏革心之功，而未能团结一致，以自强也。

蒋委员长"新生活"之提倡，良有以也。诚以孔子之教化，与乾坤同寿，日月并存；足以传之万世，照耀千古而不替。盖其伟大，非独能承尧、舜、禹、汤、文、武、周公之道，抑且有统政教合一之力也。故其言曰："吾志在《春秋》，行在《孝经》，岂非以《诗》亡之后，王者迹熄？"孔子起而作《春秋》，崇王道，黜霸功，笔则笔，削则削，直欲以韦布操长民辅世之权，而《春秋》一经，遂为万世不祧之宪法。论者至比诸夏禹之治洪水，周公之驱猛兽，谓其功不在三代圣王以下者，岂溢美之词哉！时至挽近，三纲坏，四维弛，异言邪说，庞杂横行，而于孔子之教化道德，力事抨击，恣意诋毁，新道德未立，旧道德已亡。以致人心日趋奸险，国事频于蜩螗，即人不亡我，我亦将自亡矣！哀莫大于心死！悲无过于丧文！是故人灭人国者，必尽力澌灭其国故有之文化，换言之，即消灭其特异之点，以期同化。奈何我国人反坐视我国固有之文化堕地，忍令数千年先哲精神，日渐消灭耶？其他背道而驰，忍心抨击诋毁者流，更可谓为名教罪人，我华公敌！同人等目击心伤，爰不揣谫陋，不自量力，创设惠灵广播电台，组织惠灵国学会，聘请国学儒彦，（鄙人例外）专事义务播送国学，并开设国学补习学校，讲授古圣贤人经传诗书，发以新学说新生活之要义，俾得保存国粹，挽救人心于万一，亦救国自救之工作也。惟同人等德薄能鲜，收效难宏，尚望忧时君子，爱国健儿，教育同仁，国学名宿，予以指导，寓意匡襄！

不胜翘企之至。爰当大会成立之日，用志数语，聊当宣言。中华民国二十有五年八月廿七日孔圣诞生后之第二千四百八十七周年。（上海市教育局关于惠灵国学会立案，上海市档案馆藏，档案号Q235-2-1751）

8月29日　王叔和发表《学校的国学问题》，主张提供奖学金，培育国学人才。

做家长的当然把子弟送入学校读书为应尽的义务。可是学校的费用，实在太大了。除学费膳费宿费外，还有什么图书费咧，体育费咧，制服费咧，保证金费咧，杂费咧。在此不景气潮流中，做家长的确属担负不起。所以每逢学校开学，便是做家长的难关到了，这姑不必谈起，并且学校的课程，又未能尽满人意。最引为缺憾的，便是国文程度的幼稚。鄙人有一子一女，今夏已在初中毕业，照例国文当然可以通顺的了。岂知竟出意料之外，偶一究问，很普通的字音和字义，动辄口误，写一封很短的白话信，犹东牵西强，格格不妥，文言的抒情记事，更谈不到了。这一来，真使鄙人大大的失望，但又不能因噎废食，不使子女继续求学，一再踌躇，暑期将满，急切地又很不容易找到一所较为可靠的高中学校。不得已，只得请问贵记者。在本市究属那个高中校能实事求是的注重国学，希望有以见教，使鄙人得所遵循也。（小记者按：本市国华中学，素来提倡国学，成绩斐然。近来更有南社名宿胡石予先生捐助国学奖金之举。并请当代文学名家叶楚伧、柳亚子、胡朴安、高吹万、严独鹤、周瘦鹃诸子评阅课卷，给予奖金，以养成国学通才。承王君见询，乐为介绍。）（王叔和：《学校的国学问题》，《新闻报》，1936年8月29日，本埠副刊第1版）

8月　谭正璧编《国学概论新编》，由上海北新书局印行。

该书供中高等学校教学参考：分经学、子学、史学、文学四章，介绍国学知识。《编辑大纲》称：

一，本书专供中高等学校作教本或参考书之用。二，本书注重知识的实用，且系概论性质，故所搜辑多国学上的普通事项，其过于专门的概从割爱。三，向来关于国学的书，多依历史上发现的次第，作纵的叙述；但此系学术史的体裁，非概论所宜，故不从。四，本书根据国学固有的四分法，且参照现代学术的分类，分为经学、子学、史学、文学四部。其文字学一门，向以附属于经学；现因编者已另编《文字学概要》一书，故略去以省篇幅。五，国学上常因学派不同，有同一问题而异其答案的，本书则采用最普通的说法，而不取一家的偏见；或备列诸说，以便读者自己去选择与决定。六，本书系根据个人教授的经验编成，且已曾经数度的修改，辞句亦惟浅显是务，以之教学，当无枯索无味及艰深难解之弊。（谭正璧编：《国学概论新编》，上海北新书局，1936年，第1—2页）

9月4日　钱玄同、许寿裳等筹备在北平开会追悼章太炎。

《通启》谓："先师章太炎先生不幸于本年六月十四日卒于江

苏吴县，先生为革命元勋，国学泰斗，一旦辞世，薄海同悲，同人等今定于九月四日上午十时假北平东华门大街孔德学校大礼堂开会追悼。凡先生生平友好，吾同门诸君，又景仰先生者，届时敬希莅会，无任企盼。章氏弟子：马裕藻、许寿裳、朱希祖、钱玄同、吴承仕、周作人、刘文典、沈兼士、马宗芗、黄子通同启。"（汤志钧编：《章太炎年谱长编》，中华书局，1979年，第978—979页）

"（北平）平学术界四日晨十时，在孔德学院追悼章太炎，到周作人、钱玄同、徐诵明等五十余人，由许寿裳主祭，并报告章氏生平事迹，旋静默为章致哀，至十时半礼成。（四日中央社电）。"（《平市学术界追悼章太炎》，《申报》，1936年9月5日，第3张第11版）

9月8日 国华中学开学，校董会推胡叔异亲自出席演说，"谓师生须一致以'爱己爱学校爱国家'为原则，并提倡国学，实事求是，俾收优良效果"。（《国华中学开学》，《申报》，1936年9月9日，第4张第15版）

9月27日 四川教育界在四川大学追悼章太炎。

四川大学校长任鸿隽、华西大学校长张凌高、前川教厅长贺孝齐，及教育界孟寿椿、罗忠恕、邓胥功、向楚、李植、李蔚芬、陈配德、张颐、庞俊等百余人，在四川大学追悼章太炎，发表公启如下：

敬启者余杭章太炎先生，以天纵之英，处明夷之位，阳九初遘，龙德隐阂，退而著书讲学，主持风会，越四十载。今夏六月，疾终于苏州，朝野远近，奔赴震骇。盖以斯人之存殁，系于中国之民族学术者至巨，非一时一地之私忧也。同人等夙附齐盟，久闻高义，或参都讲之末席，或托私淑之微契，山川修阻，会葬无从。谨以九月二十七日，设位于成都四川大学至公堂，举行追悼。凡我邦人君子，气求声应，具有同心，国瘁人亡，能无扼腕。所望念道术分裂之祸，轸哲人萎谢之忧，贲然莅临，共申哀悼。庶几九原可作，信吾道之不孤，芳风所被，踵明德而兴起，是则吾侪所馨香蕲向者也。谨布悃愊，尚希荃察。（《四川教育界追悼章太炎》，《申报》，1936 年 9 月 15 日，第 4 张第 15 版）

公祭大会由当时四川大学校长任鸿隽担任主祭，徐耘当恭读庞俊所撰祭文：

维民国二十五年九月二十七日，四川党、政、军、学各界同人等，谨以清酒庶羞之仪，致祭于余杭章太炎先生之灵而系以辞曰：呜呼！老聃称前识为道之华，淮南谓先唱为穷之路，非豪杰之挺生，畴殉志而不顾。系清祚之既微，轸陆沉之大惧。于斯时也，天下未知类族之义，而先生则与之敦古；天下始言光复之业，而先生实为之谋主。刊章奄至，南冠而絷，襄裳赴之，曾不邑邑。至于在缧绁而术业愈恢出狱岸而体貌加肥，岂非所谓九死未悔，百折不回者歟！既乘桴以渡海，爰常德而习教，乐群伦之胥附，光自他而有耀，迄旧物之复归，让元功而弗居，惟匪躬之謇谔，遂与世而龃龉。然其徙薪之谋，恒民固疑于不信，及夫后车之覆，瞑瞑者犹不悔于厥初。先生之道既穷，而神州之地亦浸荡为丘墟矣。呜呼哀哉！昔昌黎之亡也，皇甫哭之，乃感异学之溃堤。延平之没也，朱子哭之，盖伤卒业之无期。呜呼先生！民之维纲。国之著龟，群小之愠，君子之悲，盖其抗浮云之节，则可以贯夷皓而友巢许，阐微言之旨，则可以超游夏而追孔姬。呜呼先生！躬循循善诱之勤，遭蠢蠢靡骋之会。志弥于六合，而形梏于环堵之间，心雄乎万夫，而神竭于形骸之外，天目黯黮而崩聩（溃），浙水上击而澎湃，嗟百身之曷赎，痛宗邦之孰赖。继今以往，凡百君子及我后昆，诵先生之高义者，其敢慕势利而泯是非，识先生之隐忧者，其忍居安乐而忘阽危。抚遗书之瑰玮，其敢为步舒之诬其师，览横流之波荡，其忍为陈相之变于夷。呜呼哀哉！自古在昔，同兹血气，凡民有丧，匍匐执事，其在士友，千里赴义，而况承金玉之德音，奉槃敦之盟誓，或深私淑之慕，或霑启发之诲。山川修阻，邈矣曷攀，吊不及门，哭不凭棺，惟此尊洒，以醉烦冤，望吴台之郁郁，送泯水之漫漫。溯江原而穷委兮，精魂倏忽犹往来于其间，敷圣文而刷国耻兮，竦威仪乎汉官，惟夫子之灵实辅我民兮，俾千万亿载以常安。呜呼哀哉！尚飨。（朱寄尧：《一九三六年四川公祭章太炎先生大会纪实》，《文史杂志》，1994年第4期；庞俊：《四川公祭余杭章先生文》，《国立四川大学周刊》，第5卷第3期，1936年10月5日）

9月　遵从太炎"讲习所设法永久维持"的遗愿，章氏国学讲习所在太炎身后继续了下去，并增开预备班。名为"预备班"，直至次年冬日军入苏。

章氏国学讲习会预备班第一学期课程表，周一：上午读经

《尚书》）—诸祖耿；诸子通论—沈延国；下午文字学—汤炳正；书法—郑梨村。周二：休假（为了纪念太炎生前每周二授课）周三：读经（《毛诗》）—诸祖耿；马氏文通—徐复；经学史—潘重规；模范文—孙世扬。周四：学术文—金德建；《通鉴》—施仲言；诸子通论—沈延国；文字学—汤炳正；专题—汤志莹。周五：学术文—金德建；通鉴—施仲言；马氏文通—徐复；目录学—潘景郑；模范文—孙世扬。周六：文字学—汤炳正；作文—孙立本；诗词学—龙榆生。周日：读经（《左传》）—王心若；《通鉴》—施仲言；史学通论—黄焯；金石学—郑梨村。

预备班第二学期课程表，周一：上午《毛诗》—诸祖耿；模范文—孙世扬。下午文字学—汤炳正。周二：休假（为了纪念太炎生前每周二授课）周三：文课—汤志莹；经学史—潘重规；读经（《左传》）—王心若。周四：学术文—金德建；文学史—姚奠中；《易经》—沈延国；读经（《尚书》）—诸祖耿。周五：学术文—金德建；文学史—姚奠中；诗词学—龙榆生；韵文史—龙榆生。周六：诸子通论—沈延国；庄子—马宗霍。周日：声韵学—汤炳正；史学通论—黄焯；书法—郑梨村。(《章氏国学讲习会预备班第一学期课程表（民国廿五年九月至廿六年一月）》,《制言》, 第25期, 1936年9月16日;《章氏国学讲习会预备班第二期讲程表》,《制言》, 第37—38合刊, 1937年4月1日)

△　薛思明编《国学问答》，由上海世界书局出版。

该书分经学、小学、史学、哲学、文学五类，共400余条，介绍国学的基本知识。自序称："吾国文学源乎经，征乎史，旁通乎诸子，出入乎文字训诂；学者以一己之材力，欲其高掌远跖，兼包并举，不且戛戛乎其难哉！然深造固难，而常识独不可不具。譬之天地，覆载万物，不可量也，以其不可量，而并不知昭昭者之为天，撮土者之为地，则未有不斥为愚瞽者；盖昭昭与撮土，天地之常识也，此而不具，其恶乎可！"《例言》称：

> 一、本书首述经学，以经为群言之祖，文教所先，故列之第一。子目之中，先概要，所以明其纲领也；分述五经，以其时代之先后为次；与五经并峙者为四书，故又次之；其余各经，目所不赅者，则殿之于末。二、小学一类，《汉志》本列于六艺之末。惟小学范围，古狭于今，是以别立一类，列之第二。子目之中，述《说文》以明其形；音韵以明其音；训诂以明其义；金石甲骨，足资考鉴，故并列焉。三、六经于古皆史，故述经之后，继以史学，而列之第三。子目之中，先明其源流，次乃辨其体例。然后就群书之中，举其要籍，以资观览。四、致知必先格物，思潮之生，孕于时事，故哲学列之第四。子目之中，曰子学，曰玄学，曰理学，以时代次之也。五、记事穷理抒情，莫不藉文学而传，故列之第五。子目之中，先概说，明其大要也；次以散文骈文，以其所流传者广也；再次以诗学词曲戏剧小说，顺其演变，递嬗之迹也。（薛思明编：《国学问答》，上海世界书局，1936年，第1—2页）

是年夏　金陵大学国学研究班公布毕业论文与导师学程。

毕业论文：

1. 殷周秦汉神道设教观，游寿；2. 老子之哲学方法，杨秉礼；3. 西汉儒道法消长论，萧奚亮；4. 西汉政治思想研究，朱人彪；5. 魏晋南北朝之山水文学，张惠贞；6. 宋代遗民文学，沈祖棻；7. 边塞文学史，朱锦江；8. 古剧考原，章荑荪；9. 南曲题识，吴怀孟；10. 南曲板式为乐句述例，陆恩涌；11. 蒙古民族变迁考，尚笏；12. 唐宋以来之市舶司制度，钱卓升。

导师学程提要：

黄季刚——服经旧说集证：《仪礼》以丧服为最要最精，今取宋以前先儒之说悉为疏解，以求经文之真谊。唐人经疏释诸经词例辑述：唐疏解释经文极其精晰，所举词例汇而观之，可得古人修辞之法。《说文》纂例：采先儒解说许书条例之精确者，详为阐发证成之。偶下己意，期于六书真谊无所疑滞。《尔雅》名物求义：《尔雅》名物皆有得名之故，今取其可释者，疏通其义类。《史》《汉》文例：《史》《汉》修辞用字，记事记言，其例甚备。兹分条广证，期于其书章句，皆得明了。《新唐书》列传评文：善学《汉书》者，无过宋景文。今取《新唐书》列传之文与《汉书》细为比勘，知其叙记之法。樊南四六评：樊南四六，上承六代，而声律弥谐，下开宋体，而风骨独峻，流弊极少，轨辙易遵。今取其名篇，详疏其遣词用字征典述情之法。声偶文学原流：声偶文学据中夏文学封域之泰半，今详叙其原流，陈其利病。

胡光炜（小石）——商周书证文：治甲骨文字者必通《商书》，治长篇金文者必通《周书》，兹取《盘庚》以下至《秦誓》诸篇，证之甲骨鼎彝所载，一一征其文句训诂及名物。甲骨文例：近时研究甲骨者多断章说字，实多未妥，为雨变而释为水，本妇省而读为归，若此之伦未可悉数，兹则窃师汉人章句之意，首以断句为务，比较文例，以求字义，分行式编及辞例篇。钟鼎释文名著选：

前贤考释金文者，始于宋之杨刘，极于清之孙诒让。兹选讲宋清诸家之有名金文论著，以为模式。古文变迁论：自上古象形文字，下迄秦篆，其间演变之迹，分期论之，其所取证，皆以实物为主，至每期字形与鼎彝上文镂相关至密，亦并论焉。古文字学整理：讨论钟鼎甲骨文字中诸重要问题，并评骘各家著述之得失。程瑶田考古学：清代考订之业极盛，而以实物证经者，其风自程氏始昌，考穀说磬皆不刊之书，兹就《通艺录》中考古诸篇博证而深讨之。从甲骨记录中所推得之古史：抱古者苦拘，疑古者多犷，兹就甲骨记录参之载籍，以推得殷代社会之真象，言必有据，不知则阙，不主株守之见，亦不为凿空之谈。中国书学史：中土文字起于象形，故书画相关，长为鲁卫谈艺之士知画而不知书，终同面墙。书道乃我国特有之艺术，故分期分家明其流变。

吴梅——乐章词释：屯田为创长调之最先，所传"乐章词"，往往前后同牌，词颇多同异，拟释其词旨，订其互歧，为柳词立一正鹄。清真词释：周词弘博精深，骤读难悟，拟畅其意旨，窥作者之心，采撷宋人说部，释其本事，俾明畅无滞义。二窗词释：梦窗草窗殿天水朝，吴词多晦实有条理，周词明达，雅多故实。拟晦者释之，实者证之。南词斠律：自琵琶以迄藏园，作家林立，就最著中订律，定南词之规。北词斠律：自董词以迄昉思，各就最著者立一准绳，为作词之定法。散曲研究：从《雍熙乐府》《南北宫词纪》《词林逸响》《吴骚合编》《太霞新奏》中，择尤采录，为学者揣摩练习之资。度曲述要：当世度曲率多逞臆，拟就通行诸套，分析阴阳口法，追叶怀庭冯云章之遗，为声家之正的。订谱述要：同牌异声，分在平仄阴阳，虽南北异法，而各有规律，拟释其旋律，俾字与声无或舛误。

胡俊——庄子：庄生破执，游神逍遥，汉以后玄流文士无不取资，兹博综内外诸说，以畅七篇之旨。杜韩诗之比较及其发源与流衍：杜诗在唐异军特起，昌黎接响承流，其左右宋以来诗风者为力至大，兹比较二家之异同，并其自汉以来之渊源及宋以下之流变，详密探讨之。玉川子诗：诗文至元和，变易日甚，卢全其尤著者也，全诗五七言各有殊致，以向来论之者少，故特列而详论之。苏文忠诗：熙丰作者，荆公比工部，东坡比太白，而坡诗尤为两宋士大夫所推慕，宋以来注者至多，兹折衷群说，分年分体，穷其变化。晞发集：宋人诗门户之见，至亡国时而尽泯，遗民志士，乃直以其血泪托之吟咏，谢翱诗为遗民诗中之巨擘，观其诸作，禾黍之悲，夷夏之愤，兼而有之，故特列焉。李怀民重订中晚唐主客图：此集仿张为主客图例，裒录贞元以后诸家五言律诗，奉张籍贾岛为主，而以朱庆余李洞以下诸贤为客，其在近体诗中自成一队，前人于此素鲜留意，兹特列之。七绝诗论：七绝短韵，而其工至难。兹取唐贤名篇，分析说之，两宋诸作，交资参证焉。

刘继宣——中华民族海外民展史：中华民族向海外发展，多具开辟之伟业，华侨千万，半在南洋，而中国与南洋交通，又较它域为早，本学程首述中华民族开辟南洋，以次及于它域，据史立论，不为夸张之词。中日文化关系研究：日本政治上之大变革，如大化革新，王政复古等，无不承中国文化之影响，今各为专题研究，以明中日文化上之亲属关系。刘章史学：子玄言史法，实斋言史意，各具别识独裁，今注重比较研究，并取新史家之说以资参证。文史教学研究：于教材之选择支配，与实际教学方法，各为详尽之研究。

刘国钧——《汉书·艺文志》研究：讨论《汉书·艺文志》条理义例，流略变迁，书籍存佚，刘班异同，及其对于后世之影响。老子：除讲读老子本文，缜密研究其思想外，并讨论老子之时代，及其对于道家、诸子、道教及后世思想之关系。[《私立金陵大学文学院概况》第三号（1934—1935），参见徐雁平：《金陵大学国学研究班述考》，巩本栋等编：《中国学术与中国思想史》，江苏教育出版社，2002年，第587—593页]

是年秋　栾调甫辞去齐鲁大学国学研究所主任职务，执教于山东大学。原东北大学国文系主任马宗芗继任齐鲁大学国学研究所主任。

表7为1930—1936年栾调甫主持齐鲁大学国学研究所期间所聘主要人员情况。

表7　1930—1936年栾调甫主持齐鲁大学国学研究所期间所聘主要人员

姓名	职任	入所年月	离所年月	主要研究工作	备考
栾调甫	研究所主任、国文系教授	1930.9	1936.6	先秦诸子学、名学、墨子、文字学、《齐民要术》版本考	
李云林	国文系教授	1930.9	1932.6	山东历代郡县沿革与河道变迁	
胡立初	研究助理员	1930.9	1936(？)	黄河变迁考、《齐民要术》引用书目考证	约在1936年去世

续表

姓名	职任	入所年月	离所年月	主要研究工作	备考
彭翔生	研究助理员	1930.9	1936(？)	影宋抄本《战国策》校勘、河图洛书考	约在1936年去世
舒舍予	国文系教授	1930.9	1934.7	文学概论、文艺批评、小说作法、戏剧研究	
许炳离	研究助理员	1930.9	1934.2		
郝胥衡	国文系教授兼系主任	1931.8	1937.7	文字学、音韵学、修辞学、陆士衡诗注等	
明义士	国文系教授、研究员	1932.7	1936.6	商代甲骨研究、商代王妣世系考、商代文化	
齐树平	国文系研究教授	1932.7	1935.6	考古学与金石学、齐鲁出土古器物研究、山东石刻汇目	
慈丙如	国文系哲学教授	1933.7	1937.10	中国法家思想之发展及其影响	
周干庭	国文系教授	1933.7	1940.7	《诗经》研究、山东土语研究	
张立志	历史系助教	1933.7	1941.12	中国断代史、山东文化史研究	
赵振之		1933.7	1937.6	清代学术史	
朱宝琛	研究助理员	1933.7	1933.12		
马彦祥	国文系副教授	1934.7	1935.9	文艺思潮、戏剧	

续表

姓名	职任	入所年月	离所年月	主要研究工作	备考
张维华	历史系助教	1934.7	1936.6	《明史·吕宋传》注释、齐长城考、近世中西交通史	1939年7月后又就任研究员
范迪瑞	社会系助教	1934.7	1941(？)	中国之农民运动	
曾毅公	研究助理员	1935.7	1941.12	商代地理考、《殷墟卜辞汇纂》等	
王敦化	研究助理员	1936.2	1941.12	《花间集》版本考	

（尚小明：《栾调甫与私立齐鲁大学国学研究所》，《安徽大学学报（哲学社会科学版）》，2018年第4期）

10月11日　船山学社开临时董事会。

刘约真、任福黎、周逸、胡子清、李澄宇、陈嘉会、黄巩、王礼培、王寿慈、陶思曾等董事出席。讨论事项："一、周逸、陶思曾介绍左君年、张葆元、陶企曾、程瀛石、唐兆凤、余冕为本社社员案，议决通过。二、拟致函军事应接处，赔偿损失案，议决，照拟定函稿，开列失物单据，请照赔偿。三、拟致函长沙绥靖公署，请退还本社中栋及佛学会房屋案，议决通过。并请陈、李、王、胡诸董事将函稿修正，速送绥靖公署，稿另存。"（赵启霖著，施明、刘志盛整理：《赵瀞园集》，第438页）

10月12日　天津国学研究社在市立师范举行祭孔典礼，社长李廷玉，副社长钟世铭，讲师孟照方、郑菊如、陈慰苍、陈翮洲等并社员百数十人与私立怀谦小学学生数十人，演奏雅乐，完全采用古礼，以示隆重，由迟维贤、曹烜五、陈隽如、顾朗孙等人赞礼。
李廷玉亲拟祝词、纪念歌。（《国学研究社昨日祀孔李廷玉主祭》，《大中时
报》，1936 年 10 月 13 日，第 1 张第 4 版）

10 月 13 日　天津国学研究社社长李廷玉寿辰，天津国学研究
社撰七律与对联庆贺。

> 夏历八月二十八日（即今日），为该社社长李廷玉六旬晋
> 八荣庆，该社全体社员，特浼该社诗学讲师张芀晖先生，撰
> 七律一首，对联一付，由该社高千［才］生韩愚书写，诗云：
> "五经东阁语当薪，天重斯文诞至人，政布西江龙矫健，教遵
> 东鲁鹤精神，蒲芸编旧传防坠，桃李阴成泽沐新，书授伏生年
> 未老，侯芭督讲恰循循。"联云："藜杖校经火然太乙，李家介
> 斗星应长庚。"皆极工稳。非夸非谀，恰合身分，至于韩君之
> 书法，蹀躞《瘗鹤铭》《石门铭》《郑文公》之间，超逸峻拔，
> 兼而有之云。（《国学研究社昨日祀孔，李廷玉主祭》，《大中时报》，
> 1936 年 10 月 13 日，第 1 张第 4 版）

10 月 15 日　船山学社举行船山先师诞祭典礼。

名誉董事长何键主祭，市长何元文、县长黄高甫、社员萧仲
祁等百余人与祭。下午开社员大会。出席社员有陶思曾、王礼培、
周逸、胡作镛、毛觉民、黄赞元、黄巩、任福黎、葛邃铭、黄仲
深、彭济昌、陈嘉会、郭人谦、刘岳崙、刘约真、颜昌峣、李忠
澍、邝鸿钧、郭向阳、王寿慈、萧仲祁、萧甘溪、李砾、廖树勋、
彭昺、张斗衡、朱肇干、韩君剑。推举临时主席案，议决，推举

陶副社长为临时主席，报告开会意义。继由秘书兼常务董事周逸报告社务情形三项：

> 一、社长来函；二、本社一年来办事经过；三、本社收支项目。提议事项：旋即议决要案二项：一、本社房屋，因绥靖公署暂借与宪兵第三营驻扎，迄未迁出，应如何办理案，议决，推陈凤光、周木崖、李洞庭、王佩初、陶叔惠、王澍芝、胡少潜为房屋交涉委员，议决通过。二、王董事长礼培提议，照章改选董事案，议决，推举王寿慈、陈嘉会、任福黎、颜昌峣、刘约真、董仲祁、周逸、张有晋、彭施涤、胡子清为连任董事，并推举刘岳崙、彭济昌、朱肇干、韩君剑为候补董事，议决通过。
>
> （赵启霖著，施明、刘志盛整理：《赵瀞园集》，第438—439页）

10月15—22日　宜夫发表《疑古派与社会史派》，称疑古派与社会史派两派代表了中国学者进步的研究精神，两者都给予国学新的评判，有必要展开解释。

文中称：

> 中国近年来的学术界，有一极可喜的现象，即是对于古代历史肯下一番切实研究的功夫；对于古代学术思想，肯作一番切实整理的功夫。一派是疑古，一派是社会史家，他们的立场虽有不同，但对于古史古书，不肯作盲目的信仰，把它重新估定，用科学实证的方法，扫除一切从前陈旧的见解，以期辟出一条新路来，这是完全相同的。

疑古的一派，可由钱玄同氏起，因他本人废了姓而改称疑古玄同，即可概见。能埋头苦干，而近时最得成就者，实以顾颉刚氏为首。

在北平有禹贡学会，考古学社等等之组织，其精神，□实际，都是可以致无限的敬佩的。

社会史家的一派，当推郭沫若氏为首，他的《中国古代社会研究》一书，是一部有名的巨著。其后如读书杂志派，虽和郭氏意见不同，但也可归入此类。而陶希圣之创办《食货》，切实地做整理工作，也是卓绝的社会史家的研究精神。

不管是顾颉刚们的疑古派，郭沫若们的社会史派，这［两］派同为中国学者之进步的研究精神是无疑的。为了打倒旧国学而站在共同战线上，在客观上看来，也是必然的趋势。

疑古派将已成的经书古书的年代，由作者的决定，而摇动旧国学的殿堂；社会史派是对于中国文化作各种的研究，想强调的推翻没根据的臆说。

但这［两］派虽得看为站在共同战线之上，而因信仰之不同，研究方法之不同，往往引起了抵牾和扦捍。

前者为旧学的学者之集合，而后者却受了新兴的社会科学之陶冶。同时社会史派以他们中间立场之不同，屡起热烈的论战，疑古派则只是埋头工作，虽也说有意见上之不同，而互起争执，不过无理论的目标，只以自己学术上的成果为依归，这是两者不同的地方。

当然略，学术以讨论而愈发皇，因两派之立场不同，每有抵牾，最近顾氏之论文，即是疑古派对于社会史派攻击的表现。其题目乃是国立北平研究院史学集刊第一期所发表的《禅让传说由墨家所起论》。

所谓禅让，不用说是指尧传舜，舜传禹这种不传子而让贤的话，这为读儒者之书的常识，为什么到近时成了大问题呢？

第一，以为儒家所言之最伟大的尧舜帝位的传说，全是和儒者相对立的墨子一派的创作。

第二，郭沫若在古代社会研究，以为唐虞之禅让，不过是母系制度时代族长选举制的误会。

以上两者都对旧国学下新的批判，予以特别见解，想推翻过去空洞的夸诞的传说是相同的顾氏之言，对批判旧国学为当然之事，自无问题；但对批判郭氏之说，便含着极复杂的问题了。……

若社会史派与疑古派打破共同战线，这是中国学术界的大不幸的事。惟我相信在学术上之相互讨论相互争执，是应有的现象，而对于古的重新鉴定，总觉得是万分的重要，还应该向同一目的之分工研究，原是无不可的吧！（宜夫：《疑古派与社会史派》，《申报》，1936年10月15日，第5张第18版；宜夫：《疑古派与社会史派（续）》，《申报》，1936年10月22日，第3张第12版）

10月22日　宋哲元拨款筹设莲池讲学院，召开莲池学院筹委会。由省委梁式堂主持，梁式堂任会长，副会长王瀣明、王承曾，委员魏花田、张吉墉、贾玉璋、李金藻、王景儒、谷钟秀、张允荣等，另组基金保管会，指定王瀣明等三人为保管委员。（《宋提倡国故——拨款筹设讲学院》，《西京日报》，1936年10月23日，第2版）

10月23日　田名瑜、骆鹏、李澄宇、颜昌峣、蔡彤、文斐、左铭三、王世龙、刘谦、匡怀瑾、黄修杞、丁良桢、左纪勋、吴楚、甘融、彭焌文、王竞、谭元征、黎梧森、龙曙、刘振华、岳德威、黄钧、黄正理、钟藻、王存统、龚尔位、罗尔瞻、刘鹏年在长沙赐闲园举行南社湘集第十四次雅集。（杨天石、王学庄编著：《南社史长编》，第643—644页）

10月25日　龙榆生、金毓黻、童第德、黄建中、孙世扬等集南京为黄侃公祭。

龙沐勋、朱羲胄、金毓黻、童第德、黄建中、孙世扬、伍俶、潘重规曾发布启事："本年十月二十五日（即重九后二日）为先师蕲春黄先生逝世周年之期。兹订于是日下午二时在南京蓝家庄九华村九号量守庐公同致祭。凡同门之愿与祭者，届时即希莅临为盼。"（《启示》，《制言》，第27期，1936年10月16日）10月25日，黄氏门人举行周年纪念仪式，拟编定同门通讯录。

《黄季刚先生小祥会奠志略》："二十五年十月二十五日（即重九后二日），为黄季刚先生逝世周年纪念。先期由门人黄建中、金毓黻、龙沐勋、孙世扬、伍俶、朱羲胄、童第德、潘重规、殷孟伦、徐复十人，发起同门公祭于南京量守庐。其通启已见本刊二十七期，届期上午来宾致奠有胡小石、吴瞿安、朱逷先、汪旭初、汪辟疆、刘剑修、刘衡如、刘确杲、谢寿康、陈中凡、孙本文、居觉生、邓孟硕、方觉慧、陈冕雅等七十余人。林公铎自太原寄诗表哀。"（《黄季刚先生小祥会奠志略》，《制言》，第28期，1936年11月1日）

《黄季刚先生逝世周年纪念门人公祭留影》："重九后二日（即

十月廿五日）为先师黄季刚先生小祥之期，同门金静盦等三十余人集量守庐致奠，遂会议关于纪念先师及整理遗著等事，金谓此事当由吾同门全体并力工作，爰拟先征集同门通讯地址，由孙世扬、徐复编印通讯录，藉可互通声气，共图进行之宜。凡我同门诸友赞成此议者，请各将姓名，表字，籍贯，年岁，学籍，通讯地址于十一月三十日以前寄交苏州侍其巷十八号章氏国学讲习会徐士复收录，以便汇印，不胜企祷。徐复、孙世扬同启。"（《黄季刚先生逝世周年纪念门人公祭留影》,《制言》，第 28 期，1936 年 11 月 1 日）

△　谢国华陆续发表《国粹欧化两主义之评议》，辨析国粹与欧化之得失，批评全盘西化论。

谢国华认为，胡适、陈序经的全盘西化论共同点就是中国固有的文化，"纵有可存，也不应存。西方文化，纵有可舍，也不应舍"。这一观点"已经是不成话"，而胡适所讲的策略，"取法乎上，仅得其中。取法乎中，风斯下矣"，更是没有道理：

　　第一，陈氏在他的文中不是不承认中国人的聪明不如人么。既不承认中国人的聪明不如人，那就不能不否定中国人的创造力完全不如人，而今一方承认中国人的低能，另一方却说中国人在文化上没有创造，且禁止别人妄谈文化的创造。同时并列举中国文化的渣滓如封建割据之类，来做中国固有文化应一举抹煞的理由，这是什么缘故，难道两种聪明相等的民族。真会一种登到天堂，一种坠入地狱么？如果这是不可能事，那就是至少也要承认中国固有文化，并不完全偏于"保守"。西方的文化，也不完全是出于创造。既承认这一点，那不应有一笔抹煞中国文化的态度，更不应有唾弃全部固有文化，全盘接受西方文化的主张了。第二，如果不是盲从者，断没有不问好歹长短，全盘接受的理由，也断没有不问好歹长短，全部唾弃的理由。而今陈胡二氏，对于西方文化，竟采了不问好坏长短，都愿全盘接受的态度；对于固有文化，又采了不问好歹长短，都要全部唾弃的态度。我们纵不愿意把盲从派的头衔，加在陈胡二氏的头上，然也不能不说他的主张是"不成话"的主张。第三，胡氏不是提到上中下的问题，而主张应该"取法乎上"么。既知有上中下的区别，那就应知在文化的创造上，如果有其特长，便是可贵的。"上"如果没有特别的长处，但也没有特别的短处，便是不贵不贱的"中"；如果有其短处，便是可贱的"下"。而今陈胡二氏都采用不问上中下的区别，来处置中国固有文化和西方文化的去取问题，既不问上中下的区别，却偏又提出"取法乎上"的问题。难道说西方人垃圾箱中垃圾，也更在中国人饭碗中的白米饭之上么。第四，中国固有文化能延长中国数千年的历史，能结成以四万万人为一族的世界最大民族，难道全是出于偶然么？如果不能肯定中国几千年来的历史，和以四万万人为一族的民族是全出自偶然，那就应该肯定中国固有的文化也有其可存的精英。然而如果照着陈胡二氏的主张，则中国固有文化简直是不值一文钱，这能说不是连"怀疑的态度"都没有的武断么？用武断来讨论文化的问题，就当然是不成话了。第五，是忘却性史春药洋八股的流行，正是无条件接受西化的中毒状态。总而言之，陈胡二氏所提出的全盘西化主张，和读经祀孔存文复古的主张，都是错误，不成问题的。因为不是犯不及的毛病，就是犯太过的弊端。〔谢国华：《国粹欧化两主义之评议》（三续），《公教周刊》，第8卷第36期，1936年12月13日〕

△　天津国学研究社榜示本年度第五次月课成绩。

查本年度第五次月课试卷，业经核定分数，排列名次，自应分别给奖以示鼓励，计第一名三元，第二名二元，第三名一元五角，第四名一元，第五名至第九名各五角，第十名至第十五名各三角，望得奖社员带章具领为要，兹将分数名次列左。计开：第一名马儒卿，第二名潘新吾，第三名张甦民，第四名秦汇生，第五名孙焕祥，第六名余明善，第七名鲍自明，第八名郝振声，第九名程家淦，第十名王用霖，第十一名张仲礼，第十二名王玉良，第十三名荣英震，第十四名金铠，第十五名王连瑞，第十六名簿宽，第十七名李金鼎，第十八名王良予，第十九名韩恩荫，第二十名崔世恩，第廿一名侯铭达，第廿二名郭寿苕。（《天津国学研究社榜示》，《大中时报》，1936年10月25日，第5版）

10月27日　《申报》报道《二十四年度燕大财政概况》：国学研究所104585.97元，占12%。（《二十四年度燕大财政概况》，《申报》，1936年10月27日，第3张第12版）

10月31日　《中华图书馆协会会报》报道，江苏省兴化三区镇长与地方士绅设立湖上国学图书馆，陈列经、史、子、集与近代名

人著作。(《国内消息·湖上国学图书馆》,《中华图书馆协会会报》,第12卷第2期,1936年10月31日)

11月1日　船山学社开第五届董事会成立会。

李澄宇、王代懿、周逸、王礼培、黄巩、陈嘉会、胡子清、黄赞元、杨卓新、王寿慈、任福黎等董事出席,董事萧仲祁、刘约真请假。推举董事长王礼培为临时主席,报告本年先师诞祭日,经社员大会推举王寿慈、任福黎、陈嘉会、颜昌峣、刘约真、萧仲祁、周逸、张有晋、彭施涤、胡子清为连任董事,并推举刘岳崙、彭济昌、朱肇干、韩君剑为候补董事。

本社今日开董事会成立会,改选正副董事长,请依法改选案。议决,本日尚有颜昌峣、张有晋、谢鸿熙、彭施涤四董事缺席,应延期举行改选;定于本月十五日再由本会去函,通知未到会各董事,选举正副董事长。议决通过。周董事逸提议,组织下期社课委员会案,议决,委员会即日成立,推举已到会董事王礼培、黄赞元、任福黎、陈嘉会、周逸、王寿慈、李澄宇、王代懿、黄巩、胡子清、杨卓新十一人为委员,并推周委员逸为主任。一、议定取录名额及奖金等第,议决,照上期办法,正取二十名,附取三十名,第一名奖金十二元,第二名八元,第三名六元,第四名五元,第五名四元,第六名至第二十名各二元,附取三十名,每名各一元。二、拟定课题于后,经义类:(一)《当今之时,万乘之国,行仁政,民之悦之,犹解倒悬也义》;(二)《孟子述天之方蹶,无然泄泄,诗义与传笺有无异同,试发明之》。治事类:(一)《商鞅开阡陌以尽地力，秦以富强，后儒诋其废井田变坏古制，试论其得失》；
（二）《王荆公、张江陵合论》。词章类：（一）《谒船山先生故
宅》（七古，不限韵。注：先生故宅在衡阳县西乡高节里）；
（二）《拟杜工部诸将五首》（不限韵）。本社下期社课，分经
义、治事、词章三类命题，应课者以每类各作一题为完卷。省
会限十日交卷，外县限二十日交卷，自出题之日起算，至付邮
之日止，直寄长沙中山东路船山学社。议决通过。（赵启霖著，
施明、刘志盛整理：《赵瀞园集》，第439—440页）

11月2日　北平尊经社创办东西城经学讲习所，研究高深国学。

北平尊经社为提倡尊经，宣扬国学及固有文化美德起见，
特创办之东西城经学讲习所，昨（二日）晚七时，业已同时分
别开班授课，该社理事刘燮元、王劲闻、孙松龄、水孟赓、唐
宝森、周冠卿等，于昨晚该两所开课前，特分头亲往东西城该
两所对学生训话，关于提倡尊经宣扬国学及保持吾国固有文化
道德之重要意义，均阐述颇详。又该社东城讲习所，暂开乙组
一班，西城讲习所则暂开乙组两班，每班各约近百人，各班均
以四书五经为主要课程，至两所甲组班，则均仍在筹备中，不
久亦可分别开班，据该社某理事昨语记者，为应知识界份子需
要，必要时将组设高级特别班，专授高深国学课程云。(《东西
城经学讲习所，昨已开课，拟组特班专授高深国学》，《京报》，1936年
11月3日，第7版)

11月5日　天津国学研究社榜示本年度第六次月课成绩。

第一名马儒卿九十五分，第二名潘新吾九十分，第三名崔伯澜八十五分，第四名张金声八十分，第五名沈世长七十五分，第六名周极生七十分，第七名郝振声六十五分，第八名张甦民六十五分，第九名刘凤洲六十五分，第十名秦汇生六十五分，第十一名张仲礼六十分，第十二名崔世恩六十分，第十三名张甦民六十分，第十四名王趾卿六十分，第十五名金铠六十分，第十六名孙焕祥六十分，第十七名王白云六十分，第十八名田玉珊六十分，第十九名王用霖五十五分，第廿名杨之垆五十五分，第廿一名韩恩荫五十五分，第廿二名鲍自明五十五分，第廿三名白嗣和五十五分，第廿四名荣英震六十五分，"此卷本应前列，因交卷太迟故抑之"。（《天津国学研究社榜示》,《大中时报》,1936年11月8日，第2张第5版）

11月14日　杭州各界在大学路省立图书馆追悼章太炎，许绍棣、王廷扬、方青儒、吴望级、周象贤、叶为铭、竺可桢、黄人望、郑宗海、张其昀等到场。

王廷扬报告章氏事迹，"言时声泪俱下"，章夫人汤女士答谢后，"复往参观章先生文物展览室，计有章先生生前之手稿、墨迹、手校本、照片、文具等共百余种，尤以民四章氏被袁世凯幽禁时自撰之墓碑及终制等文字最动人"。（《杭各界追悼章太炎》,《申报》,1936年11月15日，第4版）夏承焘当日记载："人望讲章氏学术，殊能扼要……朱遏先讲太炎史学，殊平平……童君又谓近于古史感无兴趣，拟改治宋、明史。予劝其多集同志为南宋一代。"11月15日，太炎夫人谈："一、太炎遗产尚有四五万。二、太炎门人颇有派别，如汪旭初诸人似不愿组织同门会。三、苏州人士于太炎不沉溺。

四、太炎夫人亦自承暮年门生太滥。"（夏承焘：《夏承焘集·天风阁学词日记》上，第477—478页）

11月15日　杨高坚发表《国粹与欧化》，论述国粹与欧化的异同与离合。

杨高坚认为，国粹是"一国物质上与精神之特长，此由国民之特性及土地之情形与历史等所养成者"。这个定义包含广义与狭义两种意思：广义是指"一个民族一个国家的特产包含着物质与文化"，狭义就是"我命题上所讲的国粹——文化"。物质方面是指"一国最精美的出品"，精神方面是指"礼义廉耻和六艺"。然而，我们论题的焦点是，自身直接与文化发生关系的是四书五经诸子百家的著作与论集：

谈到中国国粹之所以衰落，有般人见得是被欧风美雨所摧残的如北风扫枯叶似的漂沉下去，于是中国国粹——文化——落伍；欧洲文化如雨后春笋般的茂盛着，但是一般自命世人独醉我独醒的学者，受着外来势力的逼迫，走向复古——保存国粹的途径；他们以为不这样，中华民族，就不会生存独立于现代，所以中国古圣的道德礼义，以及三教九流的一切艺术，都成了这一般人所注意的对象；自现在的新生活运动，以及一切国医、国术、国画、国剧、国乐、读经、作古文等等，无不表现着复古的精神，在他们以为这都是中国文化的固有精神，同时也就是中国民族所特有的代价。不错，复古并不是什么新发现，然而这事成为具体化的因由一半是由外来势力使然，比方日本自九一八以后，无论是在本国［还］是在伪满它总竭力吸收中国文化，近来……建筑孔庙，号召一些读中国四书五经诸子百家的子弟，并以尊官厚禄来奖励他们。这样一来，对于复古不啻加了一枝生力军使他们勇往直前办复古的事业。总而言之，复古派（国粹主义）的论调与起因，就是为外来势力的驱使与个人的成见而矣。这儿我们愿意研究的是否应该把封建时代所读的四书五经诸子百家搬到现在以为科举的准则，反面说假如现代的青年不读这些书是不是倒行逆施而作亡国的因果。

所谓欧化，我们也可以从物质与文化两方面展开。现代人在物质方面大多绝对倾心欧化，在文化方面，"欧化的焦点上就是用白话来代替文言，而重实事的描写"。新学者感到古代文字艰深，读书困难，欧洲文学比中国文学容易多了，"他们注重写实，不注重雕刻，所以他们写起文章来，很是合乎自然，所以主张欧化的人见已往之不谏，知来者之可追，对于民族国家生存方面务必要欧化，所以竭力鼓吹，现在各书局所堆着的书箱都是文化欧洲的结晶品"。在文化上，因此有了国粹与欧化的两大劲敌。

A　国粹：对于物质国粹已经为时势所不容许。中国受着外来侮辱和压迫，再也不能用那清代绿营里的兵作抵御外侮的工具，所以按现在的时势，军事要欧化，人民是强国的种子，如果他们自家的身体不强壮，也不能充兵而斩将搴旗，所以对于饮食居行都要有相当的改革和欧化（如教育、体育、卫生、住屋等）。中国为什么实业不振，我们已经说了因为现在是科学时代，样样都是用科学方法来制造，中国因为先不讲儿科学，这就是今日贫弱的一大缘因，比方如上面所说的，陶器用品如果我们还是用人工制造，舍弃科学方法，不但不能保存固有一点特点，恐怕还有根本淘汰的一日。讲到文化（指文学）也是时势所不许可的。一、中国人再不能上文字的当了，因为中国古文是一种约束人思想的锁链，叫人读了只会作几篇死文，而对于民族国家方面没有一点什么裨益，在袁世凯柄政的时候，中国一位古诗人作了一大本古诗送给袁世凯，想借着这点东西自荐，袁世凯看了，下了一个批评说，好是好，但对于国事有什么裨益呢？那么由此就可见一般了。二、现在的人心都满满塞着经济与饭碗问题，再也没有心来讲求古文词了。总而言之，拿国粹主义来和现在的时势比较，便知道主义的可能性已经对于国势潮流去的太远了。

B　欧化：我们再拿欧化主义来和中国国势比较，其优劣的程度已经是很显明的了，一、物质中国这样贫弱如果没有欧洲科学的补救，那就坐待没亡。二、关于精神上除道德外（简直说毛病），其余别项照现在的国势很为适当，如文学一门就能解决那读死书作死文的陋习，并且也不得以国粹而害及国事，那么从上项比较起来我们就可下最后的判案了。

总而言之，得出的第一个原理就是，"凡是不合时代潮流而对于现在物质生活成反比例的都该受自然的淘汰"，那么，将国粹与欧化两种主义与中国现代的国势相比较，国粹主义与中国国势已经成为反比例，"所以国粹主义该在淘汰之例"（注：此处并非指凡是

中国国粹都不合，这儿单指古文学）。另外，应当让将复古美其名
曰为国粹主义的人们能明了现代的趋势，可以引用《读胡适〈试评
所谓中国本位文化建设〉》那篇社论编者录胡适的话说：

> 他说我们的观察恰恰与他们（复古派即国粹主义）相反，
> 中国今日令人焦虑的，是政治的形态，社会的组织，和思想的
> 内容与形式，处处都保持中国旧有种种罪孽的特征太多了，太
> 深了，所以无论什么良法美意到了中国都成了逾淮之橘，失去
> 了原有的良法美意。政治从娘子关到五羊城，从东海之滨到峨
> 眉山脚，何处不是旧有的把戏，社会的组织从破败的农村，到
> 簇新的政党组织，何处不具中国的特征，思想内容与形式，从
> 读经祀孔、国医国术到满街的性史、满墙的春药、满纸的洋
> 八股，何处不是中国的特征。（杨高坚：《国粹与欧化》，《光华报》，
> 1936 年 11 月 15 日，第 2 张第 6 版）

△　中国国学会举行秋季常会。

主席屈伯刚报告会员已达四百七十余人，分会有南京、上海、
广州、北平四处。《国学论衡》将改为季刊，《文艺捃华》拟力求普
及，明年起将改为两月刊。创刊《卫星》，决意扩大征求会员及基
金，以建立巩固的基础。（凉：《国学会秋集》，《新闻报》，1936 年 11 月 20
日，第 17 版）

△　船山学社开第五届第一次董事会。

董事刘约真、胡子清、王寿慈、周逸、陈嘉会、王代懿、黄赞
元、王礼培、张有晋、颜昌峣、谢鸿熙、任福黎、黄巩、杨卓新出

席，萧仲祁请假，刘约真、张有晋因事退席。"当推王董事礼培为临时主席。周董事逸报告本社与市政府交涉房屋经过情形。改选正副董事长案，议决不记名投票。开票结果，陈嘉会四票当选为正董事长，王代懿、王礼培各二票，拈阄决定，以王代懿为副董事长。"

（赵启霖著，施明、刘志盛整理：《赵瀞园集》，第440页）

△ 仲翁发表《怎样研究国学》，提出研究国学应当将国学看成活的，时时在变动，不能视之为一成不变、僵化的知识。

仲翁认为，国学是用本国的语言文字，记载本国历代发生的事实。世界各国都有它们的国学。"因为无文化，是不会立国的。所以任何国家，都有他的国学，可是时间或空间的演变，有时或多或少，不免受到外来文化的影响。但是这个国家故有的特性，终不至于被外来的文明所同化。"所以，任何国家都有国学。中国有悠久的历史文化传承，书籍与古物是国学的储藏所，蕴含着丰富的学术史料。不幸的是，遗老们开历史倒车，违反进化原则，认为事事今不如古。在国学中掺杂有"阴阳五行八卦谶纬等迷信思想，而不能澄清其毒质。以致愈讲愈为离奇，讲解愈详，附会愈重，使人疑惑愈深，结果被一种阴影所拢［笼］罩，好像堕入五里雾中"。遗少们醉心着洋化，认为前人遗留的文化遗产，没有研究的价值，鄙视整理与研究国学，"认为人间的宝贝，只有外洋的舶来品"。这种颠倒本末、先其轻重的心理是我国的文化不纳入正轨的最大原因之一。我们对待本国的文化遗产，"应当以社会的演变来作基础，而作抉择去取的标准，断非生龙活虎随意可以容纳的"，"遗老遗少都是各走极端，各是其是，各非其非。非独不能助长我国学术的发展，同时还使学术受到新旧冲突的害处"。其次，我们要了解学术的古今之别，要明了社会进步与文化变迁的关系，要知道任何学术思想与时代的关联：

> 要解决第一问题，在目前首先地明白分工合作的道理。然后在这混如乱丝的史料中，便可寻出各种线索，与以正确的系统的整理，终至条分缕晰，使人一看便明，不至漫无头绪了。要解决第二问题，我们应明白历史的演变，将每一时代的社会思潮与以客观探讨，寻求其演变的因果关系……分工固然是一件重要的工作，若仅止于此，尚嫌不够。因为片段的研究，最会陷入泥淖中。要以历史的联系来作演变的线索。明了历史演变的法则，而学术的流变也可从而理解了。在纵的方面，以动的观点，来作历史的叙述。在横的方面，以正确的方法，来把握流派的生成。一纵一横，我们的研究工作，便不会走到歪曲错误的路上，同时亦可收到事半功倍之效。我们研究经学也好，经济政治学也好，史学哲学文学均无不可。而"历史的演变"与"流派的生成"是相辅而行，并行不背的。那么，研究外亦得双管齐下，缺一不可了。此无他，苟不明白历史，而演变的痕迹，无法找得；不知一个学术的派别，便不知这个学术的渊源，以及在当时和后世发生了怎么样的影响。现在我们以具体的事实，而作有力的证明。

总之，我们可以将"国学"仅当作一个名词，其中包含着广泛的内容，对象虽不同，但整理的方法应当大同小异，"最注意者，我们要把它看成是活的，时时在那里变动的。不是死的，一成不变的。举一反三，心知其意，其结果如何，那又在我们研究国学的人好自为之了"。（仲翁：《怎样研究国学》，《天地人》，第1卷第12期，1936年11月15日）

11月25日 《世界日报副刊》第12版刊登《新书介绍·中国国学概论新编》。

11月29日 上海市国术馆拟续办国术演讲，由胡朴安氏演讲《国术与国学》。

上海市国术馆本日在新开河民国路总馆，邀请前江苏省民政厅厅长国学大师国术专家胡朴安演讲《国术与国学》，"以国学之长，而述国术之理，高见伟论，定多贡献"。（《上海市国术馆续办国术演讲》，《申报》，1936年11月26日，第3张第12版）胡朴安演讲内容如下：

> 我今天所讲的题目：是"国学与国术"。我为什么讲这个题目？凡是国学的一切学术，皆是练习的，不是见闻的。换一句话讲，是艺术的，不是科学的。中国学术有中国学术的立场。譬如画学，不在阴阳向背之迹，更不必有几何学的理；就是医学，亦不必根据于生理学，而有自然不可思议之妙。我以为中国一切的学术，与西方学术来比较有两个不同之点：（一）西方学术是知的，中国学术是悟的；（二）西方学术是分析的，中国学术是圆融的。现在有许多的人以西方科学的方法，来做中国学术。要晓得中国学术，其妙处非身体力行工夫到了某种地步，不能领悟某种道理。所以中国的学术重在练习，重在不间断的练习。汉朝时扬雄善于作赋，有人问作赋之道于扬雄，

扬雄对人说："读千篇赋，自能作赋。"后人亦有熟读唐诗三百首，不会吟诗，也会吟之语。国术亦有一句同样的话："拳打千遍，身法自变。"可见练习的力量，在一切理解之上。所以汉人云："巧者不过，习者之门。"学习国术，只有一个诀窍，勤苦习练而已。《庄子·天道篇》云："桓公读书于堂上，轮扁斫轮于堂下，释椎凿而上，问桓公曰：'敢问公之所读者为何言耶？'公曰：'圣人之言也。'曰：'圣在乎？'公曰：'已死矣。'曰：'然则君之所读者，古人之糟粕已夫！'桓公曰：'寡人读书，轮人安得议乎？'轮扁曰：'臣也以事观之。斫轮徐则甘而不固，疾则苦而不入；不徐不疾，得之于手而应之于心；口不能言，有数存焉其间。臣不能以喻臣之子，臣之子亦不能受之于臣，是以行年七十而老斫轮。'"得之于手，应之于心，非工夫习练到纯熟地步者不能如是。此国术所以重在习练，我所讲国术之意义在此。

至学习国术，当有一定之目标，可分两方面言之：（一）为己的。（二）为普通大众的。怎么是为己的？《论语》云："古之学者为己，今之学者为人。"朱子注引程子云："为己欲得之于己也，为人欲见知于人也。"为己之学，只要自己有实在的益处；为人之学，是要求人的称赞。国术亦然。我们练习国术，是为了锻炼自己的身心，而不是学了去打人，或是博人的称赞为英雄好汉。若认错目标，则失了学习国术的意义。所以说我们常习国术，是为了自己精神饱满，身体康健而学习的。但也有人讲学习国术可以捍卫国土，抵抗外侮。这话固然不错，但专为练习国术，而无其他技能与知识，决不可单靠国术可以强国，可以富民。惟是练习国术，使精神饱满，身体强健，是将来富国强民的基础。怎样是普遍大众的？我们学习国术是要大家能利用业余时间，为精神与身体的锻炼，不是练一个飞檐走壁的本领。近来武侠小说所讲的，皆是胡说乱道，靠不住的，就是有这种本领，不晓得几千万个人内里才有一个，与中国富强毫无益处。所以武侠小说内所说的国术，是全不可信的。我们学习国术，是要向大众推进，最好要使得男男、妇妇、老老、少少，皆有学习的机会。大家能够一致提倡，敢说不要几年我们就可转弱为强。本此目的去学国术，国术是公开的，不是我自己学好了国术，就以为奇货可居，说我有几手看家拳，秘不示人，这就违背提倡国术为普遍大众之目的了。倘我们大家能够循这目的做去，则国术前途，正方兴而未艾也。

（三）练习国术尚有几点，须要提出和大家商量商量。第一个是"一"字。我拿国学的理论来解说这个"一"字，或则比较明了点。"一"者即《论语》所谓"博我以文，约我以礼"之"约"，亦即《孟子》所谓"博学而说之，将以反说约也"之"约"。据国学的理论，约必有博而来，但博不约亦不是好的学问。所以学拳无论身法手法，五花八门，最后终归于一。清儒黄百家（梨洲之子）习拳于王征南，著有《内家拳法》一书，由三十五手法，十八步法，归于十二，由十二宗总归存心之"敬""紧""径""劲""切"五字。"约"之谓，即"一"之谓也。其次为"专"字。浅言之专心之谓。可以《大学》语，来解说此"专"字之意义，当不难晓畅明白。《大学》："知止而后有定，定而后能静，静而后能安，安而后能虑，虑而后能得。"知止者专心之谓也，用心专一，自然能有所得，所谓思之思之鬼神通之是也。练习国术，心思专一，精神自然贯注，内外相合，而有莫可思议之效力。《汉书·项籍传》："汉有善骑射者曰楼烦，楚挑战三合，楼烦辄射杀之。羽大怒，自被甲持戟挑战。楼烦欲射，羽瞋目叱之，楼烦目不能视，手不能发，走还入壁，不敢复出。"又《李广传》："广出猎，见草中石，以为虎，而射之，中石没羽，视之石也。他日射之，终不入矣。"此皆"专"之效也。国术如是，一切气力均无用矣。其次为"恒"字。即普通所云有常心是也。学习国术贵有"恒"心。食睡工作，是每人每日所必要的，运动亦是每人每日所不可缺的。国术即是运动的一种方法。所以学习国术，尤不可一暴十寒。我今日所讲的"恒"字，其理比有常心解说要深一点。恒者"自强不息"之谓也。自强不息者，即日月星辰，遵一定之轨道而运行。《中庸》云："不息则久，久则征，征则悠远，悠远则博厚，博厚则高明。"天地之所以博厚高明者，以其不息；天地之所以不息者，以其有"恒"。我们练习国术，如能似天地之有恒，有一定之常轨，连绵不绝的练去，劲由内发，而见于外，动由腰转，而形于四肢，气周偏于身而定于一。动即是静，静即是动，此即自强不息之理，真能"恒"者也。其次当知"刚""柔""中"三字之用。刚者是全身细胞，个个皆有膨胀的力量，故刚与硬不同，刚者积健为雄之谓；柔者是全身的细胞，个个皆有收缩的力量，故柔与软不同，柔乃反虚入浑之谓。中者不偏不倚，无过不及之谓。中是活的，不是死的。全身有一个"中"，一处有一个"中"，不刚不柔，亦刚亦柔，方刚方柔，方不刚方不柔。能刚柔如是，则可云得"中"字之妙谛。至于初学国术的人，时时总要保持重心，切忌偏重偏轻，过左过右。由有形之"中"，练习到无形之"中"；由不动之"中"，练习到至动之"中"。如是，则意之所至"中"即随之。做到如此地步，可谓得"中"之妙也。次之尚有一"渐"字。学习国术者，不可不留意焉。因近来学习国术者，每喜近功速成，殊不知天下之事，万无侥幸成功之理，欲速则不达。若学习国术者能按部就班，循规蹈矩做去，日积月累，必有可观。"渐"字虽无道理，然实不易做。（胡朴安演讲，朱劲之笔述：《国学与国术》，《国术声》，新第7期，1936年12月31日；新第8期，1937年1月30日）

11月　李时著《国学功用及读法》，由北平君中书社出版。

该书内容包括国学的功用和读书方法等，后附君中书社出版国学书表。再版增订《国学问题五百》："共为四编，分列经史子集各问题。取材正确，条理明晰，堪为会考或升学之用。尤妙者，经部附小学问答，史部附创作家问答，子部附小说家问答，集部附诗词家问答，及历代文学概论等。当再版时，特加入历代女作家问答若干条，以求完美，凡有志投考或研究国学者，均应人手一编。"再版增订《国学丛谈》，分甲乙丙丁四编。甲编"读书捷径"，"言事半功倍之法"。乙编"学术丛弊"，"收剔非取是之效"。丙丁两编为"群书谈要"，"国学杂题"，"一可得古书之要义，一可为应考之南针：研究国学者，不可不备此书也"。（李时：《国学功用及读法》，北平君中书社，1936年，第1页）

△　船山学社公布1936年5—10月新入社员名单（见表8）。

表8　湖南船山学社民国二十五年（1936）五月至十月新入社员一览表

姓名	别号	年龄	籍贯
陶企曾	伯约	六一	安化
余冕	石麓	五九	长沙
唐兆凤	鸣皋	四六	武冈
左景祜	君年	五〇	湘阴
张伯良	葆元	六五	芷江
程瀛石		五七	宁乡
刘肇隅	廉生	六二	湘潭
唐大圆		五二	武冈
苏维岳	幼申	六〇	新化

（《本社纪事·湖南船山学社民国二十五年（1936）五月至十月新入社员
一览表》，《船山学报》，1936年第12期）

12月5日　汤士衡发表《国学书目举要序》。

自刘向校书，而目录之学兴焉。《四库》既成，亦各举其
篇目，以便于览者，其用心可谓勤矣。盖书之有目录，犹网之
有纲也，若网无纲必紊乱，书无目录必无从稽考。虽然既有目
录矣，而又丛杂猥多，学者惮其繁，望洋浩叹，而不得其门
径，不然何书应读，何本为著，斯又困矣。张之洞云："读书
不知要领，劳而无功；知某书宜读，而不得精校精注本，事倍
功半。"洵非虚语也。余既虑其繁赜，事难尽从，取古人守约

之法，乃择古今书籍，分为四部，总四十种，都为一卷。窃取前头，首各冠之以序，名之曰《国学书目举要》云。（汤士衡：《国学书目举要序》，《民鸣周刊》，第3卷第8期，1936年12月5日）

12月7日　苏州章氏国学讲习会邀请金毓黻讲目录学。

金毓黻记载："余为署题曰《经籍概论》，凡分十章：一总略；二经部；三史部；四子部；五集部；六丛书；七目录；八校雠；九收藏；十杂论。每月往讲一次，限以一章，十次讲毕。"（金毓黻：《静晤室日记》第五册，第3938页）

12月10日　冀省在保定设立莲花池讲学院，聘请梁式堂为会长。

河北省政府训令：

> 各厅处，各县各省会公安局，查本省年来政府不稳，文化落后，各种人才，亟待培植，兹拟设讲学院于保定莲花池内，以研究国故，沟通新旧学术，造就通才为宗旨，定名曰"河北省莲花池讲学院"，直隶于省政府，经费由省库拨发，除该院之组织及章则预算等项，应由筹备委员会拟妥送核外，□聘刘冠之、李湘琴、王濬明、王钊志、刘迂卿、梁式堂、魏兰田，十三人为讲学院筹委会委员，并加聘梁式堂为会长，王濬明、王钊志为副会长，刘冠之、王钊志为基金保管委员，相应提请公决，追认案，当经议决，通过，等因，纪录在案，除分行外，合行令仰知照，此令。（《冀省在保设立莲花池讲学院，聘梁式堂为会长》，《京报》，1936年12月10日，第7版。该日报纸误印为10月20日）

△　无锡国学专修学校1937年度毕业班毕业论文选题发表。

（一）《〈周易·系辞上下传〉详注并论大义》。（二）《〈孝经〉纪孝行章五致历史并详论》。（三）《骈散文分合源流论》。（四）《东西文化之比较》。（五）《清代兵制考略》。（六）《经术致用说》。（七）《国防刍议》。（八）《中国固有论理学说考》。（九）《欧洲二千五百年哲学尚未成立说》。（十）《中国哲学即社会哲学论》。（十一）《秦汉以来史篇最富于三民主义论》。（十二）《〈孟子〉学与〈周易〉学》。（十三）《左氏兵谋兵法考证》。（十四）《续诗品》。（十五）《古今公文程式变迁考》。（十六）《清史艺文志》。（十七）《章学诚评传》。（十八）《文体论》。（十九）《百年来之国耻诗歌》。（二十）《历代诗学批评家述评》。（二十一）《法家出于道家证》。（二十二）《说文解字通论》。附录毕业论文办法四条："一、任作一题，寒假前须先将题目报告教务处。二、亦可自拟题目，亦须于寒假前送教务处认可，始有效。三、于1937年5月1日前交教务处，过期不阅。四、誊写试卷须用正楷。"（《校闻·毕业论文题目发表》，《国专月刊》，第4卷第4号，1936年12月25日）

12月12日　吴梅为《学林丛刊》题辞，主张我辈今日的责任是融汇古今之异同，弘扬文艺之光。

集一时才彦，各贡其所长，综核名实，汇而录之，此非甚难事也。顾近岁社刊，不为不多，曾不旋踵，辄复湮晦者，又曷故耶？萃萃学士，大氐专工一艺，考据辞章，势难并擅，即广求友声，犹陨越之是惧，今限同社，将左支而右绌。主者悬鹄以求，应者或滥竽而进，欲期尽善，如南辕而北辙焉。今之作者，寒畯为多，撰述篇章志在庸值，苟非称意，不乐操觚，斯则视贿交而不逮，较诔墓而益下矣。又或草茅庶士，未识忌讳，轻肆诋諆，动触禁网，征文至此，宁不寒心。是故上焉者，计锱铢而不前，下焉者喜斥迤而见摈。积此数因，并世志林，时起时仆者，又无足怪也。二十五年冬，金陵诸同人，有学林之作，尽祛宿蔽，独展三长。三长者，才、学、识也。树之以学，辨之以识，而饰之以文，盖力求尽美，不随俗毁誉为转移也。征稿遍海内，不拘拘于社作也。立言垂世教，不急急于目前也。窃谓今人治学，较昔贤略易。昔人局处乡里，典籍无多，师友渐摩，时感离索。今则驰道日辟，无车马之苦，群疑众难，可面证也，亦可函通也。重以古椠佳本，日出靡已，言乎经，则单注单疏，得置诸箧衍矣。言乎史，则蜀刊宋刊，得陈诸几席矣。他若天禄石渠之秘，金石骨甲之富，并列斗室，亦足娱老。即论校勘，且夺过前哲，何况斟酌古今之异，蔚为文艺之光，正我辈今日之责也。至于同人撰录，又皆出诸自然，不干禄，不沽名，本平昔之研钻，为他山之攻错，固不计行世之久暂何若也。于是粗述梗概，为四方学者告，而系之以颂。其辞曰：刘略班志，博综典坟。万世籀讨，若掌上纹。举尔所知，弘启堂宇。潜心十年，快意一吐。生我今日，昊天厚恩。孔壁汲冢，赐我秘文。纵尽千古，衡览九州。胸有成竹，目无全牛。文以载道，礼失求野。片善微长，公诸天下。禁邪制放，辞达理举。蒙虽不敏，请事斯语。（吴梅：《吴梅全集·日记卷》下，河北教育出版社，1998年版，第822—823页）

12月14日　《申报》报导赵紫伯讲授国学。

郑逸梅、孙筹成、范烟桥、周鸡晨、陆澹盦、陈听潮、钱释云、尤半狂、丁悚、姚吉光、马直山、杜进高、严独鹤、汪绍达、赵眠云、方慎盦等联合发起国粹研究社。（《国粹研究社》，上海《大公报》，1936年12月18日，第14版）

> 严独鹤、郑逸梅等以我国固有国粹，几致沦胥，提倡保存，必资模范。逊清优贡丹徒赵紫伯先生，设帐金针名医方慎盦家，文章诗词，固为能手，六朝小品，尤所擅长，同人等久经钦佩。兹为后进培植起见，商之方君，力劝先生课余广施化雨，现已征得同意，公订函授简章，以贡研究国学者有所问津焉，函授简章附后。（宗旨）造就人才与古为新；（课卷）每星期改两卷，月以八课为率，日期听便；（程度）由高小起，诗词小品，程度不拘；（课费）每月只收膏火费两元，邮资在内，研究诗词者，月收四元；（名额）暂定三十名，额满为止；（入学）随时皆可；（性别）男女兼收；（地址）新闸路国华银行对过和乐里廿七号。（《赵紫伯函授国学》，《申报》，1936年12月14日，第4张第13版）

12月18日　为了平衡科学与人文精神，浙江大学召开文理学院第一次院务会议，商议国文课程等事宜。

胡刚复认为，"专精与博通，为吾国大学教育当前的一大问题，本校以前制度，皆从专精及系别二点出发，学生往往感觉常识不足，又因所有课程几全为规定，对于本门功课以外，任何问题，毫无兴趣，亦非良好现象"，"比较的加重选课精神，即希望矫正此点，俾专精与博通，得一适中之调剂"，浙江大学"规定学生在人文科学及自然科学中以至少各选九学分为原则"，商讨如何规定选课标准。(《校闻·文理学院第一次院务会议记录》，《国立浙江大学日刊》，第98期，1936年12月25日）在文理学院第二次茶会上，胡刚复称："外人不察，动谓本校内部之组织与课程，多所重复，近顷已与昔异。惟院系间精神的与物质的密接无间，尚待进一步之努力"，训育事宜"似前此之各系分级指导，对于学生训育是否收效？而各学院一年级课程几皆不分系别，分系措施，是否合宜？又如何使导师与学生间得有进一步之密接？非但课业方面，学生有所质疑，抑且其他种种问题，皆能使提出咨询"。费巩认为训育关乎学制，"英国每一学生，皆有人负责指导，然非必教授。英制三年毕业，第一年为普通功课，第二、第三两年为专门功课，如修社会科学，则有政治、经济、历史、哲学四课。如第二年为政治、经济，第三年则为历史、哲学，每年各课，皆得请导师一人，而师生间又可以互择"。(《纪事·文理学院举行第二次茶会记》，《国立浙江大学日刊》，第160期，1937年4月13日）国文课程成为工、农、文理学院间争论的焦点。

　　浙江大学国文教学改革的最低限度为，一能表达意思及无重大错误，此关系应用方面；二是对本国文化之轮廓有相当了解与同情；三为文艺的欣赏。文理学院正式通过国文课程增加钟点与文理学院文组国文教学延长为两年的决议，下年度开始实施，"接洽添聘国文教授以资提倡"，农、工学院持不同意见，在文理学院第三次茶会上，"唇枪舌剑，谈话几成辩论"。梅光迪认为："国文增加钟点与文理学院文组国文教学延长为两年一事，下年度即当实施，文理学院已经正式通过，他院尚未即能一致，国文为一切传统思想之所附丽，此其重要一；又专门科学之研讨外，人生不可无调剂，使能为高尚作品之提倡与创作，更贻诸后昆，其关系于时代个人、家国后生者至大，此其重要二。"胡刚复补充，根据工厂反映，"旧工程师虽或对于新机机构，间有不明，然所作报告，尚为可读，新工程师则其所草报告，几不可卒读，故学习工科学生，以国文程度之不逮，出校乃多所扞格。今后国文亟须加重，第一学年国文各为三学分，第一学期上课五点钟，第二学期上课四点钟。自动分量增多，其他分班，会考鼓励改用毛笔等事，皆计即为实施"。束星北、陈建功强调区分应用与欣赏的层次，束星北提议以应用文为对象，陈建功赞同欣赏非必诗文。周厚复指出："以为应用与欣赏，实二而一一而二者，以能应用，则其人必能同为欣赏，两者盖并行而不悖者。大学非专门科学学校，故亦必重文学。更以为学校对国文少数钟点，应为着实利用，且每班人数当减少，用使教者对于每一学生之工作，可以加重。"工学院院长李寿恒认为："牺牲专门以迁就Liberal Education，或牺牲Liberal Education皆有其理由与利弊。各校毕业生国文之不足无可讳言，惟可于招生时加国文之重量，以得基础较好之学生。再吾校功课特别繁重，所开必修科目且较他校为多，亦不无可以商量之处，总之国文之进步非短时所可奏效，在学期间应使其与数理化同其重要，积功力久容可成也。"胡刚复对于李寿恒提议入学国文试验程度提高一事，表示赞同，"惟今年三校联合招生，此层恐受牵制，又希望他校促进注意，课程之科目繁琐，不独工院有此现象，即本校各院亦然，功课繁琐，学生学习情形散漫，缺乏中心训练，且徒觉功课过重，因以影响国文不能增加钟点，由此念及中国学分制所引起之不良现象，故削其烦琐，求其调剂，实为必要"。浙江大学校方总结此次谈论："国文应为增加钟点，又应用欣赏，交相为用，工院农院，将与文理学院先后其步趋，以提高国文之程度。不但可藉为生活之调剂，兼可便出校时之应用，关系今后本校教学及学生者至大。"（《校闻·文理学院举行第三次茶会记》，《国立浙江大学日刊》，第217期，1937年6月19日）

在文理学院第四次茶会上，农学院卢守耕院长认为："同在大学之内，有如手足。农院研究自然科学，其依倚于文理学院之人文、自然科学者，不言而喻，尤以一年级新生为最"，以功课问题而言，"农一新生大抵受课文理学院，惟农院学生自有其特别之需要，故希文理院得对此特别需要，加之重量，以求适应"。胡刚复认为："农院不如专力基础，缩小范围，当求运用其基础，以趋于特殊，盖有此基础，然后始可以立于其上自为建树也。此属个人妄参末议之处，尚希诸同人赐教，即如生物学系同一功课，而各方需要之分量多少各别。视此情形，如何调剂为用？且兼能合于经济与适应环境，愿请教益。"竺可桢调解双方分歧，提出："农院与文理两者之间，前者依于后者，惟讨论非关须要多少问题，而为目前所已规定之分量，是否有须增减之问题。有如生物，介于文理之间，一方视其设系之历史，一方视其学校之须要；又如理化，农院学生须要多少，化学物理之准备是无有所偏重等事。"黄瑞纶认为，农院起初"功课授受，至感不便，以基本功课训练太差，致授课更弥觉困难，今移华家池，得近文理院，易为弥补此憾。前曾设暑期班，以为之准备，后以过重取消，盖在畸轻畸重之间往复，殊乏定准，今重议甚善"。胡刚复重申："大学教育重在训练，非仅重知识分量，使基本训练有成，出校仍可继为努力，以求终身之学问。又课程今容多牵就现在，而希对将来多为改进。"（《文理学院举行第四次茶会记》,《国立浙江大学日刊》，第 225 期，1937 年 6 月 29 日。参见张凯：《民国杭州国学》，杭州出版社，2013 年，第 133—138 页）

12 月 19 日　林仲康发表《国学与西学》，认为国学不能进化，反而退化，导致西学以科学之名而盛行。

文章称：

> 自西化东渐，科学挍张，莘莘学子，醉心新文学，排斥旧道德，由来久矣。虽然岂国学真不彼若耶，抑排斥者之不深究吾国古学之过也。昔司马谈论六家要旨，道儒阴阳名法墨六家，而于纵横农家小说家缺而不论，班氏《汉书·艺文志》补而充之，序列十家。而十家者流，大抵皆出于周秦间也。夫儒家之学即教育学与政治学也，道家之道即哲学也，阴阳家之学即步算学也，法家之学即法律学也，名家之学即论理学也，墨家之学即社会学及自然科学也，杂家之学即各种应用科学也，农家之学即种植学也，小说家之学即喜剧悲剧之学也，其余马、班不别之学者。若货殖焉，则经济之学也。若淳于髡和齐王之意，在驰骋音乐，则心理之学也。若《六韬》《六略》，则兵家之学也。公输子之制云梯，则机械之学也。师旷之鼓瑟，高渐离之击筑，则音乐之学也。禹夏一书，则地理之学也。本草等书则医学之学也。乌乎！西人之所栩然自夸为绝学，大抵皆我国二千余年所阐发无遗也。至于西人所亟称卢梭民权论主

义者，则孟轲早已倡于战国之时也。西人所亟许边沁之功利主义，则杨朱之为我无何异。马克斯之倡共产，与《礼记·大同篇》奚若。若无政府主义，则老庄倡之矣。若国家主义，则管晏倡之矣。若门罗主义，则墨翟倡之矣。呜呼！西人所亟称为最初，在我国已为最旧主义者也。谁谓东方神明黄帝之胄，不若彼碧眼虬髯西夷之人也。独惜一误于汉之训诂，再误于宋之道学，三误于明清之八股。积习相沿，蔽锢日深。我国固有之文明，匪特不能晋化，而益反退化也，致使西来小技，班门弄斧。而曲学之士，浅陋之儒，怀入主出奴之见不浅，究吾国固有之学，而亟善之，而亟善之，诚可鄙可笑也。（林仲康：《国学与西学》，《求是报》，1936年12月19日，第5版）

12月20日　孔道学校中十二班何耕耘发表《救国以国学为本科学为末说》，认定国学为精神学，是形而上之道；科学是物质学，为形而下之器。

呜呼！时至今日，中国危矣。外侮日逼，内乱未平，国势岌岌，有不可终日之势。然则奈何？曰："厥惟起而救国。"曰："今日救国，呼声甚嚣，而于国仍无所济何耶？"曰："医者之于病也，当探其受病之源，而诊治之。于是不再剂而人以愈。今日中国，犹一病人也。欲疗其病，舍探其致病之源，而施以对证之药，其何由哉？"曰："中国今日对症之药云何？"曰："惟首以提倡国学为本，再济以泰西之科学。始足以救国。"夫国学者，中国之国粹也。昔五帝三王治平之道也。今日之社会，中坚份子，知识阶级，犹受人之惑，甘心为敌所驱使。一身有利，卖国可为。一旦有权，杀人不惜。盖毁灭国粹之故也。数十年来，国事纷纭，干戈扰攘，政治腐败，党派嚣张，外患凭陵，内乱迭起，八德弗讲，四维不张。风俗因之而颓废，气节因之而委靡。果何由而致此乎？亦皆毁圣诬经，湮灭国粹之所致也。夫欲立国于今世者有二端。一曰中国之精神学，一曰泰西之物质学。一为形上之道，一为形下之器。精神学者，国学也，中国四千余年立国之本根。垂为彝训，立之学官，搢绅奉之以为治国之常，国民诵之以为率由之路。学塾遍于乡里，弦诵及于童蒙。国学之需要，殆已如布帛菽粟之不可离矣。自近人习尚物质，溺于泰西新式，于声光电化之学，犹不能吸其精髓，仅粗识其皮毛，如邯郸学步，新步未得，故步已失，惟习其奢侈之风，诈伪之俗，湮没本性，以至无闻。

呜呼！良可慨也。方今外洋皆知读中国圣人之书，为救国良策。谓孔子为东方之大教育家，可以启人人固有之天性。倘能发扬其真精神，非他人之所能及也。而我国反舍本以求末，不亦颠乎？总之，救国之道，当以国学为本，科学为末，本末兼修，则可图强，明矣。

呜呼！若舍本求末，而望挽既倒之狂澜，保完全之领土者，殆犹缘木而求鱼。大学云，物有本末，事有始终，知所先后，则近道矣。当道言救国者，亦将有以悟之乎。噫嘻！（何耕耘：《救国以国学为本科学为末说》，《孔道期刊》，第8—9期，1936年12月20日）

△　吴嘉愚、陈寄畅先生捐拨经费发起组织无锡国学会，赞成者有虞斌麟、陈新猷诸先生等。(《无锡国学研究会大事记》,《国学界》,第1期1937年5月15日)

12月22日　雷群标撰《从"中国人不应亡中国"联想到中国人不应亡中国之"国粹"论》，提出应接纳国医合法的请愿，完成国粹的发扬。

　　凡有灵机细胞组成活体之人类，而踏进生活轨道者；最荣乐莫如有主权、土地、充实之联匹，最幸福莫如有精神、历史、特长之利用。盖主权、土地、充实之联匹者，强性保障之"国家"是也，精神、历史、特长之利用者，富性适需之"国粹"趆然。夫反荣乐而有苦辱在，倒幸福而有惨祸存，未有人不好荣乐而好苦辱，不恶惨祸而恶幸福也欤！是故，国家之应恳挚爱护，国粹之宜切实奉扬，已成不可訾议之信条矣。故蒋委员长云："同是中国人，你们甘心让自己祖宗的坟墓受他人蹂躏？你们甘心让自己的儿孙做他人的奴隶？……我们盼望大家，最低限度中国人不应亡中国！"等吐心呕胆之训词，岂不是促进中国每个人之爱国热度增高，而谋每个人之荣乐效率加厚乎？因有感于词焉，故亦敢希望全国同胞至低限度中国人不应亡中国之国粹呼也！

　　中国之国粹者何？深信在国民之精神上，土地之物质上，历史之深邃上，诸种种迎合而养成者；几不待言而尽人皆知国医药为最卓著以应之于不屈不挠也。或曰，何以尽言之？曰，基于事实表现之情势，不尽言之亦不能也；试回思读史载之印象，自黄帝迄至今日之相去，朝代转移之达百，岁号过去之数千，不言其历忠深邃也可乎？调查我国产药区域，出产之丰裕，获利之浩大，洵可以为国家充实经济，可以为人民调剂恐慌，不云土地之物质符需要也克耶？且任何一个人，反对至任何程度，旦请其回溯自有身之上下，幽忆己未有不为国医功德波及其健全者？想必佩服然以歌颂国医药也。进言之，我国人口蕃殖之众于未有如何医者以前，则曷使然哉？又岂不是足证明在国医药保障下之成绩乎？故尤为国民精神上之充实显证者也。是以由斯全地球无几之成份而博得来国粹代价之国医药者，想介丁亦晰言必为上下所奉为金科玉律也。虽然，亦有同情可崇之蒋委员长于政院公布条例，焦馆长于国医馆之积极发扬，王部长、陈理事长等等之尽力保障，可惜事行未半，讵料卫生署不知偏怀何等意识，而竟颁布中医审查规则，考其文，思其义，则有大相径庭矛盾于《国医条例》矣，及地方卫生行政机关，有裁夺国医学校之考试权，而作越俎代庖之凶压手段，教部有拒绝国医界合法要求之立案，联斯种种慢性湮灭，相继形成，从此一察，匪非常之变故也者何？嗟嗟！惜其未是压制国粹发扬以前，已玩视法令之先矣，岂有出乎行政院于前，而反乎卫生署于后，相去曾几，生机之令发未及数月，而变幻致亡之命已施，真百思不得其解，能不慨哉。

　　且夫天地之间，事物之大，理势之众，诚为上至天子，下至庶民，远历盘古，近及今日，有触之不能尽知至理也。岂不是知之而行之收效而日智，不知之而行之获益而日识乎？安不能以一个人未经迷头苦干而作轻薄判决其是非，或一团体已为刊趋影响而作反性认识其曲直也，是耶？否耶？就否而言之，又不是与宫墙外望而决其室之良莠，未入其道而判其道之庄狭而成正比例哉？然或有同情于政府之环境，是其洋医接近之太疼密，因耳濡目染之关系，熟受挑拨离间之辞，想必一时冲动，不顾利害，而干出此反常之事也。事已至此，为冀教育卫生当局能顾虑人民之幸福，与体察国家之经剂，而秉承公正，无偏无倚，陈于全国人民之前，以接纳国医合法之请愿，以完成国粹之发扬，而同陟上蒋委员长于政院公布之条例为一阵线，则不惟人民之幸福保障，国家之财源充实，而领导民族进展之声誉，亦为人民所佩服也。不然者，则人民幸福大发破产，国家经济浩生漏卮，人民幸福破则惨祸驾，国家漏卮生而苦辱临，是以祸驾辱临，与国人族国者何异焉，又岂不是仿佛到自己甘心蹂躏祖宗坟墓，残杀云盈子孙乎？呜呼！身为中国人者，焉不反省于斯欤？（雷群标：《从"中国人不应亡中国"联想到中国人不应亡中国之"国粹"论》，《光芒》，第28期，1937年1月5日）

12月28日 湖南孔道国学专修学校挂牌成立。

孔道学校于1931年将大学文科中选科文专修部分改为国学班，此时经校董事会决议中学迁入新河分校，国学部改为湖南孔道国学专修学校，仿照江苏无锡国学专修学校与何键所办国学专修学校办理，"加长年限，以利精修，养成真实专门人才，内设本科、预科、补习班三级"，何键题写校名，"拟仍广募基金，恢复大学，蔚为国光"。（《本校国学改为专校》，《孔道期刊》，第8—9期，1936年12月20日）

是年 方明编《国学要题简答》，由上海元新书局出版。

该书分经学、文字学、史学、哲学、文学五部分，共500余题。编者《序》：

现在中等学校国文科的教材，多半都是由国文教师自由选授的，这种办法，多少是有些毛病：因为除了有计划的很少的教师之外，往往不能顾及到国文科全部的课程；换一句话说，就是学生所得到的知识，每每是国文科中的一部分的知识——教员所喜欢的那一部分——而不能学得全部的重要的知识。但是学生在初高中毕业的时候，无论是会考升学，又多半于考试国文时兼考国学常识。学生平常没有注意到这点，或者不知道国学常识要考些什么，于是不能不买《国学问答》《国学常识》一类的书看了。现在坊间出版的《国学常识》一类的书也很不少，不过我觉得它们有两种毛病：第一，编书的人脑筋太旧，或者说有点冬烘，每每把许多不重要的题目也都提了出来，学生把书买来，也分辨不清孰轻孰重，于是不能不耗费自己在预备考试时候的最宝贵的光阴去记忆些考不到的问题。第二，坊间出版的这类书籍，每题的答案往往很长，学生应试的功课已经很多，再记忆那样繁杂支离的答案，不但要感觉困难，望之生畏，并且还时常的记了些次要的话，而反把要点抛弃。本书力矫以上二弊，所以不重要的题目一概从略，每题的答案力求简单扼要。本书定名《国学要题简答》，也就是表明这个意思。有计划的国文教师，把应教的功课都尽教给了学生，如果能够采用此书，作为温习国文课程的纲领，当然可以使学生对于国学常识得到一些更清楚而有系统的印象。国文教师平常选教材略微的偏了一点，或者国文教师更换得很多的学校，也可以采用本书，于国文课中讲给学生，做一种补充教材。应试的学生，在考试之前更应当阅读本书，大概会考与升学所考的国学常识的题目总不会出此范围很多吧。这本小册子是编者为帮助学生应付会考与升学而写的，用过两次，还没有失败，所以才敢这样说的。书中不妥当的地方，当然也有，希望教者与读者能够加以指正，以便再版的时候修改。（方明编：《国学要题简答》，上海元新书局，1936年，序，第1页）

△　清华大学文学院刊发《中国文学系学程一览)》，国学要籍课程教员有闻一多、俞平伯、杨树达、刘文典。

1.《尚书》, 2.《诗经》, 3.《周礼》, 4.《仪礼》《戴记》, 5.《左传》, 6.《论语》, 7.《孟子》, 8.《史记》, 9.《庄子》, 10.《荀子》, 11.《韩非子》, 12.《楚辞》, 13.《文选》, 14. 杜诗。本学程列国学要籍十四种。诸书或以记事为职，或以立意为宗，或以文辞为主，皆吾国语文学之根本。兹除分别定为必修学程外，学生可以自由选习。全学年，四学分。（《文学院中国文学系学程一览（1936—1937年度)》,《清华大学史料选编》第2卷上，清华大学出版社，1991年，第303—304页）

△　张玄子发表《最低限度的国学书》，赞同章太炎所定书目更为近情。

许多人对于研究国学最低限度应读之书目，曾发生过争论。

有的说太多，有的说过少……梁启超所定的最低限度之国学书目……如果把他来精读，已非数十年不办，使人望而却步。但是胡适之所定的最低限度的书目更多……胡先生所定的书目，不但较梁先生所定者为多，而且也似乎有芜杂之嫌，颇有人加以非议。我个人以为国学书目既称最低限度，则上面所开的这许多书目，实在已经离开"最低"两字过远，且使有心向学者望而生畏，似乎应该大大的把他来删至"最低限度"。前年朴学大师章太炎先生在无锡省立师范讲学，记得他曾说过："以前《纲鉴易知录》一书，乃无真学问之三家村学究所读，而求之今世，能读此书者，已不可多得矣。"又云："有清曾国藩胡林翼左宗棠三人，立身行事，亦可谓吾国历史上之伟人矣。然曾氏得力者不过一部《文献通考》，胡氏得力者不过一部《资治通鉴》，左氏得力者不过一部《方舆记要》而已。"章氏所说曾胡左所得力的三部书，亦即最低限度之国学书目也。兹三书者，如能精读心得，以之立身应世，当无蹶蹶之虞。又章氏主张现代学生应读之经史：一、《孝经》，二、《大学》，三、《礼记·儒行篇》，四、四史（包括前后汉书、《史记》、陈寿《三国志》），五、《资治通鉴》等五种。顺序进行，研究一切学问在是矣。其实还是章氏所定的最低限度的国学书目近情些，为数不过五种，可谓去其芜杂，留其精华。至于梁胡两氏所定的书目，不妨当他书目瞧瞧吧！（张玄子：《最低限度的国学书》，《礼拜六》，第665期，1936年11月）

△　私立福建协和学院中国文学系开设国学概论：本学程讲习

中国自晚周至清代诸家各派学术思想之概要，并论其因果关系。（私立福建协和学院编：《私立福建协和学院一览（民国二十五年度）》，私立福建协和学院，1936年，第60页）

　　△　持志学院公布国学系的设立宗旨：A.养成整理中国学术人才；B.专修中国文艺；C.造就国学师资。

　　该年国学系教授有王玉章、宋孔显、胡朴安、胡怀琛、姚明晖、姚宝贤、张凤、曹聚仁、傅彦长、卫聚贤、龚宝铨。

　　表9为持志学院1936年国学系教授名录。

表9　持志学院1936年国学系教授名录

姓名	别字	籍贯	履历	职别
王玉章		江苏无锡	历任上海复旦大学、暨南大学教授	国学系教授
宋孔显		浙江绍兴	国立北京大学哲学士，国学研究所研究员，曾任浙江省立高级中学训育主任及北平华北大学教授	国学系教授
胡朴安		安徽泾县		国学系教授
胡怀琛	寄尘	安徽泾县	商务印书馆编辑，沪江大学教授，中国公学教授	国学系教授
姚明晖	孟埙	江苏上海	前两浙优级师范武昌大学、东南大学教授，江苏省立第一、第五师范［学校］校长	国学系教授
姚宝贤	葆玄	江苏六合	日本东京大正大学文学士及研究院毕业	国学系教授
张凤	天方	浙江嘉善	清附生，震旦大学毕业，巴黎大学文学博士	国学系教授

续表

姓名	别字	籍贯	履历	职别
曹聚仁	挺岫	浙江浦江	历任国立暨南大学、复旦大学、中国公学教授，上海沧笙公学校长	国学系教授
傅彦长		湖南宁乡	上海南洋公学毕业，历任中国公学及圣约翰大学教授	国学系教授
卫聚贤		山西万泉	国立清华大学研究院毕业，曾任国民政府教育部编审，南京古物保存所所长，国立暨南大学教授	国学系教授
龚宝铨	述衡	江苏海门	北京大学文学士	国学系教授

国学概论课程分四编讲述：一、经学，包括六艺概说，汉晋经学，唐宋经学，清代经学。二、小学，包括小学概说，六书，音韵，训诂。三、哲学，包括周秦诸子，魏晋玄学，宋明理学，晚近思潮。四，史学，包括史学概说，历代正史，诸类杂史，史之义例。并令学生每两周作文一次。

国学系必修课程有应用文选及作文、论理学、修辞学、中国文学史、中国学术史（群经诸子）、中国文字学、中国文化史、学术文选及作文、美术文选及作文、中国哲学史、中国经学史、世界文学史、中国政治思想史、训诂学史、历史研究法、诗词学、小说学、音韵学、美学、现代文艺、古文字学、考古学。选修课程有古书词例、现代哲学、诸子、欧洲哲学概论、欧洲文学史、群经、古书校读法、古书整理法、文章作法。（持志学院编：《持志学院一览》，持

志学院，1936年，第1—29页）

　　△　刘龙光撰《光华国文系之特色》，称光华国文系偏于旧学，与章氏国学讲习会、无锡国学专修学校鼎足而三。

　　　　光华国文系历年所开之学程，率偏于旧文学方面，此实光华国文系之唯一特色，而与海上各大学之偏于新文学者，异其旨趣。夫新文学固有其真价值，而与旧文学并行不悖。然其在中国之历史至为短暂，不过一二十年耳！溯其远祖，实不在震旦，而在泰西。果尔，则与其研究所谓"中国新文学"，曷如研究"西洋文学"之为愈也！是故"中国新文学"实可附丽于"西洋文学系"以研究之，而不必另辟一系。光华国文系之注重旧学，实具远见，未可以迂曲目之也……今人称国学研究所，必曰：苏州章氏国学讲习会与无锡国学专修学校。吾谓：光华国文系可与之鼎足而三也。曩者，子泉师主持无锡国专时，兴化李审言先生与之书曰：贵校如鲁灵光殿，岿然独存。今子泉师主持光华国文系，亦犹是也。光华国文系在各大学中，又顾非"鲁灵光殿，岿然独存"也乎！（刘龙光：《光华国文系之特色》，《光华年刊》丙子级，1936年）

　　△　光华大学国文系开设课程有文学鸟瞰、散文专集、骈文、诗、古籍鸟瞰、英美散文、《周易》《尚书》《毛诗》《礼记》、经学史、《老》《庄》《荀子》《墨子》《韩非子》《史记》《汉书》《文献通考》、中国哲学史、先秦学术史、理学纲要、中国史学史、史学研究法、目录学、金石学、词、曲、中英互译、中学国

文教学法。教员情况见表10。

表10　光华大学部分教员名录

姓名	字	担任课程	籍贯	经历	到校年月	通讯处	电话
钱基博	子泉	国学	江苏无锡	历任北平清华大学、上海约翰大学国学教授，前江苏省立第三师范教务主任，本校附中主任	十五年九月	无锡七尺场	
蒋维乔	竹庄	国学	江苏武进	前江苏南菁书院毕业，历任教育部秘书长、江苏省教育厅长、前东南大学校长	十八年九月	本市新大沽路永庆坊五十八号	33007
周徵	哲肫	国学	江苏武进	前江苏南菁文科高等学堂肄业，前南菁高等师范、东南大学国文助教，江苏省立第一中学文科主任，本校附属中学国文系主任	二十年二月	无锡漕桥镇	

续表

姓名	字	担任课程	籍贯	经历	到校年月	通讯处	电话
徐义	仁甫	国文系助教	安徽舒城	天津南开中学毕业，无锡国学专修学校毕业，历任舒城公立龙山中学国文教员、上海光宝中学国文历史教员	廿四年九月	本校	
姚璋	舜钦	哲学	江苏武进	本大学文学士，历任本校附属中学教学，本校哲学系讲师	廿三年九月	武进双桂坊三十号第六进	
吕思勉	诚之	史学	江苏武进	历任东北沈阳高等师范、上海沪江大学国学、历史教授，前常州府中学堂史地教员	十五年八月	武进十子街十号	
张杏娓		史学兼德文	德籍	德国明兴大学历史系毕业	十八年四月	本市四川路六六八号五楼张会育先生转	10415
谢澄平	海若	史学		美国哥伦比亚大学硕士，复旦大学史学教授、东京帝国大学研究员	廿五年九月	本市极司非而路中振坊二十号	

续表

姓名	字	担任课程	籍贯	经历	到校年月	通讯处	电话
陈楚善	志诚	历史系助教	浙江平阳	本大学文学士，曾任浙江平阳县立第六高级小学校长，温属公立蚕业中学英文兼数学教员	廿四年九月	本校	
钱忠汉		历史系助教	江苏无锡	本大学文学士曾任本校附中教员	廿五年九月	无锡七尺场	

（光华大学秘书处编：《光华大学教职员一览》，光华大学秘书处，1936年，第1—13页）

△　私立华西协合大学公布中国文学系"国学"课程。

中国文学系1933—1936年招收"国学系"学生与开设"国学"课程，1936年教师名录如下：林思进、龚道耕、朱师辙、钟正楙、李植、李蔚芬、庞俊、赵世忠、彭举、刘蘩仙、陶世杰、杜奉符、葛维汉、陈家骥、郑德坤。开设下列"国学"课程：

小学（甲、乙）："小学为读书识字之枢纽，先教以六书条例及五百四十部首，俾识古人造字之旨，篆隶变迁之源流，进而讲习《说文》《尔雅》诸书，以明训诂通借之用，然后研求古籍，区别名物，始得有所依据。"

声韵学："声韵学以研求古今声韵为本旨，故先授今纽今韵之音呼类别，次讲古纽之归纳，古韵之流变，俾识双声叠韵之作用，新旧反切之异同，进而沟通故训，辨正方音，以达言文合一之正则。"

国文："选授《古文辞类纂》，用姚鼐、王先谦选本，两周作文一次，以资练习。"

中国文学史："述中国文学之源流蕃变，及其异同得失。"

《论语》或《孟子》："用朱子集注为课本，以何晏《论语汇解》，皇侃《义疏》，赵岐《孟子注》，焦循《孟子正义》作参考。"

《春秋左传》："经典通习科目，《左传》实居其一，依准旧解，随文敷绎，畸重周览全帙，通知凡要，以作年级推进后分类专习准备。"

《诗经》："讲授诗经，以毛传郑笺孔疏为主，古义有过于奥曲者，亦间采宋元以后说，期于文艺了然，无取旁征博引，并选择其重要各篇，令学者自行诵习，以资文章之助，足为专经研究之预备。"

专经："《诗》《书》《易》《三礼》《三传》，分别讲授导读。"

通史及专史："通史分上古至秦汉为一期，三国晋南北朝为一期，唐五代为一期，宋辽金元为一期，明清为一期，以正史通鉴纪事本末为主，辅以九通杂史，考其政治兴衰治乱得失，兼及典章制度地理边防，分年讲述，并指导阅读专史作札记，使学生周知古今，成为通才。"

各体文（甲、乙、丙）："《昭明文选》，为哀集文之始，以此为主，各家专集附之。"

诸子："晚周汉魏诸子，及宋元明清之学案诸书。"

目录学："八代以下，丙丁两部，著录繁穰，周览极难，今代以目录之学，趣在疏通知远，纵复略识品目，粗记次第，犹愈于夥空夋陋。"

校雠学："校雠之业，上焉者明学术蕃变，有以穷原始而极短长，次则审定疑文，令民不惑，今于阐明声韵、小学、三古辞气之后，进窥二刘余绪，旁理晚书，庶以理董宏业，不嫌凌躐。"

史传文："《史记》《汉书》。"

古近体诗："汉魏六朝诗，唐宋以来诗家专集。"

文艺评论："以《文心雕龙》为主，其单篇持论，如《典论》《文赋》《诗品》，泊唐宋以下诗文纪事评论谱录诸书附之。"

考古学（甲乙）："先就西南诸省，搜求上世祭飨、庸器、刀布、碑刻、兵农、明器，泊康藏边区宗教法器，苗戎夷羌各部落什物，无论金石、匋瓦、甲骨、丝布、葛麻、毛革，逐一详施考证，征之经史，检以六书，旁及金石目录图象文字义例，内则指导研究，外则公诸大地。"

还有中西文化交通史、中国神话之研究。（私立华西协合大学编：《私立华西协合大学一览（1936—1937）》，私立华西协合大学，1937年，第64—79页）

私立华西协合大学1933—1936年国学系毕业学生名单与履历可见表11。

表11 私立华西协合大学1933—1936年国学系毕业学生名单

姓名	性别	别字	籍贯	系	毕业时间	履历
林名均	男	则原	资中	国学系	一九三三	华大博物馆
万体淳	男	里程	资阳	国学系		德阳县政府永久资阳福音堂
冯履中	男		华阳	国学系		
岳宝琪	女		巴县	国学系		成都东华门街博济医院（华西后坝）
郑平樟	女	汝砺	泸县	国学系		成都三圣街明德女校
胡尚莹	男	季华	简阳	国学系	一九三四	资中县立女中学
刘华燎	男	直正	古宋	国学系		古宋邮局转
徐兆祥	男		资阳	国学系	一九三五	璧山淑德女中
刘向荣	男		资阳	国学系		茂县县政府
刘仲山	男	承昆	安岳	国学系		荣县福音堂
何光澄	男	濬元	潼南	国学系		遂宁精一中学
周士怡	男		彭县	国学系		犀浦福音堂
谢紫东	男		简阳	国学系		
潘长河	男		荣昌	国学系	一九三六	嘉定税务局
刘霁晴	男		铜梁	国学系		大同成城两中学
彭秀含	男		黔江	国学系		黔江邮政局
赵鸿	男		阆中	国学系		茶店子四川省政府秘书处
李彦	男		南充	国学系		
尚晋阶	男	惜凡	黔江	国学系		黔江邮政局
欧阳枢北	男		忠县	国学系		西康省政府
颜尚琨	男		安岳	国学系		
曾朝华	男		华阳	国学系		

续表

姓名	性别	别字	籍贯	系	毕业时间	履历
唐明弟	男		成都	国学系		
曾应台	男		永川	国学系		

（私立华西协合大学编：《私立华西协合大学一览（1941—1942）》，私立华西协合大学，1942 年，第 111—121 页）

△　北平私立中国学院国学系毕业学生名单。

牛世玺，河北曲阳；李树清，辽宁辽阳；王庚绪，山东广饶；孙鉴秋，山东东平，女；郑振华，江西上饶；鲁方明，山东日照。

（《北平私立中国学院1936年度毕业证书》，北京市档案馆藏，档案号J135-001-00017）

1937年（民国二十六年 丁丑）

1月1日 李源澄《论学》杂志创刊，以研究国学为职志，"欢迎投稿，但以关于国学之论文及书评为限。"

章太炎去世后，李源澄决意赴无锡国学专修学校任教，朱希祖颇为不满，"李某者，旧为廖季平学生，师母苦留之而不允，颇傲慢，云所撰挽联亦颇落空，如'方死方生，方生方死'等句，于先师有何关涉，此等狂妄人，甚希睹也，为之不怡者久之"。（《朱希祖日记》中册，第668页）李源澄创办《论学》，批评学术界的四种世俗之说及其弊端，试图另树新风，提倡不逞私智，无事门户之争，为学当真积力久，期望"与同道之士，互相勉励，以文会友"。《论学》发刊辞：

> 尊经法圣者家有之，而知味者鲜焉。不求于理，则其言诬，不通异家，则其言固，好名之过，强所不能，而游谈生。畏于清议，不本诚素，而矫伪起。虽愈于野，亦甚无慢。光复以来，一反其所为，末俗浮薄，动好新异，世道交丧，舍己徇人，名利之归，靡然向风矣。好为奇觚，语靡期验，其流为

妄，便辞巧说，孤证是从，其流为凿，舍大务细，捷径窘步，则失于僻碎，不由礼宪，罔恤清议，卒为无忌惮之小人，所失不同，无忠信则一，欲祛其弊，其必出于忠信矣。乐于所学，而不用其私智，择善而从，而无事于门户之争，真积力久，而不期于必成。无所往而不用其忠信，斯三者所以立其本也。……学贵心得可也，必期于创获不可也，心得固不囿于创获。世竞发明，而怪说滋起，一言不智，诒祸靡穷，此宜戒者一。世俗之为说者曰：学问平等，经史与稗书杂说无有重轻，此亦大惑也。学者治学，勤劳功楛。治经史与治余学，时若相同，然一国文化自有根本枝叶。学者治学，亦有先后缓急，不可诬也。学不可局于用，亦不可舍用而言学，植其根本而茂其枝叶则交荣，繁其枝叶而涸其根本则两伤，不学之徒，以康庄为人所共由，而自窜于荆棘，据僻书杂史为秘宝，挟新出古物为奇货，粗者止于骨董，精者不出补遗，而踌躇满志，以为舍此别无学问，盲目之人，翕然和之，正史正经，谁与读者，此宜戒者二。世俗之为说者曰：学问行谊，本为二事，此言似是而非。学问固不必尽切于身心，身心则必资学问以为培养，所学不出于五经四子，诚非多识蓄德之义。若终岁伏案，闭卷一无受用，亦非所宜，甚者丧心病狂，以修身践言为理学诸儒所有事，自夷于禽兽而不觉，学术机关昌言排斥国故观念，忘其国性而不耻，无怪禽兽游于黉序，汉奸立于庙堂，何以为人，何以为国，此宜戒者三。世俗之为说者曰：中国学术，笼统混沌，西人析理精微，不可不采其方法，此言无过，而流弊不胜，前史论南北朝经术曰：南人简约，得其英华；北学支芜，穷其枝叶。持此论中西学术方法，亦大略近是。治国学者，固宜借人之长，亦当自护其善。乃今日学风，徒知收集排比，不加择别。为文章则太繁，为类书则太简，而融会贯通之作，世不多见，是不能取人之长，反以中人之毒，此宜戒者四。立此三本，戒此四弊，治国学者，可不务乎。本刊揭橥斯义，以为法守，爝火不息，终当燎原，谨愿本此宗旨，与同道之士，互相勉励，以文会友，非托空言。（李源澄：《发刊词》，《论学》，第 1 期，1937 年 1 月 ）

该刊创刊号刊登有伍非百《大小取章句》，陈兆年《形声释例》，李源澄《周秦儒学史论》《新儒学派发微》等，陆丹林评述《论学》杂志，视之为代表中国学术界唯一的去路。

现代中国学术界事实上形成了南北两个系派，这在关心国学的人，每每不禁要问问"南方之强欤？北方之强欤？"平心而论，两者各具优劣，未可任意轩轾，可是近几年来，南方学术界似乎已入于休眠状态，这却是无可讳言的事实，此间虽也有几种所谓"国学"杂志，那着□是拉杂得可□，是名副其实的杂志。再看北方学派的人们，固然不像南方这样空疏固陋，还能保存其所固有的特长，但支离偏僻，确实较从前更甚，这是目前中国学术界的大势，"物极必反"，乃是当然之理，只是没有一个目光远大者开风气之先而已。

《论学》月刊在这种情势之下产生了，它是一个研究国学的专门刊物，编者和执笔诸君似乎都是些埋头读书不大露锋芒的人。他们的主张已经在发刊词中明白告诉了我们，他们不是任何一学派的附庸，而独自树立一个旗帜，有他们独自的立场和见地，指摘他人的短处，却不埋没人的长处，不顽固的守旧，也不盲目的迎新，这种态度和精神，我觉得是中国目前学术界唯一的去路，不仅希望《论学》编者诸君本此精神继续努力，并且希望全国学者共同向这个方向迈进，不要眼看中国学术堕入魔道，误入歧途。事实胜过雄辩，我们读《论学》创刊号所载诸论文如：伍非百之《大小取章句》，陈兆年之《形声释例》，李源澄之《周秦儒学史论》及《新儒学派发微》等篇，足证他们确能言行一致。至于诸文内容之价值，读者自能知之，这里不愿多说了。（陆丹林：《介绍〈论学〉》，《东南日报》，1937年1月30日，第11版）

△　无锡国学专修学校伍非百、谭戒甫、张纯一等人发起孔墨学术讲习会，研讨孔墨学说，发表《孔墨学术讲习会宣言》，反对盲目崇洋媚外。

干宝《晋纪》论曰："朝寡纯德之士，乡乏不二之老。风俗淫僻，耻尚失所。学者以庄老为宗而绌六经，谈者以虚无为辩而贱名检，行身者以放浊为通而狭节信，进仕者以苟得为贵而鄙居正，当官者以望空为高而笑勤恪，是以目三公以萧杌之称，标上议以虚谈之名。刘颂屡言治道，傅咸每纠邪正，皆谓之俗吏；其倚仗虚旷，依阿无心者，皆名重海内。若夫文王日昃不暇食，仲山甫夙夜匪懈者，盖共嗤点以为灰尘而相诟病矣，由是毁誉乱于善恶之实，情慝奔于货欲之途。选者为人择官，官者为身择利，而秉钧当国之士，身兼官以十数。大极其尊，小录其要，机事之失，十恒八九。而世族贵戚者子弟，陵迈超越，不拘资次，悠悠风尘，皆奔竞之士，列官千百，无让贤之举。子真著《崇让》而莫之省，子雅制《九班》而不得用，长虞数直笔而不能纠。其妇女庄栉织纴，皆取成于婢仆，未尝知女工丝枲之业，中馈酒食之事也。先时而婚，任情而动，故皆不耻淫逸之过，不拘妒忌之恶；有逆于舅姑，有反易刚柔，有杀戮妾媵，有黩乱上下，父兄弗之罪也，天下莫之非也，又况责之闻四教于古，修贞顺于今，以辅佐君子者哉！"痛哉言乎！吾每读书至此，未尝不掩卷太息也。晋以风教陵迟之故，蛮夷猾夏，寇贼奸宄，河洛为墟，腥膻陆沉者，且三百年，今四邻交侵中国之不绝者如线，而吾政教民德，比诸两晋，孰优孰劣，似未易言。炎黄帝胄，提封万里，一旦见厄异类，俯首作俎上肉，禾黍之悲，新亭之哭，殆不免矣。迩来忧时之彦，悼伤国是，远罪清儒，而近非西学，其言诚不能无过，然顾黄王颜，尊德行而道问学，即西人开物成务，制器利用，亦有足多者，徒以清代文网苛密，学者趋于考古，乾嘉以后，流风所被，几不知文之外，尚有何事。清末丧师辱国，割地赔款，武力之不竞，又奔命于科学。浅见之徒，鄙弃国故，敝屣仁义，所学固不窥西人之皮毛，而惟以此相高，裨贩是务，韪译是矜，甚者丧心病狂，谓他人父，几欲毛发皮肤之是肖，恨不隆准深目蜷发皙革也。夫学有所长，必有所短，譬若耳目口鼻，各有所明，皆可为用，使之相摄则害；尊宠太过，则有媚佞之心，应之（知）天下皆知美之为美，斯恶矣，皆知善之为善，斯不善矣。群愚奔竞，失其本真；始作俑者，亦莫之能挽。凡一民族之能生长于寰中，必有其固有之文化，道德文字，语言风俗，皆所以凝聚之而长养之，故列强灭人之国，必先绝其历史文字，变其习惯风俗。借镜异域，则十九世纪诸国之复兴，皆以民族文化为之先导，德意志、意大利其尤著者。反观吾族，隋唐之于齐魏，明代之于朔元，卒能同化之。清之末造，豪杰之士，起而排满，当时感人最深者，无若明末诸老之遗翰，蕴之最深，故发之若飙举耳。今国危矣，事亟矣，仅存者惟名与器，上之人安可不以文陆之心为心，下之人安可不以顾王之志为志哉？不幸而亡，人心不死，庶几尚有复兴之一日，幸而得存。国于天地，必有与立。《易》曰："其亡其亡，系于苞桑"，此之谓也。远观犹太，近悲印度，哀我人斯，胡憯莫惩。《中庸》曰："聪明睿智，足以有临；宽裕温柔，足以有容；发强刚毅，足以有执；齐庄中正，足以有敬；文理密察，足以有别。"我先民族之精神如此，子孙不肖，坠其家声，比之新兴之邻，方有愧色；以视欧美发扬蹈厉、宰物戡天，区以殊矣。虽然，于作人之道，则有一日之长。中山先生有云：保存固有道德智识，迎头赶上世界科学。圣人复起，不易斯言。顾中国所固有者何物乎？《易》曰："有天道焉，有地道焉，有人道焉。"又曰："立天之道，曰阴与阳；立地之道，曰柔与刚；立人之道，曰仁与义。"夫世界之学术虽多，要不外此三物：假象立宗，天之道也；厚生利用，地之道也；淑世善群，人之道也。洪荒以前，邈矣远矣，神鬼神帝，生天生地，其迹若存，无征不信。启明以后，开物成务，水火金木，洪范以陈。然人事既缓，机心遂画，此中国宗教与科学不进之前征也。限于天时，局于地齐，今古殊情，又何慊焉？惟人事则演变繁复，质文屡更，蜕化循化，独善善群，庶乎立人之极，参天地，赞化育，亘百世而不惑，质万类而同情者也。号曰中华，休哉无愧！自羲黄启其机，尧舜敷其教，禹汤究其功，迄周文武周公而大成。官失其守，学在士夫，道法儒墨，并兴于世，其执宰不同，其旨归则一。一者何？曰立人之极也。法家惟公，整齐划一，足食足兵，铸民以信。执大象，天下往，然导之政，齐之以刑，民免而无耻焉。道家玄言，义深思远，有之以为利，无之以为用。常持三宝，善利万物，惟不善师学，则往往静懆相伺，流为阴符；齐物大通，恣为狂放；知白守黑，遁于枯寂；曲全犯生，甘为鄙吝，故一于法则害仁，一于道则伤义，皆非吾民族今日所宜务惟。孔墨征实，极高明而道中庸，有修齐治平之术，有格致诚正之功，在上则美政，在下则美俗。匹夫匹妇得其一言，师其一端，终身由之，可以弗畔，大小皆得，远近无碍，宜莫切于斯也。吾人不遑救人，姑先自救，发皇斯义，同气相召，尊孔而祧墨，立己而达人。仁以为本，而后知天地之大德，曰生也。义以为权，而后知理财正辞禁民为非也。任重道远，则不可以不宏毅；养气尚志，则不可以不知耻。敬事而信，节用非命，博学于文，约之以礼，凡兹数者，相约共守。若夫平章学术，张遑幽渺，上道下器，宏中肆外，非曰能之，固不敢不勉尔。或曰：儒墨是非，数千年于兹矣，如冰炭之不可同器，合而为之，岂徒失真，将恐迷罔而无所归也。应之曰：斯事体大，非片言可能折狱，要不可不明其概。儒墨之同异，一事也；吾人兼取儒墨，又一事也。稽古以求是为归，致用以适时为极，明故征实，岂惟儒墨不可混，即孟荀亦当分别论之。若夫斟酌时宜，择务从事，惟变所适而已，岂有一定之格哉？玄尊之贵而酒醴之用，祭则尚玄尊，饮则贵酒醴也。以儒墨之是非而论，墨之非儒，儒之非墨，合二家以观，殆皆有毁誉过情之嫌。至如墨子非儒，孟子拒墨，精而析之，岂窅无所非诽，实则转相师承。盖儒家起于述古，而墨家激于救时也。易世之后，平情论断，皆古圣人也。吾属未能有学焉，则滋愧矣。当夫周德既衰，王霸政熄，孔墨接踵，阐教东鲁，流风所被，遍于禹域。当时称道术者，必曰孔墨，非仅显学，亦极人师。《韩非子》曰：儒之所至，孔丘也；墨之所至，墨翟也。《尸子》曰：孔子贵公，墨子贵兼，其实一也。《吕氏春秋》曰：孔墨弟子皆以仁义之术，教导于天下。贾谊曰：非有仲尼墨翟之贤。历观周汉之书，孔墨，儒墨对举者，凡百余条，比而同之，又何疑乎？况乎墨修孔术，史有明征，末流虽殊，渊源则一。此二圣者，皆吾中华数千年学术之正宗，文化之嫡系而炎黄世胄所托命者也。其心则同为尧舜之心，其术则俱为仁义之术。其所谓道，则非天之道，非地之道，而人之道也。为人立极者，不可不以孔墨为归。嗟夫，世衰道微，邪说又作，谁挽流狂，吾其与之。松柏后凋于岁寒，鸡鸣不已于风雨，乐道之士，盍兴乎来？恐鶗鴂之先鸣，使百草为之不芳也。（伍非百：《孔墨学术讲习会宣言》，《论学》，第 1 期，1937 年 1 月）

1月3日　船山学社开1936年下期社课委员会。

社课委员萧仲祁、胡子清、王寿慈、陶思曾、陈嘉会、黄巩、颜昌峣、周逸出席。主席周逸，报告事项："主任委员周逸报告，今日开二十五年下期社课揭晓会，黄社长昌年已将课卷评阅完竣，函送到社。提议事项：主任委员周逸提议，将课卷传观，请决定等第案，议决，照社长评定优劣，以分等第。"（赵启霖著，施明、刘志盛整理：《赵瀞园集》，第441页）

1月6日　中国国学会在南阳路治中女中，召开上海分会成立大会，胡朴安、钱承绪、金子才、金侣琴、王巨川、李午云、李续川、何震亚、李瑞华、陈乃文、包天笑、范烟桥、张中楹、陈乃乾、姚石子、金寿仁、王琪、杜钢百、朱劬之、陈少平、胡省斋、林涵斋等出席。总会方面金松岑、金东雷到会，公推胡朴安为主席。后改选干事，讨论会务进行，并另组编辑委员会，每逢星期三在《民报》上发行《读书周刊》。晚间举行第一次聚餐会，新会员高潜子等二十余人加入。（《中国国学会上海分会成立》，《申报》，1937年1月8日，第3张第9版）

同日，《读书周刊》创刊，胡朴安为主编，金侣琴、陈乃乾、金子才、刘芗亭为编辑委员。（《国学会上海分会发刊读书周刊》，《申报》，1936年12月29日，第3张第11版）胡朴安撰写《发刊辞》：

在国难严重当中，同人等发行《读书周刊》，似乎急人之所缓，况且同人等所读之书，多属于中国的一方面，似乎更非现代所需要，但是积了许多年的经验，皆公认中国惟一的出路，只有"自力更生"。自力者，自己的知力、自己的德力、自己的体力；更生者，发挥自己的知力、自己的德力、自己的体力，绝不依赖他人，始是更生之路。此三种力量，除体力外，知力、德力，无不从读书中而来。中国书于知力无若干之裨益，于德力有巨大之贡献。德力者，人格之修养力也。"人格"为"民族"的基础，养成中华民族之人格，当于中国书中求之。

所以《读书周刊》之发行，有两个重大的意义，在学术一方面，发扬民族的道德，在文章一方面，振起民族的精神。此两个意义，绝不是在外来之学术文章中，可以能得到的。同人绝对不是复古者，但觉得古书中有许多不可易的原理原则，至今日尚足为吾人作人之标准；同人绝对不是存文者，但觉得有许多缠绵悱恻之性情文章、慷慨激昂之气节文章，至今日读之，犹足使人兴起。同人只知爱国，而可宝贵之学术。可宝贵之文章，与国的关系有四千年之久，决不能一旦恝然舍弃。况同人等悉是自来读中国书者，就同人等本位上努力，亦只有努力中国学术文章之整理与发扬，则《读书周刊》之发行，亦是同人等责任上所不容已之一事。

《读书周刊》之内容，一方面为青年之指导，一方面为自己之研究。同人极知今日之青年，应当多收吸现代之新知识，绝无余力多读中国书，但是中国固有之道德，为作人之基础者，被一般人加以"腐坏""退化"等名词，遂为无意识之弃放。同人非谓中国固有的道德，高于世界一切的道德，惟是经数千年历史之养成，已成为民族的习惯性。既是中国人，昧于中国民族的习惯，此万不可者。同人等正以青年无余力读中国书，了解中国民族习惯性，故以理解的指导，使一般青年，成为现代的中国青年。至于自己之研究，其范围颇广，大之忠孝信义仁爱和平之旧道德，礼义廉耻之新生活；小之文字声音训诂名物之考据，诗辞歌赋词曲之文章，苟有所疑，则彼此相商，苟有所得，则彼此互证，立于现代之地位，整理或发扬中国之学术与文章，于学术为"有分析、有统绪的"纪述，不为自己狂妄过分的宣传；于文章，为"有性情、有气节的"作品，不供他人茶余酒后的谈助。

同人等发行《读书周刊》最重要的意思，就是自己本位努力，凡是一个人，对于国家，对于社会，至少须有一种贡献，中国数千年之学术文章，养成四万万五千万人民之习惯，则是中国之学术文章，实为中国民族道德民族精神之所在。同人等若真能为中国学文章之贡献，则为同人等莫大荣幸之责任，但恨同人等学力浅薄，负不起此种重大责任，不能整理发扬于万一，而孜孜不倦之努力，即此万一之整理与发扬，就是同人等对于国家对于社会贡献之一点。所以同人等认为《读书周刊》，并非急人之所缓，周刊内纪载多属于读中国书，亦并非现代所不需要。同人等不是读死书者，但亦不是死不读书者，此《读书周刊》之所以发行也。（胡朴安：《发刊辞》，《民报》，1937年1月6日，第3张第1版）

1月10日 无锡国学专修学校安徽同学学术研究社编辑的《皖风》创刊号出版。

魏守谟《发刊词》：

吾皖古多积学之士。举其近者，自江永戴震而下，无虑数

十人。核名实，能断制，非华士所得而假借。彼数君子明于庶
物，慑于建奴之淫威，不得发舒其才以辅世，故一志稽古以免
于文网，而其情亦稍稍可睹焉。今政治偷窳，国学式微，吾皖
人当起而讲求致用之学，以竟乡贤未竟之业，而无以章句之学
为矣。即为章句之学，亦必不失前贤矩矱，而后可无愧矣。皖
中来学国专诸同学，于是有季刊之作，冀以收切磋之益，余喜
得观其成焉！（魏守谟：《发刊词》，《皖风》，创刊号，1937年1月）

编者申明同乡魏建猷先生勉励学社继承先贤，无骛章句，"这倒
使我们又十二分的惭愧"，"因为我们下边的内容，是以交换知识，介
绍乡邦风土，人情，给大家留个纪念为宗旨。所以中间也就以语体文
为普遍，这不要说讲不到'继承前修'连研究章句也好像没有；纵然
有，也许拿到本校月刊上去发表了吧？这一点似乎值得要声明的"。

表12为无锡国学专修学校安徽同学学术研究社社员通讯录。

表12　社员通讯录

姓名	别号	年龄	籍贯	通讯处
丁逸尘		二十四	合肥	舒城薛家巷段宅转
王国璠	秋萍	十九	舒城	舒城中学校
王富春		十八	怀宁	安庆任家坡五十八处
王谟明		二十	合肥	芜湖转忠庙长临河协泰德号交
阮治安	策	二十	无为	芜湖转凤凰颈阮恒丰木号
朱茂珍	松影	二十三	泾县	苏州张果老巷二号
朱长乐		二十三	灵璧	睢宁县卓家圩邮转高圩

续表

姓名	别号	年龄	籍贯	通讯处
李醉芳		二十四	无为	芜湖上土桥转湖陇镇
吴常寿		十八	合肥	芜湖西南城根十八号
吴常熊	叔祥	十八	合肥	芜湖西南城根十八号
周本瑞		二十	合肥	芜湖北门外牛车巷十三号
胡臻禄	耕之	十九	巢县	南京秤它巷五号
俞禧	经天	二十一	婺源	江都仙女庙商会巷九号
徐占魁	雪窗	二十二	怀宁	安庆西城外板井巷八十七号徐愚安堂
陈树安		二十	太平	南京王府园玲珑无线电研究社转
倪裕襄	石梅	十九	盱眙	盱眙山上东门口倪家巷
唐宗辉	笑我	二十	宣城	芜湖水阳镇陶恒元号转
陶荫淇	近水	二十	巢县	巢县小东门街二十六号
黄焯然	治平	二十三	南陵	芜湖转南陵县麒麟桥镇
黄时英	卓琼	二十四	合肥	合肥城内西门大街西段联保办事处
崔之雯		十九	太平	芜湖北门内街八号
程度	石民	二十一	绩溪	南京白下路王芳斋转
万长源		二十二	凤阳	宝应痘神庙街
万长洪		二十	凤阳	宝应痘神庙街
叶子干		二十二	芜湖	芜湖寺码头阜康里七号
邓戛鸣	玉	二十二	合肥	合肥廖巷
鲍传简	铸青	二十	和县	宝应堂子巷二十六号
钱曾瑞	露茜	二十	巢县	巢县东河街
颜景华		二十	芜湖	芜湖河南库子街十七号
戴双倩	心裁	二十	盱眙	南京古钵营八号
魏恒葆		二十四	芜湖	苏州醋库巷二号

（《社员通讯录》,《皖风》,创刊号,1937年1月）

△　天津国学研究社公布第七次测试试题。

《诗经》（郑菊如先生出，任作一题）：读《甘棠》；"击鼓其镗，踊跃用兵。土国城漕，我独南行"。

《易经》（孟照方先生出，任作一题）："节以制度，不伤财，不害民"说；"不恒其德，或承之羞"义。

《礼记》（裴会川先生出）：朋友不信非孝也。

《春秋左传》（前题裴会川先生出，后题王启忱先生出，全作平均计分）：管仲论；"栾武子从知、范、韩之谏"说。

《论语》（李社长出）：子曰：自行束脩以上，吾未尝无诲焉。

《孟子》（靳溥卿先生出）：老吾老，以及人之老；幼吾幼，以及人之幼；天下可运于掌。《诗》云：刑于寡妻，至于兄弟，以御于家邦。言举斯心加诸彼而已。故推恩足以保四海，不推恩无以保妻子。古之人所以大过人者，无他焉，善推其所为而已矣。

《中庸》（井静波先生出）：故为政在人取人以身。

《说文》（陈慰苍先生出，全作），程邈隶书论：（一）"正从一，一以止"，试他字旁证之；（二）暴、本二篆，形义各殊，今何以混而为一，能详说欤；（三）"洗、沐、盥、浴"是否各有专义；（四）左桓六年传："命之曰同"，则名者，父所命也。许君何以训自命；（五）夂、夊、夂三字，其义如何；（六）"癹"字下引《春秋传》曰："癹夷蕴崇之"，今《传》何以讹为芟；（七）此与兹、斯义同，乃《尚书》用兹，《论语》用斯，孟子用此，其故安在；（八）"龠"训"乐之竹管"，《玉篇》"竹"作"所"，以何义为长？"龠"合"樂（龠）"，古有别钞?

《尔雅》（王纬辰先生出，任作一题）:《尔雅》所释分为几类，试略言之;"畯，农夫也"义。

《庄子》（吴杰民先生出，全作）: 书《庄子内篇》后;《庄子胠箧秋水》二篇斠。

音韵（吴杰民先生出，全作）: 论清代与近代治古释声学之成绩;读《半舌音古读考》书后。

诗学（张芗晖先生出，全作，不拘体韵）: 冬郊远眺;围炉杂咏。（《天津国学研究社第七次测验试题》,《大中时报》, 1937年1月10日，第2张第5版）

1月12日　舆论报道宋哲元拟在天坛建造碑林，罗致名人文字。

宋明轩委员长儒将风流、雍容裦带，自主政冀察以来，海宇晏清，民有讴歌。近鉴于国粹日丧，旧学沦亡。爰发起征集海内文学名家，著作鸿文，书成正草隶篆文体，倩名工刻石，建立碑林于天坛圜丘，俾人民观摩兴感，并以昭垂后世，用意良善，各方咸表赞佩。近由朱太傅刘殿撰诸公，代为启事征集，宋公并委托名孝廉潘燕生处长董其事。潘公道德文章，一时推重，近更谢绝政事，专心提倡国故文学，奉命以来，日夜筹维，悉心规画，更恐宿儒耆旧，散处四方，不及一一罗致。故在各报刊载启事，竭力搜求，如有愿赞助斯举者，经函北平铁狮子胡同进德社内时人文字刻石筹备处接洽可也。（大风:《宋委员长提倡国粹》,《天风报》, 1937年1月12日，第3版）

1月18日　县党部批示许可无锡国学会，并令改名无锡国学研究会。（《无锡国学研究会大事记》，《国学界》，第1期，1937年5月15日）

1月19日　无锡国学研究会成立。

陈其昌等鉴于当今国学之衰落，无锡缺乏文化团体，为了适应社会需要起见，创办无锡国学研究会，于1937年1月19日上午，假座国学专修馆大礼堂举行成立大会。在会上选出陈其昌为正会长，下设总务、出版、研究三部。积极进行聘请会董及征求会员，以求发展会务。（《文报》，1937年1月26日；《组国学会》，上海《大公报》，1937年1月21日，第10版）无锡国学会在无锡国专大礼堂举行成立大会，选吴嘉愚为正会长，陈寄畅为副会长，虞斌麟为总务部主任，唐志轩为研究部主任，陈新猷为出版部主任，并通过会章。"即日县政府批示转呈教育局备案。"（《无锡国学研究会大事记》，《国学界》，第1期，1937年5月15日）

1月23日　中华国学社针对西安事变，发表宣言。

径启者，全国各报馆转全国各机关各团体钧鉴，顷上中央执行委员会国民政府一电文曰，呈为吁请迅下明令，讨伐叛逆，以完成统一，而巩固国本事。窃维陕变突起，薄海同愤。委座回京，举国腾欢。方以中枢主持宽大，处置适当，宜可感化凶顽，消弭乱逆。讵料张学良虽束身归罪，责以将功自赎，殊未足恃。日内杨虎城，于学忠等，胆敢率其部队，勾合……，反抗中央大命，形同割据，罪大恶极，莫此为甚。今我民国复兴，统一甫成，而陕变横来遽予破坏，此其破坏统一之大罪者一。西北为吾国民族发源之地，伏羲黄帝周秦汉晋隋唐列祖列宗，陵墓所在，神皋陬区，岂容……横流，此其破坏国本之大罪者二。亟应吁请中央，迅颁讨伐明令，大兵扫荡叛逆，翦除凶恶，以完成统一，而巩固国本。民国万岁，国民幸甚等语，敬祈一致声讨，共伸正义，敝会誓为后盾。中华国学社养叩。（《各团体讨逆电·中华国学社电》，《中央日报》，1937年1月23日，第4版）

1月25日 中国国学会沪分会召开干事会。

中国国学会上海分会在香港路银行公会举行首次干事会议，"互选金子才为总干事，胡朴安、金侣琴为副总干事，陈乃文任会计，王巨川、范烟桥任庶务，李续川、李瑞华任文书，并讨论《读书周刊》优待会员办法，由胡朴安与民报馆商定，凡会员定阅《民报》，均以六折优待"。（《中国国学会沪分会干事会》，《申报》，1937年1月27日，第3张第10版）

1月27日 中国哲学会年会闭幕，大会决议：（一）请教育部增加哲学课程，并令国立大学一律添设国学系；（二）编译哲学大辞书；（三）请中央研究院增设哲学研究所。（《中国哲学会年会昨闭幕，请教部令大学添国学系，请中研院设哲学研究所，下届会明夏在广州举行》，上海《大公报》，1937年1月28日，第1张第4版）

1月30日 《申报》刊登《国学讲话》《国学指导》等书籍广告。

《国学讲话》王缁尘著，实价六角，特价四角二分（寄费挂号一角三分）。本书编制：分国学总论、经学、文学、史学五编，立论公正明澈，引证精审确凿，末附张之洞《书目答问》，以供浏览。为研究国学者唯一捷径。

《国学指导》薛思明编，实价二角五分，特价一角八分（寄费挂号一角一分），本书分经学、小学、史学、哲学、文学五大类，内述国学之基本纲要，有画龙点睛之神，为研究国学者之忠实向导。世界书局。(《世界书局特价新书》，《申报》，1937 年1 月 30 日，第 3 版）

△　苏州国学会《卫星》月刊创刊，范烟桥、陈丹崖为编辑。同年七月停刊。

《卫星》月刊以学术为中心，以时代为对象，"不尚浮烟浪墨，深浅合度"，"文体则新旧兼包，资料则经史文艺并重，最适宜于普通人士及高中大学生之阅览，可由此窥国学之堂奥"。金天翮撰《卫星》发刊宣言：

> 梅花香里，箫鼓声中，庆祝新历之元辰。及夕，与客饮酒楼。举杯邀月，见冰轮团团，出自东方而入于西方也。不禁睪然思曰：是月也，非所谓独往而独来者耶？人之立品也，治学也，处世也，能不受环境之牵制，独往而独来者似此月耶？曰不然。月之行焉，若无与伴也。既无与伴，则往而不来也，其可乎？往而必来，来而必往，月亦自有其环境矣。有其境焉，斯有其环焉。天秉阳，垂日星；地秉阴，布五行于四时，和而后月生焉（此《礼运》文）。月焉者，地之卫也。君之不能无相也；相之不能无百执事也；将之不能无佐也；皋比之师之不能无都讲也；通都名城之不能无郭也；凡以为卫也。五声之不

能无鼓也；五味之餐之不能无酒浆也；五都之市不能无招也。
悬法于象魏，使民知政治之要也。著目于录，使人知兰台石室
所藏之书之富也。是亦一卫也。中国国学会，创立迄今，跨
五祀矣。会员著述之渊海，曰《国学论衡》，名声彰彻于当世，
而能卒读者盖鲜。以为是曲高而和者寡也，所谓独往而独来者
非与。虽然，使长此而寡和焉，非学术界之美事也。譬登九成
之台，其有阶乎；跻七级之浮屠，其有梯乎。于是相与为卫星
之组织，以为是《论衡》之鼗铎也。而《论衡》者，又国学会
之喉舌也。譬之三光，其交相承乎。《卫星》云者，名则新矣，
而义则古也。世不乏爱读者，其一寓目焉可耳。（金天翮：《卫星
发刊宣言》，《卫星》，第1卷第1期，1937年1月30日）

△　杨践形发表《从卫星说到易学与国学》，称国学渊源，经
史与圣功皆在易学之原理。

考国学家以二十八舍为经星，五纬为纬星；科学家则以
日与经星为恒星，地与纬星为行星，而月为卫星。然则卫星
之名，取诸月象，即取诸《周易》也。离为日，日是宗阳之
尊曜，国学总会似之；坎为月，月为大地之卫星，国学分会
似之。汉易纳甲，以月之晦朔弦望说明先天定象，尤是为卫
星强有力之征。孔子赞《易系传》云："悬象著明，莫大乎日
月。"许氏《说文》引《秘书》"日月为易"。先天卦，离东坎
西，并列成明，此孔易"日月贞明"之象；后天卦，离上坎
下，相承成易，此《说文》日月为易之象。是坎离二用，所以

周流六虚，而为先后天卦象交变之枢机也。交变图凡四式，第一式先天定象，即原图，是谓周虽旧邦；第二式，即第一式移动巽卦，是谓"初变移风"；第三式，即第二式移动坤卦，是谓"再变易俗"，汉易，坤为俗，巽为风也；第四式，仍即第三式，是谓其命维新。初变移风者，齐一变至于鲁；再变易俗者，鲁一变至于道也。其法易简，其理明确，其说醇正，毫不杂小道术数之谈，此践形三十年来寝馈学《易》之心得，亦六种发明之一也。移风易俗，乃正革故鼎新之象，拨乱反正之功。修己在兹，安人亦在兹；进德在兹，淑世亦在兹，此义文周孔列圣传心之法，三代而下，知者无人。惟宋之程朱，明之阳明，清之曾罗，则皆具体而微，是谓新儒之理学。圣功正[在]此，经史在此，国学之渊源无亦在此，而践形个性所近亦全在此，故于《周易》、小学外，兼攻老庄荀墨。夫庄非道家，实反老学。自杏坛撤教，七十子之徒几遍神州。世人悲颜回早夭，而不知陋巷之乐，独传庄周；孔子叹禹无间然，而其教行于墨翟；孔子删诗正乐，导德齐礼，而荀况特跻其峰；孔子谦仁，孟子乃大倡仁义。盖荀子得雅言之趣，而孟子阐罕言之微也。孔子赞《易》，韦编三绝，其最大之发明有二，一曰继善成性之道，《孟子》七篇宗之；二曰《太极图》中之旨，《庄子》内七篇发之。说者谓孟庄之学，内圣外王，一体一用，同得孔《易》之心传。惟或造晋唐逸民之高趣，或开宋明理学之圣功，有不同耳。或谓荀子明孔门小康之法，固是。又谓孟子畅《礼运》大同之旨，则非。盖不知大同学说，传之墨子，而孟子乃《礼运》大顺之道也，相去一间，乌可不辩。昔精研庄墨，然后乃知孟荀庄墨。犹之禹稷颜回，易地则皆然也。故虽同属孔门之支裔，而孟庄高超，荀墨卓苦，此天才之不同也。孟主兼济，而庄主独善；荀主经国，而墨主平民，此学诣之不同也，而同有淑世之苦心，则其志一也。墨子之兼爱大同也，韩愈之博爱大顺也（唐代无儒，韩文为唯一儒家，《原道》《原毁》二篇直接孟子薪传，实程朱之前驱），而皆即孔子之泛爱也，其胞与之量，仁民爱物之心，无不同也。（杨践形：《从卫星说到易学与国学》，《卫星》，第1卷第1期，1937年1月30日）

1月 国民党中央党部核准中国国学会章程。

第一章 总纲

第一条：本会定名为中国国学会，简称国学会。第二条：本会以励进国有文化、发扬民族精神为宗旨。第三条：本会会址设定于江苏省吴县治之苏州。第四条：本会依《文化团体组织大纲》组织之。

第二章 会员

第五条：凡中华民国人民年满二十岁以上，对于国学有相当研究及兴趣与夫热心赞助者，由本会会员三人以上之绍介，经审查合格者为本会会员。入会应填具入会志愿书，载明姓名、字号、性别、年龄、籍贯，并由本人及介绍人签名盖章。第六条：外国人于中国国学有研究之兴趣者，本会得授予为荣誉会员。第七条：凡有左列情事之一者不得为本会会员：一、有《文化团体组织大纲》第五条各款规定之一者。二、主张废除中国文字者。第八条：会员应遵守会律，关于非本会之会外行动，不得以本会名义行使之。第九条：会员非以重大事故向本会提出理由，经理事会议决准许退会者，不得出会。会员有违反会律或有损会益时，得由理事会酌其情节轻重，予以适当之处分，或提交会员大会，取销其会员资格。

第三章　发起及成立

第十条：本会以五十人为发起人。发起人为本会当然会员。前项发起人至本会成立大会日止取消其名义。第十一条：本会以征集会员满一百人以上时开成立大会，成立大会应有会员总额出席十分之一以上为法定足额人数。第十二条：本会成立应呈请中央党部核准后，呈报行政院教育部立案。

第四章　组织及职权

第十三条：本会以全体会员组织之。第十四条：本会设理事会，以理事二十五人组织之。理事由会员大会选举之。理事互推常务理事七人。第十五条：本会设经学、史学、文学、哲学、艺术各研究组，各置干事若干人，由理事会选任之，分理各组研究事务。第十六条：本会设编审委员会、出版委员会、审计委员会、会员资格审查委员会，各置委员五人至七人，由理事会提出名单，经会员大会通过之。前项委员会各置主席委员一人，由委员互选之。第十七条：理事委员任期为三年，连选得连任；干事之任期由理事会议定之。第十八条：理事之去职应向会员大会为辞职之声明；委员干事之辞职向理事会为之。第十九条：理事遇有缺额时，应由次届会员大会补选之；委员缺额时，得由理事会遴选代理提出，次届会员大会追认之；干事之缺额，由理事会选任补充之。第二十条：理事会之职权如左。一、励进本会会务事项。二、执行大会议决事项。三、调整本会经济计划及收支会计事项。四、文书收发事项。五、保管文卷图籍章记事项。六、厘订讲学事项。七、召集会员大会事项。八、推定委员人选事项。九、选任干事事项。十、覆核分会事务所申报事项。十一、其他属于理事会设计之事项。第二十一条：编审委员会处理本会一应编审事宜。第二十二条：出版委员会处理本会各项刊籍之印刷发行推广事宜。第二十三条：审计委员会审定本会及分会事务所经费及稽核一应收支适合事宜。第二十四条：会员资格审查委员会审查会员入会资格事宜。第二十五条：本会职员均为无给职。第二十六条：本会职员得兼任。第二十七条：理事会委员会办事细则另订之。第二十八条：各省市遇会员满五十人以上时得设立分会，定名为中国国学会某某分会；遇会员满二十五人以上时得设立事务所，定名为中国国学会某某事务所。前项分会事务所章程另订之。

第五章　事业

第二十九条：本会办理下列各款之事业：一、出版会刊及专籍。二、延聘讲师演讲学题。三、介绍国内外学术。四、流通专门著述。第三十条：本会联络国内公私立大学学院图书馆，或设有中国国学讲座，或专门部之外国大学学院图书馆及有关之文化团体为国有文化发展之互助。第三十一条：本会以时机之需要得设立学院，举办教育事业。

第六章　经费

第三十二条：本会以会员之会费为经费。第三十三条：会员年纳会费国币四元，得按季分缴或并纳之。第三十四条：本会应事业之需要得征集基金。前项基金得向非会员征集之。

第七章 会议

第三十五条：本会每年开会员大会一次，为年会，于春季举行，由理事会定期召集之。第三十六条：年会应议之事项如左：一、关于事业之设计。二、关于预算决算之决定。三、关于重要文卷之审核。四、关于理事会报告之追认。五、选举理事。六、通过委员人选。七、理事会及会员之提议。八、其他应决之问题。第三十七条：年会须有出席会员三十人以上方得开会。年会之主席临时推定之。年会之议事以出席人数过半数同意表决之。可否同数，取决于主席。年会得于国内名胜之地举行之。第三十八条：会员之议案应以十五人以上为附议人提出于年会。第三十九条：本会遇必要时，经理事会之议决或会员五分之一以上人数之提议得召集临时大会。临时大会准用年会之规定。第四十条：理事会委员会每月开常会一次，但遇必要时得开临时会。第四十一条：本会因讲学得开定期及不定期之讲学会。

第八章 选举

第四十二条：本会选举以双记名联举方法通讯行之，但因大会临时之议决得为即席选举。

第九章 附则

第四十三条：本章程经成立大会通过，呈请中央党部核准后，呈报行政院教育部立案。第四十四条：本章程有修改时，由会员五分之一以上之提议，经年会或临时大会议决修改之。前项章程之修改应呈请中央党部，核准后，呈报行政院教育部立案。（《中央党部核准中国国学会章程》，《卫星》，第1卷第4期，1937年4月30日）

吴梅记载："接戴亮吉函，云南京国学会，以哲夫、旭初与余为发起人，已呈请党部云云，不胜诧异。""早访旭初，为戴亮吉一函，以余与旭初、哲夫为国学会发起人，实即松岑所授意也。因作函辞之。""午得亮吉书，知国学分会呈文，列名及余，果出松岑之意，因访旭初，如何办法。旭谓且待松函来再说。""早得教育部公文，阅之，知松岑等所发起中国国学会，业蒙部令批准，惟发起人为张一麐、唐文治、陈衍等三人，并无松岑与余名，而部批乃送吾寓，殊令人莫解，姑询松岑可也。"（吴梅：《吴梅日记》，河北教育出版社，2002年，第856—857页，863页）

2月1日 无锡国学会呈无锡县教育局请求立案。（《无锡国学研究会大事记》，《国学界》，第1期，1937年5月15日）

2月4日 光夏中学聘复旦大学教授陈子展为国学常识教员。（《光夏中学聘教职员》，《申报》，1937年2月4日，第3张第11版）

2月5日 无锡国学会聘请滕蕴石、程国琛、华祖祥、陈聘三、华康祖为会董。（《无锡国学研究会大事记》，《国学界》，第1期，1937年5月15日）

2月14日 教育局指令无锡国学会准予备案。（《无锡国学研究会大事记》，《国学界》，第1期，1937年5月15日）

2月15日 湖南省代主席曹典球在扩大总理纪念周讲演"复兴国家民族应实行三民主义，发扬固有的国粹"。

曹典球指出，中国有中国的出路，中国有中国的途径，出路与途径便是三民主义和国粹，这是中国立国强国的根本，"一般人以为发扬国粹即是右倾，将与腐化分子冶为一炉，这种观念，实为绝大的错误，发扬国粹绝对不是右倾，充其不能容纳腐化分子"，"发扬国粹目的在正人心厚风俗，实可与三民主义并行不悖"。(《复兴国家民族应实行三民主义发扬固有的国粹》，《湖南省政府公报》，第643号，1937年2月22日)

2月19日　金毓黻阅读钱穆《国学概论》，评价该书"分条擘理，执简驭繁，直凑单微，百读不厌"。

金毓黻不认同钱基博对钱穆《国学概论》多所针砭，"以不及文史为不当"，指出"宾四此作，虽名概论，实述中国学术之流转变迁，于一时代主要潮流所在，略加阐发，于其《弁言》中已自述之矣。近人王易撰《国学概论》，亦摈文集不言，盖自学术思想之一义言之，直可谓文学无与于思想，故为诸氏所不乐道。章实斋谓六经皆史，是谈经即为谈史，古人以史籍附于春秋家，不为无见，故于经、子之外别求所谓史学，古人盖无是也。且宾四书中有清代考证学一章，清代钱大昕、全祖望、邵晋涵、王鸣盛、赵翼、章学诚诸氏，皆以治经之方法转而为史学之探讨，考证一辞即可并包，无事专举史学也。钱氏之意既在阐明一时代之主要潮流，则于不甚关重要之文史，不为详述，自非阙略。此非细读其书，不能知也"。(金毓黻：《静晤室日记》第五册，第3976—3977页)

2月20日　辅仁大学筹备国学研究院，为扩充文学系学院的预备。(《辅大拟增设国学研究院，下年度起可招生，该校廿二日开课》，《京报》，1937年2月20日，第7版)

辅仁大学由陈垣、沈兼士、余嘉锡、储皖峰、容肇祖开设必修课程"国学常识"，本课程讲授国学基本常识，由国文、史学两系教授轮流授课。每周二课时，四学分，面向西、哲、经、史、心、美、教、社、国教教授，修习学生数155人。（私立北平辅仁大学编：《私立北平辅仁大学一览（1937）》，私立北平辅仁大学，1937年，第54—55页）

2月21日　因《卫星》杂志登载爱国学社与章太炎的纠纷，章氏国学讲习会提出抗议，要求删除相关内容，引发章氏国学讲习会与中国国学会的争论。

章氏国学讲习会指出，国学会新出刊物《卫星》第一期编辑预告，称下期当刊登《红鹤亭边琐语》，"其材料为爱国学社学生以皮鞋击章太炎先生之颊，作者系当时目睹之一人云云"。据查爱国学社之事是章太炎先生的反对者所叙述，见于《东方杂志》第三十三卷第一号，"其事之虚实姑置不论，唯《卫星》借此以为推销之广告，则侮辱太炎先生实为泰甚"。国学会原本是章太炎先生讲学苏州而组织，"今太炎先生既逝，会中后进即不欲报本反始奉为先师，亦何至入室操戈，攻其前辈。夫生欲以为师死而以为戏国学之徒无行如此，亦只贻学术界之笑辱耳，素仰长者为太炎先生平生挚友，国学会之创设更赖主持，用敢冒昧，诉陈所望"。章氏国学讲习会希望国学会"笃念故旧之交，严斥后生之妄，警告《卫星》编辑之人，俾将下期刊物削去《红鹤亭边琐语》一则，并用书面道歉，庶以为不敬先儒者戒，是否可行，尚希尊裁"。章氏国学讲习会朱希祖、张文澍、汪东、金毓黻、王乘六、孙世扬、诸祖耿、马宗霍、龙沐勋、潘重规、黄焯、潘承弼、郑伟业、钱绍武、徐复、沈延国同启。

金松岑随后发表按语，自称《红鹤亭边琐语》作者，并解释与章太炎先生为患难之交，"迩来虽经事故，踪迹稍疏，然而岁寒三友，直谅相处，犹是三十年前之旧"。《卫星》首期编辑馀言所言，"辩正稚晖所称爱国学社学生以皮鞋击太炎之颊云云，凡头脑清晰之人，当知此琐语乃加以辩正而非为证实或引申之也，其中稍载太炎当时言行，则往往在人心口间，初不系乎琐语不琐语耳"。后听石遗老人劝告，将此稿撤去：

> 至来函所谓不敬先儒者，窃独以为今世所云先儒已有不敬其先儒之成例在，况辩正而以为不敬，则证实与引申之为敬决矣。"馀言"所称当时目睹之人，夫人而知为不佞，而来函谓为操戈入室，又诋之为无行。夫不佞诚不敢以有行自诩，然观该函署名乃有二人，前曾委贽于不佞之门（姑不指出其名），此诚操戈入室无行之称，当止彼之觞而还酢彼矣，凡诸不佞之所涵隐，苟前途不再以非礼相加，则当始终保存忠厚，不暴之于天下也。
>
> （《章氏国学讲习会来函》，《卫星》，第1卷第2期，1937年2月28日）

章氏国学讲习会朱希祖等联名随后答复金松岑先生：

> 借知《红鹤亭边琐语》竟是尊作，甚悔前请之冒昧，如驷马可追不远千里，伏惟尊与太炎先生结交最久。岁寒之盟，兄弟孔怀，琐语苟明署尊撰，其不以侮慢之词，加于所亲，故不待"头脑清晰之人"而知之。若尊谓"告白所称当时目睹之一人，夫人而知为不佞"，此乃近于武断，窃恐知此者希，不仅

敝会数人无闻焉耳，然爱国学社之事琐语为之"辩正"，抑为之"引申证实"，俱非所问。今尊既"徇石遗先生之劝撤去此稿"，具见笃念旧好，听受善言同人等，曷胜钦佩，独《卫星》编者标滑稽之题，尽揶揄之致，其为不敬先儒亦不待"头脑清晰之人"而知之。据先生志语，编者告白原非尊撰，又传闻《卫星》编者陈丹崖、范烟桥二君皆是托名标帜，用敢仍请查明撰作告白之人，予以惩戒。至尊谓"今世所称先儒已有不敬其先儒之成例在"，此非"忠厚"之言，尤非先生所宜以教导后进者。尊又谓"公函署名之中有二人尝执贽门下，姑不指出其名"，则祖耿、乘六当之。然窃以上书请谒，未有失仪，何所悖逆而加之"入室操戈"之罪，且同人等所见者乃《卫星》之告白，初未见尊著之琐语，所认为不敬者是告白，而非琐语甚明。今先生于撰作告白之人覆庇包荒，代受其过，于祖耿、乘六则深文周纳，故入其罪。一若欲释憾于敝会者，此所未喻高怀而疑于"头脑之未清晰"也。尊语既付刊行，用敢登报代简以称雅意，若更以此为"非礼相加"，则无所逃罪。临书不任，惶悚之至。

不久，《卫星》主编陈丹崖因病辞职，由董真知继任。金松岑称此答复"支离蔓衍，避实就虚，原可置之不答"，不过，仍有数点仍应驳正：

前此章氏国学讲习会诸君来函所请求为"将下期刊物削去《红鹤亭边琐语》"，此次乃谓"爱国学社之事琐语为之辩正抑为之引伸证实俱非所问"，"请查明撰作告白之人予以惩戒"。
而谓编辑者陈丹崖、范烟桥为"托名标帜"。夫一个机关或编
辑所其中组织分功合作，局外人无过问之权，非犯刑宪，无人
敢究主名，反言以证之。即前此来函，此次登具报名十六人
中，固有多人并不在苏，甚者远在衡阳。当时膏唇舐笔，原只
数人，吾亦何必根究谁为起草，谁为润色，谁为托名标帜者
耶？余按语所称署名之中乃有二人曩曾委贽于不佞之门，姑不
指出其名，以存忠厚。

今此二人已于答复中自行承认矣，夫吾诚不欲抗颜而为人
师，当时委贽之初，坚辞再四，良以人心不古，操戈入室，机
变无穷，窃良足惧也。夫《红鹤亭边琐语》，夫人而知为不佞，
此有数证焉。《卫星》首期琐语之署名曰鹤，一也；《天放楼
诗续集》附《红鹤山房词》一卷，二也；他人或不知委贽于吾
门者讵不知耶？（尚有他证下回举出），此次登报，避实就虚，
断断于"编辑馀言"谓"标滑稽之题尽揶揄之致"，今请读者
取《卫星》第一期之末页观之，果有滑稽揶揄之词否乎？盖章
氏国学讲习会诸君心中怀一被揶揄者之暗影而为是言，孟子
所谓则不敬莫大乎是者非与。平心而论，太炎先生于学术界上
自有其地位，其特性亦自有其价值，即真被或种人之揶揄而价
值地位自在，正不必奉若教主，强人致敬。有不敬者，逼人道
歉，求主名而不得至谓余"覆庇包荒代受其过"。若将与文字
之狱，又若杜重远之开罪日本天皇者。徒使受者毛骨悚，戴听
者掩口胡卢而已。（意有未尽，《卫星》四卷详之。）（《章氏国学
讲习会同仁敬答金松岑先生》，《卫星》，第 1 卷第 3 期，1937 年 3 月 31 日）

2月23日　湖南省主席何键至无锡国学专修学校参观，并应邀在国学专修学校大礼堂演讲，讲题为《我对于研究国学及缔造大同之意见》，提出以儒经为国学重心，以通经致用缔造世界大同。

何键自称素来赞成国学，长沙国学专科学校与无锡国学专修学校"志同道合，目标无二"，特借此机会，将对于中国文化的管见，简单陈说一下，"以就正于唐老先生及诸位先生之前，那是本人之幸，也就是湖南国学界之幸"。何键认为，国学虽然可以用经、史、子、集四部概括一切，不过如果将全部加以研究，不仅没有时间，而且事实上也不需要。时代变化后，学术应当变通。研究学术旨在"增加解决人生问题的智识"，不能"死读陈编，食古不化"，四部之中，"感觉到最有益于世道人心，最便利在修身治事，而又易知易行，为人生日用所必不可离者"，"莫如孔子之经典，不仅是中国文化之重心，而实在又是中国文化之总和，所谓诸子百家，无一不包括在内"。因此，何键指出，"研究儒经，应当重于其他国学，儒经明白，然后对于中国文化，始有透明之认识，与坚固之基础"。研究儒经，应当特别注重于"通经致用"，"通经者，是明白一经，而因其理以贯通诸经，推及于万物万事；致用者，将读经所得之理，行之于日用伦常及一切事物之间。前者为因，后者为果，前者为体，后者为用，因果与体用连贯，然后圣贤之道，始能对我发生直接关系，而不落虚空"。研究儒经之后，更应将经义用于政治，人类真正地幸福在于世界大同，"欲谋世界大同，又非先救中国不可"。时下，应当以中国固有的道理"为正心修身的指针"；将欧美的科学当作物质建设的方法，"无偏无党，至中至正，始能超过据乱时代，而达到升平大同之境"。这一主张旨在"折衷中西文化，而将其融于一炉"，改良现代世界的争杀之局，别无他途。何键最后总结道：

> 研究国学，应注重儒经，研究儒经，又重在"通经致用"四字。通经属于知，致用属于行，知而不能行，或行之不得当，均不得谓之通经。通经志在致用，致用即是通经之证明，故通经而能致用，便谓之知行合一，至于缔造大同，亦不过通经之用于政治者耳。我们提倡国学，如没有此等见解与怀抱，国学的前途，便更加黯淡了！

唐文治在文后批注：

> 呜呼！诸夏之微，不能自振也久矣。既厄于欧风美雨，复困于南海新学，遂致艺苑之囿，荒葛胃途；著作之林，荆榛满目；士不悦学，天下皆原伯鲁之子矣。然而风气之转移，系乎一二人之倡导，今何公秉旄钺之重，膺封疆之寄，值百家簧鼓之会，六经束阁之余；筚辂推轮，涂径渐辟，翦除荒秽，折衷群淆，大道不隳，其在兹乎。吴方圻谨志。（何芸樵：《我对于研究国学及缔造大同之意见》，《国专月刊》，第5卷第1期，1937年2月25日）

校闻·何芸樵先生莅校演讲：

> 湘主席何芸樵先生，年来提倡国学，不遗余力，曾在长沙创办湖南国学专修院，其保存国粹培植人才之殷切可见。因

素闻本校办理有年，且慕唐校长经学盛名，乃假出席三中全会闭幕之便，特于二月二十三日由京来校参观，先生对本校设施，赞叹不置，寻复应校长请，在大礼堂演讲，历一时余，讲题为《我对于研究国学及缔造大同之意见》。先生研究国学见解既精，而于缔造大同之意尤多阐发，同学聆讲之下，受裨匪鲜云。（《校闻·何芸樵先生莅校演讲》，《国专月刊》，第5卷第1期，1937年2月25日）

△　天津国学研究社主办国学演讲大会。

市长代表段宗藩、教育局代表郑际唐、财政局代表言雍然、警察局代表潘剑生及各机关学校团体代表等三百余人莅会。李廷玉报告国学社成立经过，演讲国学概论；许学源演讲老子哲学大纲；教育局督学主任郑际唐演讲现今提倡经学及大中小学添课读经之检讨；该社讲师吴杰民演讲对现代国学家之批评，井静波演讲恢复纲纪伦常之真谛。李廷玉演讲词：

> 民国肇造以来，于今二十有六年矣。然而干戈扰攘，国政不纲，此无他，争之一念开之也。抑且礼义沦亡，人伦尽去，此无他，新之一字害之也。回忆逊清末叶，国势濒危，确由科举不能拔真才，翰苑折楷八比时文不能得国士，以致无以奠邦本而济时艰。乃与故友严君范孙朝夕过徙，研讨救时之策略，于是毅然决然主张废科举，以兴学校，黜擢楷八比而进之以科学专门，适逢五大臣联袂出洋，考查政治，归而合词建议，幸与吾辈之希望相符。方且谓除旧更新，我中华有转弱为强之一日矣。而孰意留学份子，不知六经为文化本位，又实五千年

来立国之绝大精神，竟视为迂腐不切政情必欲一并弃之以为快；纵忠君尊孔，以及标明三尚列为建国大纲，而若辈面从心违，终以崇尚欧西为适当，兼以廷臣昏聩，每为莠言所惑，而无不一味盲从。又况立宪缓以十年，练兵先成三十六镇，是非颠倒，举国若狂，由是异说明兴，决计推翻专制。驯至武昌起义，奸人弄权，而清廷遂以逊政闻矣，当是时也。党人云起，期于总揽政纲，而他务未遑，先以废孔废经为急务，一般号为趋时流亚，借此大出风头，重白话而轻文言，毁正书而用别字。各校职教员以其便于己也，辄谓群经历史诸子百家，多属荒诞无稽，又皆陈腐无用，而且汗牛充栋，徒以扰害脑筋，何如科学万能，确为投时利器，青年学子，知识薄弱，易受人欺，对国史国文相率不加探讨，而专认洋文为注重要科，他如算术理化各门，则按课随班，应时听讲，至于纲常名教道德本原，早已置诸度外，于是社交以公开为主，婚姻恋爱而成。既已灭绝大伦，谁复保存国粹。一旦手持兵柄，专以争权夺利为异能，兼之身侧中枢，更以党恶害民为得计。若此则学校为造就权奸之地，科学为养成贪狡之资。国家不得安宁，社会愈为冲突，试为之推求祸始，固皆由教育之不良也。尤可异者，诱奸绑票多出于大学诸生，而校长职教各员尤多卷款潜逃，或携女生以去，学界罪人，更仆难终其数，而彼昏昏者，犹设教育救亡之论，谓非言之妄且颠乎？曩者范公在日，每言废孔废经之举，实为灭伦绝纪之由，我辈虽主维新，只在取人之长，补我之短，而何以变本加厉，竟使吾国大经大法，荡然无复存余，然则改制招尤，实难避免矣。不得已发起崇化学会，国文观摩社，城南诗社，以期士大夫励志读书，犹可保存国魂于万一。玉以国学为育才根本，必须尽心研究，庶几学以致道，道有传人，自足以正人心而厚风俗。范公颔首是之，相与图谋结社，并期逐渐扩充，方谓观成有日矣。讵料此社未立始基，范公竟归道山矣，此五年前事也。玉以一息尚存，此志不容少懈，乃召集热心志士，博学通儒。虽一钱不名，各能倡任讲师，裁成后进，因此借妥市立师校，为临时社址，所有经常各费，由发起人分任月捐，以便咄嗟立办。去年承芦纲公所及裕蓟、德兴、合丰三公司，年认捐款七千六百元，合之向来月捐暨省教育厅每年补助二百元，差幸可以持久，又况蒋委员长主以新生活推行旧道德，两广军政当局，主持各校读经，湖南何主席通电全国，声明提倡伦常，整饬纲纪，尊行孔教，希望大同。冀察政务委员会宋委员长，创设莲池讲学院，近且通令冀察省市各校添课经书，北市秦市长辅助平市尊经社，此国学倡之于上者也。他如已故国学大师章太炎，创办国学讲习会，唐先生蔚芝创办国学专修馆，均与本社发展国学之意旨大致相同。证以欧美各邦多立中国文化学院，或中校以上定为选科，则是中华国学之博大精深，足以通古今贯中外者，有文明可贵之历史，有不介自孚无远弗届之风声。吾知孔孟在天之灵，应亦幸。大道为公，人能宏道，将见师儒之化，上可与君相同功，而况政教不分，则推之一世而胥通者，即放之四海而皆准也。至谓汉儒重考据，不无穿凿附会之失；宋儒重义理，不无玄虚空寂之嫌，而吾社传经只在观其会通以求通经致用而已。其于今文古文之辨，今本古本之殊，不愿多加评判。今当开课

在迩，曾于本月十八日公同分配讲课时间，并谋于月课年课之
外，分期刷印月刊，以符以文会友，以友辅仁之义，本日各官
厅、各学校，及绅商工农各界，多有名儒硕学，济济一堂，实
为本社之荣幸。窃望不吝金玉，破格加以指导，俾社友得资
策励，勉为国学通人，当亦大君予所乐许也。（《国学讲演大会》，
《大中时报》，1937 年 2 月 24 日，第 7 版；《国学讲演大会》，《大中时报》，
1937 年 2 月 25 日，第 7 版）

2 月 26 日　天津国学研究社开学，致函《益世报》社会服务
部，征收会员。

本市特二区市立师范学校内天津国学研究社来函云："查本社
创设，已届五载，专聘耆宿名儒，讲授国故，作育人才，先后裁成
经明而行修者颇不乏人。近因明令尊孔，各校行将读经，自应努力
推行，以期发挥光大，兹当开学伊始，拟再征求社员百名，泽以诗
书，藉供将来社会需要，用特检呈简章，函请查照代为公布是荷。"
（《国学研究社征社员》，《益世报》，1937 年 2 月 26 日，第 9 版；《国学研究社今
日开学》，《大中时报》，1937 年 2 月 26 日，第 7 版）

2 月 28 日　无锡国学会聘请李惕平为会董。（《无锡国学研究会大
事记》，《国学界》，第 1 期，1937 年 5 月 15 日）

△　船山学社开第二次董事常会。

董事周逸、刘谦、张有晋、胡子清、萧仲祁、王寿慈、陈嘉
会、谢鸿熙、王礼培、黄赞元出席，王代懿请病假，主席为陈嘉
会。报告事项："周常务董事逸报告本社与市政府、省会警察局交
涉宪兵营所驻房屋经过情形。讨论事项：周常务董事逸提议，本社

房屋被宪兵营所驻，久不迁去，以致一切社务不能进行，应如何办理案。议决，由本社备文请省政府另拨房屋为该营驻扎地点，并推举本日到会诸董事为代表，携文向省府交涉。"（赵启霖著，施明、刘志盛整理：《赵瀞园集》，第441页）

2月　无锡国学专修学校丛书之十五，钱仲联著《宋诗选》出版。（刘桂秋：《无锡国专编年事辑》，第252页）

△　何键在国民党五届三中全会上正式提出"拟请明令学校读经案"，何键提出："邪说异论本不足迷人，惟中无定识，而令之先入为主。譬饮狂酒，遂悖乱而不可制，预防之法，惟有……发扬民族精神"，"恢复固有道德之意，以孔孟经义训民"。［何键（原刊为健）：《请明令学校读经以发扬民族精神而实现，总理遗教案：三中全会提案之一》，《社会经济月报》，第4卷第3期，1937年3月］

是年初《南州国学专修院校刊》出版，阐述南州国学院讲学之宗旨，刊有论说、讲义、诗词文艺作品。该院名誉院长陈散原先生、代理院长欧阳集甫，范罕撰《南州国学院讲学之宗旨》：

　　学术之根本思想何自乎？自乎一国固有之学而已。凡一国民族所独有者，虽不尽属学术范围，然苟属一民族所专有，而又确有国学之价值可言，则今日我国民所宜尊崇而信仰而研几。以冀收大效于当时，而恢宏于来祀者，固不在万能之科学，而反在一二零篇断简中也。然则所谓国学者果何学欤？以今日世界科学家眼光评论我国之古籍，若者为经，若者为子，史断自何代，集成于何人？罗之剔之，析之分之。殆犹地质学家之聚沙石瓦砾，一一寻其根原位置，以证验物质之变化，于身心学问毫无益也。下之亦等于博古收藏家，卒岁勤劳，摭拾废铜烂铁居为奇货，究其实际，炫人敛财而已。果如是以言国学，诚哉国学之宜废也久矣。今之所谓国学者，乃在科举久废之后，科学尚在发轫之初，而又适当四邻交攻国步陵夷之日，非真知灼见我国国故有必不可废者存，则本院为虚设矣。同人有见于此，故讲学宗旨，不外二端，一曰实践言行，二曰演进文艺。学者不重言行，终属务外。孔氏成人之学在此，孟氏所谓大人之学亦即在此。居今日世界，一国之文化，必非一国所能保持，故设教尤宜通方，取人之长，补己之短，亦用己之所长，以合他人之所短，如此则文艺一事非改进迁善不为功矣。故实行、演进二者同时注意，不欲偏废者此也。至于功课注重之点，则深冀于最短年限中，造成多数有用之材。大之淑世淑身，维持国故，小之亦不失为高等书记人才，亦本院之志已。（范罕：《南州国学院讲学之宗旨》，南州国学专修院编：《南州国学专修院校刊》，1937 年，第 1—2 页）

江西私立南州国学专修院定期在江西省府举办读书会讲演，日期，如表 13 所示。其他成员事项表格，如表 14—17 所示。

表13　江西省府举办读书会讲演日期表

次数	日期	讲演者	书名
第一次	二月十六日（星期日）	欧阳曹	《纪效新书》《练兵实纪》《训练集》

续表

次数	日期	讲演者	书名
第二次	二月十九日（星期三）	程符	《康济录》《自卫新知》
第三次	二月二十三日（星期日）	欧阳曹	《纪效新书》《练兵实纪》《训练集》
第四次	二月二十六日（星期三）	程符	《康济录》《自卫新知》
第五次	三月一日（星期日）	欧阳曹	《纪效新书》《练兵实纪》《训练集》
第六次	三月四日（星期三）	程符	《康济录》《自卫新知》
第七次	三月八日（星期日）	欧阳曹	《纪效新书》《练兵实纪》《训练集》
第八次	三月十一日（星期三）	程符	《康济录》《自卫新知》
第九次	三月十五日（星期日）	欧阳曹	《纪效新书》《练兵实纪》《训练集》
第十次	三月十八日（星期三）	程符	《康济录》《自卫新知》
第十一次	三月二十二日（星期日）	欧阳曹	《纪效新书》《练兵实纪》《国防本义》
第十二次	三月二十五日（星期三）	曹任	《训练集》《国防本义》
第十三次	三月二十九日（星期日）	曹任	《康济录》《国防本义》

（《读书会讲演次数日期表》，南州国学专修院编：《南州国学专修院校刊》，1937年，第1—2页）

表14　江西私立南州国学专修院董事一览表

姓名	别号	籍贯	职别	略历	通讯处
刘体乾	钟藩	福建闽侯	名誉董事	江西省政府委员兼秘书长	
胡思义	幼腴	宜丰	常务董事	历任两浙盐运使、淮安关监督、安徽财政厅长、西江省长	
熊育锡	纯如	南昌	常务董事	前清增生，曾任江西省政府委员，现任中央监察院监察	
李定魁	文星	南丰	常务董事	前赣南镇守使、江西全省警务处长、江西省长	
王明选	鉴吾	南昌	常务董事	江西省赈务会常委、省区救济委员会委员、省商会联合会主席	二郎庙五十九号
邹日煋	揆东	遂川	常务董事	历任安徽政务厅长、江西实业厅长、赣南道尹、浔阳道尹、南浔铁路总办	
萧纯锦	叔絅	永新	董事	江西省政府委员	二纬路三三号
李德钊	劭周		董事	江西省政府委员	一纬路三〇号
熊遂	和轩	南昌	董事	江西省政府委员	筷子巷七六号
黄光斗	旦初	金谿	董事	曾任江西省立第一师范学校校长、第十四军司令部副官长、第二师政治部主任，现任江西省会警察局局长	二纬路
余纪明	建丞	南丰	董事	南昌市商会主席	直冲巷义昌仁钱庄

续表

姓名	别号	籍贯	职别	略历	通讯处
徐肇麟	瑞甫	南昌	董事	前南昌市商会主席	合同巷祥丰钱庄
傅祖荫	绍庭	南城	董事		下西大街二四四号
张述	继周		董事	江西慈善总会委员	米市德昌祥
卢芳	馥香	南昌	董事	前参政院参政、南昌总商会会长，现江西慈善总会委员	都司前
刘焕衢	颂丞	奉新	董事		书院街
章伟	荣堃	进贤	董事	曾充江西全省水上公安局长	猪市春记号
漆福田	履堂	高安	董事		中山路循祥
揭方侃	杏生	南丰	董事		上河街庆记栈
贺治寰	济苍	永新	董事	现任南昌市立银行行长、江西省审核委员会委员	
刘锡嘏	纯熙	新建	董事	现任南昌市立银行副行长	二纬路三二号
周嗣麟	晋叔	奉新	董事	前南昌市商会执行委员、律师	西大街八八号
钟渊亭	好生	宜春	董事	前江苏省公署参议、淮南缉私处处长、江西省公署顾问、上海正风文学院教授	
吴树枌	梅叔	广昌	董事	前江西省谘议局议员、省视学、章江法政事务主任，现章江中学教务主任	章江中学

续表

姓名	别号	籍贯	职别	略历	通讯处
彭程万	凌霄	贵溪	董事	前江西都督，现任江西全省税务局局长	
杨度普	不平	南昌	董事	现任江西省党部特派员	二纬路二二号
邵立元	励斋	安徽	董事	江西慈善总会委员	
程达一			董事		百花洲路
谢傑	汉柱		董事		
欧阳成	集甫	吉水	董事	前清癸卯科举人，日本中央大学毕业	天后宫二二号附四号
邱璧	潜夫	宁郁	董事	前清癸卯科举人	五纬路
符鼎升	九铭	宜黄	董事	日本东京高等师范毕业，历任江西教育司长、江苏教育厅长、国立交通大学校长	松柏巷六四号
张善猷	燮丞	南丰	董事	日本早稻田大学法政大学毕业，省立法专教员、豫章法专教务主任、江西中医专门学校教员	罗家塘二三号
熊锡晋	利候	清江	董事	日本中央大学法律科毕业	系马桩二二六号
车驹	驭钦	贵溪	董事	国立武昌师范大学毕业，江西省立第二中学校长	
龙宝善	伯璠	永新	董事	前清举人	黄家巷黄家祠内

续表

姓名	别号	籍贯	职别	略历	通讯处
杨庆珊	铁垣	瑞金	董事	曾任中国国民党江西第四区党务指导处主任	
刘鎔	赋芝	南丰	董事	前清附贡生，中西学院毕业	
王德潜	志渊	龙南	董事	赣州中学毕业，历充天游学院主任，江西心远大学、省立一中二中教员	

表15　评议员一览表

姓名	别号	籍贯	略历	通讯处
谢远涵	敬虚	兴国	清光绪乙未进士、前江西省长	
蓝钰	石如	高安	清光绪壬辰进士	
何莘耕	又伊	金溪	清进士	
胡薰	涛香	新建	清癸卯举人，前江西教育会长	鸭子塘一七号
万兆芝	元甫	丰城	江西省政府法制组主任	
魏元戴	建候	南昌	清癸卯进士	
车驹	驭钦	贵溪	见前	
龙钦海	荃荪	宁冈	日本中央大学毕业，历任省立及私立法政专门学校长，现任私立江西中学校长	
程学枸	伯臧	新建	江苏省政府秘书	

表16　职员一览表

姓名	别号	籍贯	职别	略历	通讯处
陈三立	伯严	修水	名誉院长	清光绪进士、吏部主事	
符鼎升	九铭	宜黄	院长	见前	
欧阳成	集甫	吉水	代理院长	见前	

续表

姓名	别号	籍贯	职别	略历	通讯处
张善猷	燮丞	南丰	教务主任	见前	
熊锡晋	利候	清江	训育主任	见前	
刘慕唐	祖陶	宜丰	事务主任	清优廪生，民国考取文官分发农商部主事，历任河北定兴、武强等县科长兼代县长	本院
李楸滋		新建	事务员		本院
徐元勋		宜黄	课务员		
漆绳武		宜丰	书记		本院

表17　教员一览表

姓名	别号	籍贯	职别	略历	通讯处
范罕	彦殊	江苏南通	指导讲师	日本中央大学毕业，南通大学院国学教授	江苏南通尤家巷七号
李凝	干卿	新建	专任教员	清进士，北京大学历史教员	鲁班庙一七号
龙宝善	伯璠	永新	教员	见前	黄家巷黄家祠
熊济洙	泉孙	高安	教员	清廪贡，江苏候补知县	高安祥符观潜庐
熊腾	粟海	新建	教员	清举人、法部主事	老贡院二二号
邱璧	潜夫	宁冈	教员	前清癸卯举人，前省立第九中学校校长	五纬路
陶乾	健公	南昌	教员	省立优级师范毕业，前北京大学教员	松柏巷六九号
李金镛	铎民		军事教官		

续表

姓名	别号	籍贯	职别	略历	通讯处
张品三		山东	国术教员		
陈蒙	仲子	赣县	教员	前北京大学音乐教员	
车驹	驭钦	贵溪	教员	见前	
顾祖荫	菱生		教员		鸭于塘
汪长桂	子艻	上饶	教员	南京两江优级师范史地本科毕业	中山东路
漆经诗		萍乡	教员	国立武汉大学史地系毕业	中山路胡琴街
王汝济	巨川	南昌	教员	前省一中二中法专国文教员	桃花巷仁寿里五五号
卢丙乾	丽久	万载	教员		
欧阳成	集甫	吉水	教员	见前	
熊锡晋	利候	清江	教员	见前	
张善猷	燮丞	南丰	教员	见前	
杨庆珊	铁垣	瑞金	教员	见前	
杨蕙艺	薰涛	上饶	教员	国立武昌大学毕业	江南会馆二八号
刘慕唐	祖陶	宜丰	教员	见前	

正科二年级二学期学生一览：

傅良、刘国柱、邱文射、王鼎新、熊大栋、徐蔚、熊镇、徐梯、龙沐馨、万曾植、汪世英、萧敏伟、刘南英、吴久晖、熊国干、萧禄、赵熙、龚汉亭、吴嗣仁、詹砥柱、李元庆、严秉璋、曹祖藻、龚以南、杨凤池、单乐贤、马静之、熊英玛、乐亮、余翔球、叶起涛、卢毅、张鑑敏。

正科二年级一学期学生一览：

张德宏、张仙良、左秉药、罗暗章、蔡安漩、胡瑞发、陈其祥、杨克俭、王钦瓛、桂景山、熊承祺、郑衍清、邱峻、王曙初、万程、黄思锟、叶橘馨、郭伯奇、陈澍柏、双翼球、宋道一、闻树根、王珏、廖盛良、石声、汤懲予、曾国维、陈备五、傅师程、巢邦彦、涂世选、王敬庭、熊安澜、余天问、吴国粹、江岷山、熊烈、任光照、谢国梁、曹达。

正科一年级二学期丙班学生一览：

曾传泰、王亿民、詹伯康、詹仁、辛玮璞、金丽生、吕茂基、郭启鹏、詹清华、袁绮蘭、邱林、尹本泰、邢復家、胡公忠、刘士璋、于中柱、曾广瑾、胡恕源、刘继昌、范世芳、鄂瑞元、熊冲汉、徐家丰、龙宝仁、萧儒宗、徐行、花秉璋、邹忱中、吴筱珊、胡彝琮、陈慎徽、张文起、万群、李维藩、魏式瑗、刘竹如、余康、张九逸、李增华。

正科一年级二学期丁班学生一览：

郭东藩、胡献华、刘苏群、陈霈、范有章、饶希文、黄斌、傅岱卿、康静玉、龙雯、程展如、雷恩润、郑泽、杨振波、明隆吉、王翰、黄新民、余金三、郭西郊、杨重民、杜希甫、刘玉璋、傅家谦、王志勋、张瞻、章渭源、黄位中、杨琢成、任义达、徐子龙、赖淮荣、易哲民、傅祥。

正科一年级一学期戊班学生一览：

孙沛霖、何德荣、黄戫、詹弘道、曾子兴、张国襄、徐堪初、周萧、黄世宽、杨增华、刘照、汤锦屏、罗惠中、叶久后、周崇文、廖万选、桂春韶、柯美禄、王韵春、乐凌云、万钧、刘常、徐绍宗、胡伟先、高宁宣、龙友云、胡惠民、张绍英、朱启璋、江潮、郭凤翔、吴藩、陈任材、熊伯浚、蔡砺如、戴天日、桂建中、方岳、杨华甫、胡仁、刘振华、舒民生、叶扬锋。

预科二年级一学期学生一览：

刘名勋、谢国钦、吴樽、颜文岳、杨承安、刘秀珊、任壬、任云龙、贺鲲、唐英淑、方佩琪、李玉麟、鄢国材、杨吉林、毛必荣、许旭、张奠日、余任、黄仪庄、宋显和、曾金春、郭冠球、罗星辉、胡西园、江定祖、周之纯、孙达文、葛秀林、黄宗绍、李士英、黄远鹤、魏文卿、熊文、谢和淳、徐炳旸、张雪心、傅家恕、陈济、骆国材、章璜、周铭琨、涂传俊、曾师鲁、谌祖柽、胡逸。（《江西私立南州国学专修院组织大纲》，南州国学专修院编：《南州国学专修院校刊》，1937年，第3—30页）

3月2日　无锡国学会聘请华绎之、蔡洪生、华子唯、杨颖伯四位先生为会董。（《无锡国学研究会大事记》，《国学界》，1937年第1期）

3月3日　朱承熙称弘寂大师（即查猛济）"编著法学院的国学讲义"。（朱承熙：《弘寂大师》，《申报》，1937年3月3日，第5张第18版）

3月5日　无锡国学会聘请王兆龙、周润生为会董。（《无锡国学研究会大事记》，《国学界》，1937年第1期）

3月8日　国民政府立法院立法委员刘通在无锡国学专修学校演讲，讲题为"三民主义之哲学基础"。（刘桂秋编著：《唐文治年谱长编》，第953页）

3月14日　无锡国学会开第一次各部联席会议，决定年会日期，通过出版刊物名称及各种丛书并推定吴嘉愚、陈寄畅、虞斌麟三先生为刊物负责人。（《无锡国学研究会大事记》，《国学界》，第1期，1937年

5 月 15 日）

3 月 18 日　《益世报》报导崇化学会国学讲演试办一年，成绩极佳。今春赓续开讲，课目规定除《通鉴纪事本末》《左传纪事本末》《人谱类纪》三种继照去年讲演外，并增经学一门，决定采用《论语》。（《崇化学会国学讲演开始》，《益世报》，1937 年 3 月 18 日，第 2 张第 5 版）

3 月 19 日　无锡国学会会刊《国学界》呈请中宣会内政部登记。（《无锡国学研究会大事记》，《国学界》，第 1 期，1937 年 5 月 15 日）

3 月 26 日　无锡国学会聘请顾惕生为会董。（《无锡国学研究会大事记》，《国学界》，第 1 期，1937 年 5 月 15 日）

3 月 27 日　何键在中和国学专修学校讲演"孔道之伟大"，主张一贯之学。

何键指出，国学专修学校所提倡的国学以孔道为中心，国学以儒经为根本。研究国学，应当以孔子中正之道为思想中心，兼收并蓄，毫无遗漏，若未得理解儒经的一贯之道，便无从说起：

（一）学术一贯。前在上海有友人转赠我一本书，名曰《政治原理与经济原理之关系》（英人柯尔者［著］）。友人并且说道，这是世界最新的学理，在中国是不容易看得的。我大概一阅，原来只说明政治与经济的连带关系罢了，真好笑，真浅薄，岂止政治与经济不可分吗？我敢说世界上并没有可以分离的学术，尤其孔子的千言万语，更是息息相连，脉络贯通。从其教育英才处说，可以名之教育学；从其言治国平天下之处说，可以名之曰政治学；从其言下学上达，天人相与之理处说，可以名之曰哲学；从其以纲伦立教之处说，可以名之曰伦理学……孔子以一理贯通万事。所谓教育学，其内容就是孔子的政治学伦理学哲学；所谓哲学，其内容也就是孔子的教育学政治学伦理学……推之其他，无皆不然，盖孔子之教，并非教人做文章，乃教人学为圣人者。圣人何以学？应当从实践纲伦起，所以孔子说："弟子入则孝，出则弟，谨而信，泛爱众，而亲仁，行有余力，则以学文。"又说："诗可以兴，可以观，可以群，可以怨，迩之事父，远之事君，多识于鸟兽草木之名。"孟子说："圣人人伦之至也。"但欲使人人皆有士君子之行，绝非空言可劝，应常籍重于政治的力量，然政治又不能出此原则，所以亲亲仁民，仁民爱物，成为儒家政治的重要体系。至于孔子的哲学，也不过是阐明此理而已。所以研究孔子之道，不论提出教育、哲学、政治、伦理学……那一种名词，其余都和相随而至，不可强分。如硬说孔子的哲学如何何如，孔子的政治学如何如何，便是不明孔道道的证明，因为孔子的博学而无所成名，强为立名，就不是贯一之道了。

（二）四科一贯。人皆知孔子教人，分德行、言语、政事、文学四科，不知四科是一贯的。尊道贯德，非礼勿行，可以谓之德行，以德行教人，自当利用言语，故言语若离开德行，便易流为佞口，所以孔子所说之言语，乃德行之表现于言词者，非世俗之巧言利口也。以德行治世，即谓之政事，衍义德行，书之竹简，即谓之文学。颜闵二贤，四者兼长，而德行独著，余子只专长其一，故孔子各就其特点言之，实则四科只是一科，若分而为四，无形中便认孔子之言语、政事、文学都离开道德的立场，其支离何可言穷。因孔门所分之四科，我们又证明《左传》所载："太上有立德，其次有立功，其次有立言，是之谓三不朽"的话，尚不完全，因三者之外，犹有文学一项，如张衡之《两京赋》，左思之《三都赋》等，不得称之为立言，但文章秀丽，亦足千古。《易经》言："圣人作而万物睹"，圣人不作，有圣人在世，亦可因之以睹万物。圣道如何可以不研究呢。

（三）忠信，忠恕，中和，中庸一贯。孔子之道，分为忠信、忠恕、中和、中庸四个阶段，我阐述已经不止一次了，四者也是一贯的。学者应由忠信以上进中庸，切不可稍得而自足。数千年来，学者不知此理，总以为忠恕是一贯之道，独不知《中庸》言："中恕违道不远"，违道达不远，当然不是道，不是道如何能称一贯呢？

（四）成己，成人，成物一贯。孔子言道千头万端，但归纳言之，不过成己成人成物三者而已。但不能成己，决不能成人；不能成人，决不能成物；不能成物绝非大道。三者亦是一贯的。杨子只知成己，墨子只知成人，所以皆不足与孔道相比。

（五）格致诚正修齐治平一贯。格致诚正修齐治平八目，是孔子一贯的政治哲学，尽人皆知，无须细说。八者何以一贯，其要只在修身，能修身则七者尽在其中。

（六）人道，性道，天道一贯。儒家讲人道主义，佛家讲性道主义，道家讲天道主义，这是三教不同之点。但孔子之道，由人道以贯性与天道。孔子说："下学而上达，知我者其天乎"，可见儒道能包括佛老，佛老不能包括儒道了，研究佛老之道的人们，常常反对孔道，适足以表示其对于三教，皆不清楚。

（七）知，仁，勇一贯。《中庸》言，"知，仁，勇三者，天下之达德也，所以行之者一也"，旧说以一为诚，虽有至理，但三达德之外又加一诚，岂不成四达德了吗？须知仁者乃一贯之意。换句话说，就是知中要有仁勇，仁中要有勇知，勇中要有知仁，行一德而三德并到，分不出三达德，只是一达德而已。故曰"所以行之者一也"，能一始无偏蔽。

（八）五达道一贯。《中庸》言，"君臣也，父子也，夫妇也，昆弟也，朋友之交也，五者天下之达道也"。五者名义虽殊，义实一贯，何以言之？《中庸》言："君子之道造端乎夫妇"，此乃修身之始。修身者，诚身也，能诚身方能顺亲，能顺亲方能信乎朋友，能信乎朋友，方能获上，能获上方能治民，可见五者亦以修身为本，本立则道生矣。

（九）道、德、学一贯。孔子之道，分为道、德、学三个次第。入门之初应讲学以明德，明德以之道，道是上达的归宿，学是下手的初功。子夏有言，"君子学以致其道"。明明说致道非讲学不可了。《大学》首章有言："大学之道，在明明德。"意谓讲大学以致道，其工夫只在明明德三者，更明明说，圣道有道、德、学三个次第了。惜数千年来无人知此，更无人知其一贯。道之不明不行，儒者怎能不负责呢？

（十）知行一贯。阳明先生言知行合一，学者或持反对的论调，但若从大道一贯言，甚么都是一贯的，行之合一，乃极平常之道理，其为一贯毫无疑义，那有反对的余地呢？（《孔道之伟大》，《星光》，第1卷第4期，1937年4月1日）

3月28日　船山学社开第三次董事常会。

董事刘谦、谢鸿熙、萧仲祁、周逸、王寿慈、颜昌峣、王礼培、杨卓新、李澄宇、黄赞元出席；董事陈嘉会、王代懿请假。主席周逸。报告事项：

> 周常务董事逸报告本社房屋被宪兵营所驻，根据上次决议案，呈文省政府，请饬属另觅地点为该营驻扎，俾克日交还房屋，并推陈、胡诸董事为代表，晋谒省府何主席交涉，业奉指令照准，复经录令函请市政府、省会警察局查照办理，现已多日，尚无回信。讨论事项：周常务董事逸提议，本社房屋，应否再推代表前往市政府、省会警察局交涉案，议决，推陈董事长嘉会往警局交涉，推萧董事仲祁往市府交涉。（赵启霖著，施明、刘志盛整理：《赵瀞园集》，第441—442页）

3月29日　无锡国学会假无锡县教育会举行二十六年度年会，县党部代表钱式微，主席吴家驹、奚干城等二十七人出席，记录虞斌麟，全体会员通过一切议案，并摄影留念。（《无锡国学研究会大事记》，《国学界》，第1期，1937年5月15日）

> 主席报告开会意义，继由钱代表演说，以旧文化必须新头脑整理等，殷殷期望，后由陈副会长（其昌）报告本会成立经过，最后讨论：一、基金需本会于有成绩后，向各会董劝募之，其办法由总务部拟定。二、国学宣传周，交研究部办理。三、扩大组织案，于本会会务有成绩后，交联会讨论之。四、

设立国学讲习班，交研究部讨论办法施行。五、对于国内各文化团体，由总务部通函联络之。六、会员每年报告研究国学之心得，交出版部于季刊之发表之。讨论毕，在县教育会内摄影而散。（教育社）（《国学研究会举行年会》，无锡《人报》，1937年3月30日，第2版）

3月30日　船山学社开临时董事会。

董事李澄宇、陈嘉会、周逸出席，董事萧仲祁、王代懿请假。主席是陈嘉会。报告事项：

周常务董事逸报告，昨日刘董事谦来社说，市政府已代宪兵营觅定五堆子大房屋一所，每月租金贰拾元，而省、市两政府均不肯出此项租金，何市长之意欲本社担任，以便该营迁出，交还所借本社全部房屋，特来征求同意云云。讨论事项：周常务董事逸提议，此项租金每月贰拾元，一年计之，则需贰佰肆拾元，而宪兵系中央驻防客军，性质永久，今市政府欲本社担任驻防客军房屋租金，究竟是否合法，本社应否承认，敬请公决案。议决，驻长宪兵房屋租金，本社虽无力担任，为权宜计，忍痛接受，即日函请刘董事谦转达何市长，请从速办理，以便收回全部房屋。（赵启霖著，施明、刘志盛整理：《赵瀞园集》，第442页）

3月31日　《卫星》杂志开辟"国学讲座"专栏，节盦指出，其中缘由，希望《国学论衡》与《卫星》两者在提高与普及层面，相得益彰。

编者称"国学讲座"栏目，主要是为无师自修的青年读者们而开辟的，在正式开讲之前，先报告本栏开辟的动机，"使读者诸君对我有一种精神上的认识"：

现在我国的教育，是购买式的教育。一个人受教育的机会，不是把他的天资和性情决定的，完全是照他的购买力去决定的。天资尽高明，性情尽好学，只要缺少购买力，那末根本不能读书。要是勉强去读，结果还免不了失学的苦痛。但是一个人的求知欲却并不和购买力做正比例。越是高明好学的人，他的求知欲就越旺盛。环境压迫着他们，使他们得不着恳切的指导，谈不到书本的选择。他们就尽着自己力所能及的地方去瞎摸，于是收音机里广告化的读书声，摊柜上一折六扣的廉价书，都变成他们满足求知欲的惟一的对象了。我敢武断说，我所看到的几位青年，一定是有几位受着失学痛苦的。要是根本读过书，他们自然不会有这种需要。惟其想读书而不能读，所以才有这种现象发生。仔细想想，实在是一件极不公平的事。同时，也实在是文化界的一件大问题。

社会的一边，充满了无数失学的人们；另一边，却是文化水准降低的现象，偏偏从购买力充足的地方发生出来。我国文化的低落本来不单国文一方面，可是单就这一方面看，也就使人可惊。我往往听见老前辈的国学家感叹地说："学生们的国文程度，真越来越糟了。"不少名为大学生的，速写一封信也发生问题。写出来的字，好像一只蟹。从前高小毕业，文章都像个样儿。于今，真是江湖日下了。再过些时，国文程度怕还要低落。我国的文化宝藏，怕就因少人研究，逐渐有埋没的危险了。可是一味悲观有什么用处呢？国学研究者要晓得，处境优裕的人，专心于读书的，本来不多，要用心深入，担当开发和整理文化的重任的，不用说更其少了。打开中外学术成功者的历史，就有一大半是苦学成名的。现在眼看着一大群求知欲旺盛的青年，在黑暗里瞎摸，甚至走入歧途，却不去管他，单单把高深的国学去研究提倡，把文化运动的力量束在一个狭窄的圈子里，同大众隔绝。一群文化界庞大的后备军却是关在门外头，找不到由浅入深，登高自卑的门路，一边却又慨叹吾道之孤，文化的低落。就客观眼光来看，国学者的立场如此，实在是无可推辞的一种错误。

因为我有这种感想，便不自量力，发愿要在一种杂志或报纸上，开辟一块园地，写出一点合用的材料来，贡献给一般求知欲旺盛，想读书而得不到指导的青年们，作为参考。我的理想，应该分这小小园地做三个部分：先是选点古书来讲讲，借此指导着读书的方法，暗示着读书的态度——这是第一部分；还有许多重要说话，不是在书本范围里说得明白的，就在篇前做一篇谈话发表出来——这是第二部分；要是读者有疑问，想和编者讨论，那么尽可写信来问，由编者自己，或请有学问的人答复——这是第三部分。总之，要养成读者会思考、会研究、自动读书的习惯，在可能范围内把文化预备军的程度加以提高。这是编者不自量力的一种奢望，放在心中，好久总没有机会实现过。

中国国学会是许多前辈国学研究者组合的团体，共有两种刊物：一种是《国学论衡》，这是高程度的读物；一种是《卫星》，是研究者的浏览品和程度较低的青年们的资粮。我私人考虑之下，认为我的企图，在本刊上去实现，恰是相宜，因为国学的指导，本来合该由国学组合来担任的。于是接洽之后，主编先生很是赞成。本栏的开辟，就此实现了。编者的希望，是在继续不断的努力之下，慢慢儿把这小园地垦熟，使开出来的花朵，真能合于无师自修青年们的需要，由此得到大众的同情。还希望国学会的干事，在本刊销路渐广，成本渐轻的条件下面，逐渐把书价减低到现在的一半；出版的期间，由月刊变为周刊；寄售的地方，从大书店跑到书摊上和报贩的手里，使这小小的一栏很容易地同广大的青年接近。这便是编者一点梦想的希望。（节盒：《国学讲座·篇前谈话——开辟本栏的动机和编者的希望》，《卫星》，第1卷第3号，1937年3月31日）

国学讲座每期选取《史记》《汉书》《国语》、周秦诸子一篇，用科学方法分门解释，并用语体文撰述，力求大众化：

第一：明疑难训诂。训诂疑难之字词句，用高邮王氏、德清俞氏、丹徒马氏之方法详为解释，使达冰释理顺之境。第二：明段落要旨。每篇分数大段，每段再分小段，逐段注明要旨所在，略如赵岐孟子要指更加详细。第三：明文章技巧。凡文字之谋篇布局，命意遣词皆发明其巧妙之处，俾得读书之乐，悟作文之法。第四：用现代眼光批判事实。凡社会情形处事得失有关修养及生活，皆一一推阐，务期古今一贯深涉咸

宜，学子既借以自修通人，亦可资浏览。(《本刊添设国学讲座布告》，《卫星》，第1卷第3号，1937年3月31日)

△ 钱玄同整理刘师培遗书，著《刘申叔先生遗书序》，介绍自清末戊戌维新以来中国学术思想界有代表性的启蒙人物十二位。序文说：

最近五十余年以来，为中国学术思想之革新时代。其中对于国故研究之新运动，进步最速，贡献最多，影响于社会政治思想文化者亦最巨。此新运动当分为两期：第一期始于民元前二十八年甲申（公元一八八四），第二期始于民国六年丁巳（一九一七）。第二期较第一期，研究之方法更为精密，研究之结论更为正确，以今兹方在进展之途中，且与本题无关，故不论。第一期之开始，值清政不纲，丧师蹙地，而标榜洛闽理学之伪儒，矜夸宋元椠刻之横通，方且高踞学界，风靡一世，所谓"天地闭，贤人隐"之时也。于是好学深思之硕彦，慷慨倜傥之奇材，嫉政治之腐败，痛学术之将沦，皆思出其邃密之旧学与夫深沉之新知，以启牖颛蒙，拯救危亡。在此黎明运动中最为卓特者，以余所论，得十二人，略以其言论著述发表之先后次之，为南海康君长素（有为），平阳宋君平子（衡），浏阳谭君壮飞（嗣同），新会梁君任公（启超），闽侯严君几道（复），杭县夏君穗卿（曾佑），先师余杭章公太炎（炳麟），瑞安孙君籀庼（诒让），绍兴蔡君孑民（元培），仪征刘君申叔（光汉），海宁王君静庵（国维），先师吴兴崔公觯甫（适），此十二人者，或穷究历史社会之演变，或探索语言文字之本源，或论述前哲思想之异同，或阐演先秦道术之微言，或表彰南北剧曲之文章，或考辨上古文献之真赝，或抽绎商卜周彝之史值，或表彰节士义民之景行，或发抒经世致用之精义，或阐扬类族辨物之微旨，虽趋向有殊，持论多异，有一志于学术之研究者，亦有怀抱经世之志愿而兼从事于政治之活动者，然皆能发抒心得，故创获极多。此黎明运动在当时之学术界，如雷雨作而百果草木皆甲坼，方面广博，波澜壮阔，沾溉来学，实无穷极。（钱玄同：《刘申叔先生遗书序》，刘师培：《刘师培全集》第1册，中共中央党校出版社，1997年，第27页）

3月　张少孙编（名家指导）《国学研究法》，由上海大华书局出版。

张少孙在《自序》中指出，研究国学应当最重方法，方法明了后方能入门、升堂与入室，才能事半功倍。近来研究国学者，往往以不得方法为苦，坊间又缺乏研究国学方法的书籍，于是专门从各国学著述与新旧杂志中，搜罗材料，挑选近人重要的论文二十余篇，编订《国学研究法》，"以为治国学之门径，则他日升堂入室，亦不无补益也"。

该书收录的论文有章太炎的《治国学的方法》《教育的根本要从自国自心发出来》《中学国文书目》，梁启超的《治国学的两条大路》《治国学杂话》《国学入门书要目及其读法》，胡适的《治学的方法与材料》《研究国故的方法》《一个最低限度的国学书目》《国学季刊发刊宣言》，顾实的《国立东南大学国学院整理国学计划书》，胡朴安的《客观的研究国学方法》，陈柱的《研究国学之门径》，方志超的《怎样研究国学》，胡怀琛的《怎样研究国学及其基本书目》，陈鲁成的《国学研究之方法》，周予同的《国文学习法》，朱希祖的《整理中国最古书籍之方法论》，汪辟疆的《中学国学用书叙目》《涉览书的二大类别及其提要》《工具书的类别及其解题》，陈钟凡的《论读书之方法》，范祎的《我们怎样读中国书》《治国学的门径》等。

该书收录胡怀琛《怎样研究国学及其基本书目》，从中西文化的根本出发研讨国学，并介绍国学基本入门书籍：

> 我们要讲怎样研究国学，先须讲国学和西洋学术，尤其是近世西洋学术根本不同之处。……一，中国孔子的学说，是从"以人对人"为出发点，其目的是要各个人自己克服自己的欲望，以维持他人相当的权利，人人都能如此，天下自然太平。二，中国老子的学说，自然"以自然对人"为出发点，其目的是要使人如草木，遇春而自然生长，遇秋而自然凋零，不识不知，自乐其乐。三，西洋的文化，是从"以人对物"为出发的，其目的在战胜"物"，而这"物"字是广义的，往往把人也当物看待，这三者的不同之处，现在我们可以明白了。西洋文化的结果，不消说，是造成最恐怖的世界大战，在这战祸的旋涡中，只是空言孔子的"仁"，老子的"自然"，当然要被人笑为迂阔。但是大家都是汲汲备战，希望能毂"以兵止兵"，这也是一样的可笑，结果只是悲惨而已。
>
> 假使上面的理论有六十分以上是对的，那么，全世界等人对于中国的学术都不得不有相当的研究，何况我们自己对于

自己固有的学术，尤不得不有深刻的了解。要了解中国一切的学术（并人情风俗等），必须先明白中国民族根本的思想，中国民族根本的思想在周、秦时虽有所谓"九流"，但其总源亦只有道、儒、墨三家，除墨子之学说在我认为是外来的思想而外，（另有说）只有儒、道两家，以后不加入佛学，但墨学与佛学，影响于中国人民思想皆不及儒、道两学那样的深，所以我们研究中国一切的学术，尤须先把儒、道两家的学说及其派别讲清楚，……至如"文学""艺术"（绘画音乐）本为中国人之特长，但除原始的歌谣及原始的绘画音乐外，其他皆与儒道两家思想有关，如杜甫的诗属于儒家，李白的诗属于道家便是，故欲研究中国文学及艺术，亦须先了解两家思想（并须略知佛学思想），至如自然科学，本非中国所有，不必讳言，我们只好学人家。

如说到研究国学应用的书，最好要读一读原书，最适用的就是商务印书馆出版的"学生国学丛书"，全部"国学基本丛书"虽好，但尚觉过多，难以遍读，我不敢唱高调，开一大批。我自己写的有四种初学最为适用……《国学概论》（乐华），《中国先贤学说》（正中），《古书今读法》（世界），《中国文学史概要》（商务）。此外当代名家的著述很多，各有长处，读者可以随自己的程度深浅，时间多少，选读若干种，如能多读，当然更好。再者道家学说，可采处少，儒家学说，可采处多，而儒家的学说，不重在空言，是重在身实行，为"忠孝仁爱信义和平"及"礼义廉耻"，倘不实行，便是等于零。（张少孙编：《（名家指导）国学研究法》，大华书局，1937年，第

183—186页）

陈柱在《研究国学之门径》中，提出我国国学占世界学术史的大部分，无论哪国人，若不能深入研究中国国学，"而侈谈世界学术史，侈谈进化史者，皆已失去一大部分之知识，虽谓之不赅不全之学不为过也。然则吾国国学之重要，而当为世界学者所宜亟研究之学术，盖可知矣"。关于研究国学的门径，陈柱曾鉴于学生的需要，编纂《国学教学及自修法》，详细讨论教与学的方法。出于学者的要求，根据最近的研究所得，再次提出研究国学的门径，第一为讲求师法：

> 天下之人，能求学者多，而知求学者少；欲求学者多，而能成学者少。是何故？是无师法之故也。故欲研究国学者：第一，要在乎得师，得师则法明而学问乃可期于有成。……师法传授之重要，经学如此，文学亦如此。孙可之之说，殆亦不能尽笑。推之一切学问，亦莫不如此。正不特国学为然也。自汉以后，治学成绩，以清儒为最著。……皮氏所谓家法，即师法也。则清代诸国学大家所以能成就如此卓卓者，盖在乎得师之故，断可知矣。然则今之学者欲研究国学，期有精博之成就，不可不先以择师为务矣。

其次分为四步研讨方法：

> 第一步须分读阅两法……第二步先求通大意……第三步深求法。此当分为三层：（一）研究语言文字之学，以明形声训

诂之大纲。盖积字成句；积句成篇。倘文字不明，何由明其句读，通其义理乎？语言文字之学，古称小学。盖古者八岁而入小学，即授以六书之义，诚读书之根本也。今欲略通小学，第一要书，为汉许慎所撰之《说文解字》及清人段玉裁之《说文解字注》。许氏之说文字，段氏之解《说文》，固不能无误。然吾人所藉以知六书之义例，匡正许书者，亦赖许书。而段氏者，许君之功臣也。他书美者固多，然学者或非欲为小学专家，则研精于此，亦足以应用矣。（二）阅注疏。古书之未易明者，古注疏已多所注明。如《十三经注疏》网罗尤富。其余子史集类诸注，亦均各有所长。学者均宜择要观览，以释疑解惑，而充根柢。（三）博览清儒汉学家书。古书之难明，一在乎制度，二在乎古字古义，三在乎假字讹字。凡此三者，汉唐诸儒已置力甚勤，大有成绩。然汉人之说，已多残缺不完，唐人亦尚多未备，五代以后，学尚空疏，言鲜征实。清儒特起，考订之勤，超唐越汉。经学如正续《皇清经解》大略已备。诸子之学，如王念孙之《读书杂志》，俞樾之《诸子平议》，孙诒让之《札迻》，尤其卓卓者。自余史集诸书，亦均称是。学者宜择己之所专，与古注对勘，择其要者书于上方，以便研究，如是为之数年，读毕十数种，则考订之途径既明，而所得亦已不浅矣。夫如是而后可以语古注之得失，而后可以进于研究之域。第四步研究法，此亦当分三层分述如下：一、思辨。此颇近于今人所谓怀疑。唯怀疑则与尊信相反，而思辨则界乎两者之间。疑所当疑，信所当信，不似怀疑之易流于偏激耳。怀疑者，有时自信太过，反未及思辨，而自陷于武断；唯思辨者则纯粹客观之学。而其所思辨者，实已经过怀疑之观念，故怀疑不可以包括思辨，而思辨可以包括怀疑也。昔之成学能有新发明者，未有不始于怀疑，而终于思辨者也。……二考证。此是研究学问最不可少之功夫，而研究国学，则为尤要。盖实事求是之学，本当如此。不然，则妄思怀疑，凭空思辨，语无佐验，足以欺童蒙，未足以语高明也。考证学之重要，譬之于科学，殆如物理化学之有实验矣。理化之无实验，而谓其足以征信于人乎？且古书传世既久，字音字义，往往今古悬殊，有今人以为难解，而疑其讹误，而其实为古人之常语，并未为误者……三、校订。此亦为治国学者所最不可少之法：盖古书传世已久，有无识之妄改，有无意之讹脱，有篆隶之讹变，有避讳之改省。以是之故，倘不严加考订，则郢书燕说，势必不免矣。自宋以后，此学久荒，至清而极盛，殆已成专门之学矣。……以文义论之，则始义既比治义为长，而治始亦形声相近易讹，则治之当为始，可无疑也。此外金石及龟甲文字均足以为文字学及史学等考订之资料，学者皆不可忽者也。……然则专从事于训诂考订之学而止，则是专以一名一字为学，而终身为轿夫也，其可乎？故继此以往，再有事焉。第五步讲论条贯，明辨得失。所谓讲论条贯，所读之书已经精心考授，文字训诂已无误，爰将其说分类研究，综合比校，其以求大旨之所在，而明学说之条贯，而后全书之义，乃可谓之尽明矣。所谓明辨得失者，凡学说能卓然独立，成为一家者，必有其独到之处，亦必有其偏失之处。……诸子如此，其他之书亦莫不皆然，则明辨得失，不为所读之书所蔽，而后可获学问之益。此又凡求学者所当知，不仅研究国学为然矣。（张少孙编：《（名家指导）国学研究法》，第114—125页）

是年春 湖南私立孔道国学专修学校修订招生简章。

第一条：宗旨。本校以保存固有道德，复兴中国民族，阐扬东方文化，促进世界大同，养成国学专门人才，明体达用，自重自好，立人达人，为宗旨。〔附注〕国学关系至深，大则可以参赞化育，辅相成平。小犹可以淑善身家，裨益风教。古之儒者，修养数十年，安贫乐道，极深研几，不欲轻于问世，贻祸斯民。故其一出，必能造福国家，苏醒黎庶。近世趋于速化之术，略识之无，便荣青紫。为学无本，出治不端。国势衰微，实由学术。本校教人，向以精修实践为训，笃学之士，固属不乏。而入悦道义，出美纷华者，盖亦不免。故于各生三年预科毕业之后，更添本科，俾其养成高尚优美之学。出则可为名贤名吏，处则可为经师人师。但求问世，则在预科毕业者亦可矣。天爵自贵，人爵不足以动其心。外有好者，亦许其同与于兹。

第二条：范围。本校注重经学、哲学、史地、政治、文学、医学、其他学科，如为相辅必要者，得酌采入，以资利用。〔附注〕国学范围，混含汪洋，穷天际地，包孕至广。语大天下莫外，语小天下莫破，乃为国学全体影象。本校才力绵薄，不足语此，专欲延续中心一脉。可以裨益国家社会，以为修齐治平之本。其他范围，以待来者。

第三条：班次。本校分本科、预科、中学补习班、国学函

授班。（函授班暂缓办）

（一）本科：内分六系。[甲]哲学系：心地纯洁，修养完美，将来可为传道之师，即负本校重要使命。[乙]经学系：长于考订，得经之心。现在政府提倡读经，老成凋谢，师资缺乏，将来需求必多，于世道人心，转移不少。[丙]史地系：天资开朗，意存经世。现在此项人才极少，偶有一二，根柢未厚，不知精研《方舆纪要》。左文襄所以善于治兵，编纂《读史兵略》，胡文忠以之教将。近日不重历史舆地，讲求沿革甚少，又何以读古书而明机要乎？知古知今，异日高踞讲座，尤为意中之事。[丁]政治系：条理精密，明敏仁厚，此为从政之才。然霍光不学无术，周勃厚重少文，终以败事。为治不从学术根柢而出，其设施必与俗吏无异。左文襄常自诩得力在四书五经。又时教人看《经世文编》，文襄勋业，不知其所从出乎？[戊]文学系：性耽风雅，预备箸述。文为诗书六艺之文，文岂易言？圣门文学之科，深于诗礼，皆为重要传经之人，非世俗浮薄之文也。马班昌黎，博极群书，泛览天下名山大川，然后为文。昌黎非三代两汉之书不观，因文见道。又在马班之上，故能文起八代而进于古。庐陵南丰，名臣大儒，根柢盘深。不仅文著，后有作者，莫不从经史义理中出。否则其文必不能传，无或爽也。故欲为文，必先务于经史根柢乃可。[己]医学系：热心社会，济物利人。中国医学，为神农黄帝先圣所传，伊尹作汤剂，仲圣辨六经，病源治疗，至是大备。范文正有云，不为良相，便为良医。古之名臣大儒，不通医术者少。古语又云，为人子者，不可以不知医。良因生命至重，岂可以父母之命，委于庸医之手，不能别白。惟中国医学至深，非通于《易》，不足言医。《灵枢》《素问》，为周秦以上子书，《伤寒》《金匮》，汉文奥衍，非通哲学，明训诂，即不能读，重要可知矣。右本科六系，略述大旨，以明重要。

（二）预科：不分系。〔附注〕本校预科，原系初中毕业考入，或与其程度相等而有经史根柢者，所授科目，因前未办本科，教授稍快，有为各校本科科目，本校已于预科教完者。其高者实已超过高中程度，其资质稍钝拙者，颇苦驰骤不及，故决意照前所办文学本科预科，俾得从容修习完满。稍添科目，以广用途，其原在本科教授者，亦仍归还本科。至于经学文学，则加厚力量，以培其根，又添设英文一科，此科原有，因有学生不愿学者，后遂裁撤。寄象狄鞮，译人之职，戴记所载，越裳献雉，重九译至，则沟通文化，万不可缺，增进世界大同，输出我国学说，必由于此，以后列为必修之科。体用交备，不可故步自封，毕业之后，即或投考他科，或职司译述，或赴海邦游学，或执学校教鞭，用途愈多，宣化愈广。

（三）中学补习班。〔附注〕因初中尚未毕业，未有文凭；或全未读过四书，遽谈国学；又或私塾读书，年龄已长，而科学全无者。补习一年，使其程度齐一，以后升入预科。教者学者，皆易为功。

（四）国学函授班。〔附注〕函授班，原以推广国学，便利远方，因暂不开办，俟开办时另定之。

右预科、中学补习班、国学函授班大旨，略述于此。

第四条：学科。分列三表如左（见表18—20）：

表18　国学专修本科课程第一表

年级 每周时数 科目	第一学年		第二学年		第三学年	
	一学期	二学期	三学期	四学期	五学期	六学期
中山学说	（一）					
修身	（一） 孝经、人谱	（一） 学规类编	（一） 五种遗规			
性理学	（二） 近思录	（一） 朱子学说	（一） 读书录	（一） 居业录	（一） 思辨录	（二） 罗山学说
经学	（五） 四书（三）、 毛诗（二）	（五） 四书（三）、 尚书（二）	（五） 礼记（三）、 仪礼（二）	（六） 春秋三传（四）、 尔雅（二）	（六） 春秋三传（四）、 周官（二）	（三） 周易
史学	（四） 史记	（四） 前后汉书	（四） 三国志（二）、 史通（二）	（四） 资治通鉴	（一） 文史通义	
子学			（二） 老子（一）、 庄子（一）	（二） 荀子（一）、 孙子（一）	（二） 管子（一）、 墨子（一）	（二） 诸子平义

续表

科目＼年级 每周时数	第一学年 一学期	第一学年 二学期	第二学年 三学期	第二学年 四学期	第三学年 五学期	第三学年 六学期
文学	（三）正续古文辞类纂	（三）同上	（三）经史百家杂钞	（四）昭明文选	（二）骈体正宗	（一）文心雕龙
诗学	（一）古诗源	（一）唐宋诗醇	（一）同上	（一）十八家诗钞	（一）同上	（一）词选
国学概论	（二）					
文字学	（二）段氏说文解字注	（二）同上	（二）同上			
音韵学				（二）段氏六书音韵表		
文学史				（二）		
四朝学案		（二）宋元学案	（二）同上	（二）明儒学案	（二）清儒学案	（二）附清先正事略

续表

科目＼年级＼每周时数	第一学年		第二学年		第三学年	
	一学期	二学期	三学期	四学期	五学期	六学期
札记学	（二）日知录					
目录学				（二）四库简明目录		
修辞学					（二）	
医药学	（二）素问	（二）同上	（二）同上	（二）灵枢	（二）同上	（二）本草经、脉经
英文	（四）读 背 讲 作（翻译）	（四）同上	（四）同上	（四）同上	（四）同上	（四）同上

续表

年级 每周时数 科目	第一学年		第二学年		第三学年	
	一学期	二学期	三学期	四学期	五学期	六学期
日文					（二）读、讲（翻译）	（二）同上
教育学					（二）	（二）
法律学					（二）	（二）
政治学					（二）	（二）
经济学					（二）	（二）
经世文学					（二）经世文编	（二）胡文忠公遗集
政治掌故	（二）三通	（二）同上	（二）同上			

续表

年级（每周时数）科目	第一学年		第二学年		第三学年	
	一学期	二学期	三学期	四学期	五学期	六学期
中国地理沿革	（二）方舆纪要、李氏五种	（二）同上	（二）同上			
书法学	（一）	（一）	（一）	（一）	（一）	
军事训练	（二）	（二）	（二）			
国术				（二）		
论文						（四）
合计	三六	三五	三六	三五	三六	三四

表 19 国学专修预科课程第二表

（原研究班本为高中，今改为预科；国学第四班仍照原定课目教完）

科目 \ 每周时数	第一学年 一学期	第一学年 二学期	第二学年 三学期	第二学年 四学期	第三学年 五学期	第三学年 六学期
三民主义	（一）	（一）				
修身	（一）朱子小学	（一）同上	（一）同上	（一）孝经		
经学	（10）四书（五）、诗经（三）、礼记（二）	（10）同上	（10）尚书（四）、左传（四）、礼记（二）	（10）尚书（二）、左传（六）、礼记（二）	（10）左传（六）、周易（二）、礼记（二）	（10）左传（六）、周易（二）、礼记（二）
国文	（五）散文（三）、诗（一）、作（一）	（五）同上	（五）同上	（五）同上	（五）散文（二）、骈文（二）、诗（一）	（五）同上

续表

科目＼年级／每周时数	第一学年 一学期	第一学年 二学期	第二学年 三学期	第二学年 四学期	第三学年 五学期	第三学年 六学期
历史	（四）通鉴辑览	（四）同上	（四）同上	（四）同上	（四）同上	（四）同上
性理			（一）近思录	（一）同上	（一）同上	（一）同上
文字学	（二）孙编小学初告	（二）同上				
音韵学				（二）孙编		
医学	（二）近代治疗	（二）近代治疗及药性	（二）伤寒论	（二）同上	（二）金匮要略	（二）同上
中国地理	（二）	（二）	（二）	（二）	（二）	
世界地理				（二）	（二）	

续表

科目＼每周时数＼年级	第一学年 一学期	第一学年 二学期	第二学年 三学期	第二学年 四学期	第三学年 五学期	第三学年 六学期
世界史					（二）	（二）
法律学					（二）	（二）
政治学					（二）	（二）
经济学					（二）	（二）
教育学					（二）	（二）
英文	（四）	（四）	（四）	（四）	（二）	（二）
数学	（二）	（二）	（二）	（二）		
书法	（二）	（一）	（一）	（一）		
军训	（一）	（二）				
国术			（二）	（二）		
合计	三六	三六	三六	三六	三六	三四

表20　中学补习班课程第三表

学期 时数 科目	补习一年	
	上期	下期
修身	（二）（朱子小学内篇）	（二）（朱子小学外篇）
经学	（一）（二） （论语）（大学）（中庸） （讲）（读）（背）（解）	（一）（二）（孟子）（同上）
历史	（四）（本国史） （由上古至唐代）	（四）（本国史） （由五季至近代）
地理	（二）（本国地理）	（二）（外国地理）
国文	（五）（古文辞类纂） （唐诗） （讲）（读）（背）（作）	（五）（同上）
英文	（四）（读）（背）（讲）（作）	（四）（同上）
算术	（四）	（四）
习字	（二）（颜麻姑坛）（乐毅论） （大小楷）	（四）（同上）
公民	（一）	（一）
合计	三六	三六

〔附注〕右三表，课目性质相同，而程度浅深迥异。如中学补习课程，四书注重熟读背诵，其讲解则但解释字义，疏通大意，以完成读经之过程，稍固其基础。英文算学，亦以简捷之法，补足中学相当之程度。预科读经，则以宋元儒者所注之五经读本，参用清代钦定七经中之义疏讲解，以端其趋向而正其指归，免至为邪说歧趋所惑。此乃以宋学植其根也。预科

读经，注重讲解，仍重熟读。譬如一面生人，稍经介绍，久则忘其声音笑貌，况欲察其性情乎？故经必熟读，久而弥亲。譬如肝胆至交，缓急可恃。虽越千里，虽别十年，人不能间，相悉深也。书贵精熟，何以异是。古语云：旧书不厌百回读。又云：诵读百遍，背读百遍，皆古人读书之法。中国学术，咸本于四书五经。四书五经通熟，其他学术，自可迎刃而解。本科读经门类更多，学分反少。一则他类浩繁不敷分配；一则从预科毕业之后，讲授已多，应能自由研究。教者仅为钩元提要，指示涂径，不必句梳字剔，然后乃晤。且选习之书，如注疏经解，《正谊堂丛书》、"二十四史"、《资治通鉴》、《读史方舆纪要》、三通、诸子，以及各项丛书、各项政书、名人专集，汗牛充栋，抱读一册，亦须三年，安能普及。故须分系专选，然后可以卒业。博综约守，融会贯穿，六通四辟，康庄独骋，乃称为至。其他科目，无不皆然，故其造诣，百倍预科，此乃以汉学群学丰其体也。为学之道，必有本末次第，然后无中途颠蹶之苦。不有宋学，则如涉大海，不锡南针，茫无畔岸。虽飘流岁月，靡所底止。傥猝遇飓风，遂汩波浪；不有汉学及群学，则如登高山，不携行馔，易感饥疲。虽黄冠野服，具有仙风。然处境寂寥，或忘烟火，故二者不可偏废。而本末次第，尤不可忽，为学必先以宋学辟其途径，此大学之必先知止，然后定静安虑，乃可以得，此本校预科之法也。为学必继以汉学与群学广其藩篱［篱］，此《中庸》之必首博学，仍必加以审问慎思明辨，归于笃行，此本校本科之法也。惟汉儒董郑，则汉学而已具有宋学之意。宋儒程朱，则宋学又实深其汉学之功。朱子服膺汉学，搜求考证，尤极勤劳，且加以身体力行，推求更切，故义理之学，较汉儒精确耳。清儒所言汉学，颇多穿凿。此为清儒之汉学，非汉儒之汉学也。宋胡安定先生，以经义、治事分斋，习经义者必通群经，习治事者必通一经，兼习一政治社会之事。本校不敏，窃师此意。惟经学范围太广，拟分三礼为一组，名曰经学系三礼组；三传为一组，名曰经学系三传组；《毛诗》与《尔雅》《说文》合为一组，名曰经学系训诂组；《尚书》与《周官》、三通各政书等为一组，即名为政治系。《周易》与四书、《孝经》及哲学合为一组，即名为哲学系；史地自为一组，亦必合《尚书》《左传》共同研究；文学自为一组，亦必合《左传》《史》《汉》共同研究；医学自为一组，亦必合《周易》哲学共同研究。系者主之，合者辅之，其他则补充之，以广其应有之知识，视其性情所嗜，任其选习，特别研精可也。每组多则十人，少则三人。研精三年，专门人才，必有从此起者矣。此本校之所企望也。

表21为国学本科预科及中学补习本期纳费表。

表21　国学本科预科及中学补习本期纳费表

科目	国学本科	国学预科	中学补习	备考
学费	二十四元	一十八元	一十二元	
讲义费	四元	二元	一元	
课本费	一元五角	一元	一元	
图书捐	二元	二元	二元	
杂费	二元	二元	二元	

续表

科目	国学本科	国学预科	中学补习	备考
民众学校捐	五角	五角	五角	
刊物捐	一元	一元	五角	
体育费	五角	五角	五角	
同学会捐	八角	八角	五角	
赔偿费	一元	一元	一元	如无损毁，毕业退还，旧生不缴
制服费	三元	三元	三元	多退少补
寄宿费	三元	三元	三元	不寄宿不缴
电灯费	一元	一元	一元	同右［上］
缮费	二十四元	二十四元	二十四元	同右［上］
合计	通学共四十元零三角，寄宿共六十八元三角	通学共三十一元八角，寄宿共五十九元八角	通学共二十四元，寄宿共四十八元	

（《湖南私立孔道国学专修学校招生简章》，《孔道期刊》，第8—9期，1937年12月20日）

4月1日　《章氏国学讲习会学报》第一号发行（即《制言》第37—38期合刊），孙鹰若、王乘六、潘承弼、诸祖耿、沈延国任编委。刊有《略论佛法要义》《战国策佚文考》《日知录补校》等文。后《制言》第39期恢复原名。（《章氏国学讲习会学报》第一号，1937年4月1日）

△　《国学》创刊，李廷玉主编，天津国学研究社主办。除特约撰述外，"凡关于国故的论著、札记、文艺及前贤遗著未经印行者均所欢迎"，白话文稿不录。

李廷玉撰《发刊序》:

孔子殁而微言绝，七十子丧而大义乖。古人已慨乎言之矣。由汉以迄今日，历经二千余年，其间圣君贤相，博学通儒，凡能抉经心而执圣权者，大都推广圣言，表彰经义。纵六经为文化之本位，四子又为六经之精华，不能使不读书少识字之流，一并学贯天人，通经致用。然而义夫节妇，正士端人，所在多有。即五尺童子，雅不愿负不忠不孝不仁不义之名。此无他，尧舜禹汤文武周公孔子之遗泽孔长，而被化于无形者多且久也。民国肇造以来，二十有六年矣。欲正人心，而人心日趋于险诈；欲厚风俗，而风俗愈极于卑污。试为详参致此之由，实起于民三废经，民七废孔。有心人虽怒焉忧之，亟思出而辨正，终以口众我寡，莫可如何。于是黄钟毁弃，瓦缶雷鸣，畸邪怪诞之词，累牍连编，摇惑天下人之耳目。致使五千年来之优秀民族，大多数近于禽兽，而不自知其误入歧途。因而犯上作乱，负义忘恩，弑父杀兄，灭伦败纪，几乎司空见惯，甚或视为固然。如此恶浊潮流，焉望有澄清之一日哉。幸而欧洲大战以后，各国大政治家、大哲学家，倡言物质文明破产，非中国之精神文明，不足以救之。遂相与谋设中国文化学院，礼聘中国文学导师。又对中学别设选科，以促学人之注重。日本与我同文同种，更观感兴起，尊崇圣学，研讨圣经，且不惜动用国库重金，为宣圣重修殿宇。而《论语》一部，尤认为人人应读之书。我国当轴诸公，深悟昨日之非，力图今日之是，尊孔特颁明令，又分饬各校添课读经。从此不闻非圣无法之言，更多经明行修之士。此殆微言欲绝而不终绝，大义欲乖而不终乖之特殊一机会也。本社同仁等，有感于此，促玉召集开会，讨论发行《国学》月刊，并云数年前有此主张，每虑著作刊行，动多阻碍。今既本社周刊，《大中时报》代为宣传，未遭非议。而新闻各界，尤愿为国学之阐明。正宜合力同心，对于群经正史诸子百家，发挥固有之功能，导示钻研之途径。惟以汉儒重考据，不无穿凿附会之失；宋儒重义理，不无玄虚空寂之嫌。吾辈立说著书，务须救弊补偏，勿蹈汉宋诸儒之辙。而所谓实事求是，躬行实践，尤应各加奋勉，勿再徒托空言。当时询谋佥同，各自认定一门，按期编纂。并决宁缺勿滥，以免贻笑通人。同时公推玉为主编，俾便克日兴办，期于历久不渝。第以国学渊深，非玉等呫哔小儒，所能抉其精奥。谨就一知半解，供献于诸大儒雅之前。因念《左氏传》曰："言之无文，行之不远。言以足志，文以足言。"不言谁知其志。今之集众思，广众益，抒管见，发俚言，亦只以文见志而已。至于刊物发行之日，果否对于圣贤经传，可以拾遗补缺，抑或引起穷经兴趣，促进讲学精神，则非玉等所敢知也。海内硕学耆儒，有与玉等引为同志者乎，尚希勿吝金玉，以增本社之光可也。不禁九顿首而跂足以俟之。（李廷玉：《发刊序》，《国学（天津）》，第 1 卷第 1 期，1937 年 4 月 1 日）

有舆论评价：

本市国学研究社为国学专修团体，自民国二十一年开讲以来，经全体师生努力切磋研究，颇有成绩。该社社长李廷玉先生近为阐扬国学，提倡固有文化，并拟将该社师生研究成绩，介绍社外，就正海内方家起见，特于最近联合本市耆宿陈慰苍、张芴晖等，创办《国学月刊》，创刊号已于本日出版。本期目录为李廷玉先生之《发刊序》，裴学海先生之《大学中庸疑义订解》，张芴晖先生之《卫冀隆难杜得失说》及《知乐斋诗钞》，吴英华先生之《庄子释诂》及《恬庐丛话》，陈泽寰先生之《论〈说文〉为眼学》，陈文彦［先生］之《述国学研究社艰难缔造之概况》，各篇对于国学颇多发明，信为海内研究国学者之参考。《述国学研究社艰难缔造之概况》尤足窥见该社社长李廷玉先生六年来提倡国学之苦心毅力。该刊用古宋字印刷，封面影印宋版《孝经》，"曾子曰，甚哉孝之大也。子曰，夫孝天之经也，地之义也，民之行也。天地之经，而民是则之，则天之明，因地之利，以顺天下。是以其教不肃而成，其政不严而治。先王见教之可以化民也，是故先之以博爱而民莫遗其亲"一节，雅寓正人心厚风俗之意。该刊除分赠全国各学术机关团体，并颁发该社社员参考外，社外同志如欲定阅，取价亦极低廉，以资推广，计每册零售一角五分，半年八角，全年一元五角，邮费在内定阅者可径函天津特二区市立师范学校内国学研究社，即可寄云。（国学研究社主编：《国学月刊昨日问世》，《大中时报》，1937年4月10日，第6版）

4月1日　谢慧霖发起东方学术研究社，李源澄予以推荐，并刊布简章。

吾蜀自光复以来，割据之局，不能统一，即言学问，亦多类似，故鲜能降心相从以收切磋之益者，虽无标榜哗世气习，而不能发扬光大。凡我蜀人之心平气和者，皆能自认其咎。近谢慧霖先生与其友人发起东方学术研究社于成都，虽不敢言创举，实为不易得见之事，内分经学、史学、诸子、佛学四门，组织甚为完备，敬望谢先生能负责不懈，吾乡学者能闻风兴起。兹录其简章于后。

一、本社以阐明东方学术，保存民族精神为宗旨。

一、本社研究东方学术，以释迦、孔子为中心，其他贤哲，或醇或疵，虽所不黜，只在辅翼之列。

一、研究释迦之学，要以大乘为主，信解行证，自觉觉他，不事空谈。

一、研究孔子之学，以明体达用为主，格致诚正，修齐治平，贵有实际。

一、九流百家，亦应参究，要必折衷孔子，合者可以互证，离者可为反证，合勘可以窥圣人觉世牖民之苦心。

一、本社常设佛儒讲座，阐明两家精深学理，随时可以质疑析难。

一、本社社员，每两周开研讨会一次，凡有心得．互求参证，如有疑义，得相辨难。

一、本社社员读书笔记及其他著述，应交社商榷，得由社择要刊发，或附入月刊杂志内。

一、本社讲义及发明之学说，每月刊发杂志一次，用质得失于当世之贤哲。

一、入社人员，凡有志发挥东方学术者，经发起人二人以上之介绍，均可入社。

一、本社设立正副社长各一人，综理一切进行事宜。

一、本社设襄理员四人，分任社中一切事务。

一、本社经费，由发起人向当世贤达募集办理。

一、本社社员，入社时缴社金一元，在校学生五角，年捐亦同。

一、本社社员如有品行失检，或逾越宗旨者，由社斟酌情节，或劝戒，或除名。（李源澄：《介绍东方学术研究社》,《论学》，第4期，1937年4月1日）

4月3日 南社湘集在长沙妙高峰南园举行第十五次雅集，刘谦、王耐园、李澄宇、刘鹏年、文斐、左铭三、方克刚、颜宗鲁、骆鹏、龙曙、钟爱琴、龚尔位、傅绍禹、丁良祯、刘楚乔、陈志钧、匡怀瑾、黄修杞、龚承上、颜昌峣等人参加。（杨天石、王学庄编著：《南社史长编》，第645页）

△ 曹恂卿创办国学研究社，鬻艺招生。（《曹氏国学研究社鬻艺招生》,《新闻报》，1937年4月3日，第13版）

△ 《新闻报》报道"国学会春宴小记"，胡朴安提倡读书，蒋竹庄主张有鬼。

国学会上海分会每月聚餐一回。日前由李瑞华、王琪两女士主催，春雨菲［霏］微中，莅止大中华酒楼者十六人。先开干事会，总干事胡朴安先生提议：征集会员，对于国学先定一研究之题目，分别专攻，其用意即提倡读书也。朴安先生以二十题为例，皆属于文字学音韵学者。此外，并于《民报》之《读书周刊》，辟国学常识答问栏，一则会友之自课，一则对社会服务。众无异议，列为成案。（凉：《国学会春宴小记》，《新闻报》，1937 年 4 月 3 日，第 18 版）

△　惠灵国学会开办书画展。

城内豫园路七八号惠灵国学会成立已届三载，专以提倡国学为职志。近由会员汪声远、汪仁杰、赵静斋、金长康、陆渊雷、叶康、孙德余、谢闻鸥等发起，假座新北门福佑路一百九十号萃秀堂，四月三日至五日开书画展览会。昨日为第一日，参观者甚众，上午开幕时即有瞿太太者定购江声远之六尺山水中堂，该幅结构布局，均极精致，以九十元脱售，咸以为捷足先登，他若颜文宝小姐之山水锦屏，销售最为踊跃。（《书画展第一日》，《申报》，1937 年 4 月 4 日，第 4 张第 16 版）

4 月 15 日　鱼行发表《阐扬民族意识复兴固有文化——写在国学研究社成立后》，认为文学是灌溉人们生命之流的泉源，中国文学是"国粹"中最有价值的内容。

当新文化正盛炽的今日，忽然有学者出而提倡"整理国故"，这种惊人听闻的呼声，闯进了人们的耳鼓，耸动了社会的注意，使冷静的幽默的广漠的宇宙里的空气，起了很大的冲荡和波动。我们一般的青年，正在欧风美雨中，醺醉它们的甜蜜，讴歌它们的浸润；拿幼稚的单弱的身躯，当汹涌澎湃的新潮，感觉难以应付；他们却这样富于情趣，高兴来同我们青年们作长足的竞走，我们情绪上思想上事实上各方面，因为这新呼声的伟大，不觉得把从前的迷离的幻想都打破了。明白学理没有区域的界限，天下的学问，原是殊途同归，古今一致。使我们一般青年，研究"国学"的信念，格外坚定。

　　文学是灌溉人们生命之流的泉源。以地球上面的宽广，不是一条河流能浸润普遍，在美洲北部有 Missousi River，在南美有 Amazon River，在亚非利加有 Niger River 和 Zambezl River，在欧洲有 Rhine River，Thames River 和 Rhone River，在亚细亚洲有黄河长江珠江黑龙江等巨支细流，不能枚举。文学之于世界各国，也是这样情况，各国有各国的习俗，各国有各国的民情，各国便有各国的文字，文字是表现文学的工具，工具不同，文学自然也互异，英国文学不能全量比德国文学优美，日本文学不能使它一定要拜法国文学的下风。各有优美之点，也各有缺残之点，不能说绝对的谁优美？谁残缺？文学如此，学术也是如此。所以凡属爱国的人，没有不希望自己国家〔学〕术文化之发扬，我们中华民国以数万方里的土地，聚满汉蒙回藏五大民族于一家，积下了数千年来文化，其中包罗之富，如地球的内部似的，金、银、铜、铁、锡、硼、镁、铝、硫、钾……；各种原质，没有一种不含有，我们一般的青年，如流落的王孙，看见邻居的，因为"经营什佰，捆载而归"，或"善于蓄储，坐拥连城"，或"春耕夏耨，仓廪充实"，我们只知羡慕，求人周济，不知祖先遗产，大可居奇，若能整理出来，不但自己可以走入幸运的程途，并且可以和邻人比富，我们中国，既是有这无限的宝藏，青年们又得着学者们的向导，应如何的奋起呀？

中国文学是"国粹"中最有价值的一件，如化学之有养气似的。万物没有养气不生长，人生没有文学不安适。汉满蒙回藏的民族，生长在亚东的大平原上，想求着人生的安适和愉快，决不能舍亚东地面上空气中的养气不吸收，必定要个个跑到欧洲美洲去行深呼吸呵！我们自己若不吸收，美洲欧洲的人士，将要来操"八段锦"了呵！既然这样，本国的一切学术，就不可不从事研究，我们既研究它，当不限于局部的文学，我们须得放开眼光，研究它的全体。它现在所以不显著，使人民脑海中减少了印像［象］，不是国学本体之不完备，是因为时间的压迫，失却了普遍性，我们为谋世界学术之融通知适合时代起见，我们须"当仁不让"，起来实行克鲁泡特金氏的互助主义。

平市喜欢研究国学之青年，要想走上这竞走的场中参与盛会，若不努力直前，从事各种运动。自问一声"所为何来呢？"学者们的热心，无论有多大贡献，都是他们自身的成绩，其他青年的勇气，无论如何伟大，都是其他青年们自己的成功，我们只有观摹［摩］的可能，决不能贪人们从辛苦艰难中得来的物品，据为己有，所以我们不当依赖学者们替我们工作，尤不可委其他人们去整理，我们既抱有研究国学的宏愿，全赖自己一点点一丝丝的收集，一步步一层层的渐进，我们分工去从事，剔的剔，爬的爬，搜的搜，刷的刷，形式期在

"分工"，精神便属"互助"。因为这伟大的任务，决不是一时可以毕事，决不是一人所能为力，也决不是孟浪从事，可以收效，所以要组织一最完美最健全最稳固的团体，集思广益，和衷共济，不但对于会务要筹画清楚，有条不紊；就是研究方法，也要详加考虑，采一种最精密的谨严的客观的科学方法，使国学中所谓粹的品质，如沙砾中的金粒一颗颗的择出。我们若再把它堆积起来在一个玲珑的白玉盘儿里，何等美的哟！？我们设若是能够这样，那末现在人们以为汗牛充栋的书籍，——如甲部，乙部，丙部，丁部，一一我们把它弄成了系统，如领之在网然。至少的成就，可以免掉国人对于"国学"一种淡薄观念。说到这里，我们青年们，若不想达到自己希望则已，如想达到自己希望的一部或一部分，我们就非起来组织这国学研究社不可，所以我们今日抱着满腔热心和奢望，征求大众同意，发起这中国学研究社。我们于研究有得的时候，预定要出一种刊物，若会员有特别的成绩，也可斟酌出种种丛书。不过在草创的时期内，却不能和别人那样吹牛，只有各自去工作。结果如何，现在却不能自定，常言道："做出便见。"这会既是平市喜欢研究国学之青年所组织，我们青年便要尽护抚教育的责任，若是希望他长成能造福于社会呵！就请大家各尽各的心去做自己应做的事！（鱼行：《阐扬民族意识复兴固有文化——写在国学研究社成立后》，《文艺战线》，第5卷第10期，1937年4月15日）

△　王桥庵开始连载《国学讲义》，认为学术不外乎德行、言

语、政事与文学，"德行即义理"，"言语即词章"，"政事即经济"，
"文学即考据"。

王桥庵认为，为学旨在明理以致用，义理、经济为立国的命
脉，民生的要素，词章考据之于国家与民众也有密切之关系。学术
本不必分别国界，"国学名词骤观之似觉不能成立，然而中国文化
实为世界先进，且取春秋内其国之义，则此国学之名义无可议"。
研究国学的目的可分为"专门精进"与"当务致用"两种，然而对
于读书而言，"必须引起兴会，有进无退，有乐无苦，然后收效必
速，成功必倍"。（王桥庵《国学讲义》，《讲坛月刊》，第5期，1937年4月
15日）

△　布衣发表《答友人论国学书》，评述各家研究国学的优劣
得失，辨析国学流派，以及国学与科学、佛学的关系。

函称：

> 来书论康南海、章太炎、王静安三派及梁漱冥［溟］、胡
> 适之治学同异，并云此后拟专力于朴学。就见言见，仆何能强
> 人就己，然为折中至当，求有归宿。仆虽不学，窃有耿耿之
> 见，以辨其本末轻重焉，梁漱冥［溟］自谦无学，惟有问题，
> 期能解决，此仆所绝对同意者也。假令自有人类无苦无争，浑
> 浑噩噩，不识不知，太空云霞，山川木石，非同非异，焉有
> 问题。无问题则无须解，无须解则何用学。学既无需，安所谓
> 派，然既有生，是以有求，饮食男女，大欲存焉，死亡贫苦，
> 大恶存焉，且有生则有私，有私则有争，小者讼，大者杀，以
> 贪嗔痴之三毒，演盗杀淫之三业。芸芸万众，苦痛日增，人情

好乐，其何能忍。于是根本问题，必求解决之道，其偏重解决对物问题者，以欧洲科学为最，其偏重解决生死问题者，以印度佛学为最，关系太复，兹从缓论。

足下所言者国学，故今论国学问题，国学较科学、佛学，为世界学术特色者何在？曰：要在人与人相对问题，而对物及生死问题浑化其中。论者谓中国历史，为世界所不及，学者概承认之，试察历史内容，非人类言行所积安危治乱之陈迹乎，非所谓人与人相对问题乎。所以留此历史者，岂为后人考据作文之资料乎，抑为修身治世之龟鉴乎，其本末轻重，当有辨矣，所谓六经皆史固然。惟孔子删定纂修之意，以其为先圣治世之经验良方，使读者鉴前虑后，而惩恶劝善，非以详考，博辨著作立名为主也，故曰"述而不作，信而好古。窃比于我老彭"。盖以时间甚长，空间甚广，人类共同经验，觅其可循之轨道，断不可自参私见专己好名，以误苍生而祸天下，故不曰我之学说，我之主张，惟曰"述而不作，信而好古"。又曰："我非生而知之者，好古敏以求之者也。"

旧称经验，今政归纳而已矣，非不创造也，以人类活动，纯由天性，非以私意所可矫揉造作也。然欲人人广读历史，自觅通行广道，披沙拣金，谈何容易。故九流之学，莫不本于历史，各得原理原则，以便人人易知易行，不过性情有偏中，体验又有疏密，各就知行，成为一家，惟孔子圣德天纵，克集大成，推崇老聃，又修其高明之失。子贡曰："夫子焉不学，而亦何常师之有？"其知集大成之故乎？《论语》者，孔子行己教人之言行实录也；《周易十翼》者，孔子晚年学《易》之笔记提要也。骤视之，前者若多老生常谈，后者若混道家阴阳，实则道本一源，学无常师，宇宙人生之定律，不能出于其中；门户偏狭之隘见，绝非孔子所有，言顾行，行顾言，即知即行，即行即知，一人遵之，则立命安身，人人守之，则中和位育。所谓本诸身，征诸庶民，考诸三王而不缪，建诸天地而不悖，质诸鬼神而无疑，百世以俟圣人而不惑者，非虚言也。哲学家见之，则有哲理；心理学家见之，则有心理；伦理学家见之，则有伦理；政治学家见之，则有政治学理；教育学家见之，则有教育学理；社会学家见之，则有社会学理；历史学家见之，则有历史之材；宗教学家见之，则有宗教之用。而孔子非讲哲学也，非讲心理学也，非讲伦理学也，非讲政治学也，非讲教育学也，非讲社会历史学也，尤非宣传宗教也，其中道字，频见不鲜，如曰"谁能出不由户，何莫由斯道也"，又曰"吾道一以贯之"，又曰"朝闻道，夕死可矣"。其他不可胜引，可谓与人明道行道。换言之，大家认清大路，终身行之而已，梁漱冥［溟］谓之指导生活，非讲学问，亦即解决人生问题而已矣。以之自习，则为修身，以之教人，则为教育，以之治世，则为政治。大学申明言之曰"格物，致知，诚意，正心，修身，齐家，治国，平天下"，非所谓正教学合一之道耶？《论语》首章开宗明义即曰，时习而悦，朋来而乐，人不知，而不愠，大学曰"明明德，亲民，止于至善"，《中庸》曰"致中和，天地位焉，万物育焉"，孟子曰，"［穷则］独善其身，［达则］兼善天下"，其宗旨岂不彰彰矣乎？《论语》明言，子所雅言，诗书执礼，诗以理性情，非玩文学也；书以通治体，非研历史也；礼以归实践，非考典制节文也。故曰："不学诗无以言。"又曰："诵诗三百，授之以政，不达；使于四方，不能专对，虽多，亦奚以为。"又曰："人而不为周南召南，其犹正墙面立也欤。"又曰："诗可以兴，可以观，可以群，可以怨，迩之事父，远之事君。"又曰："兴于诗，立于礼，成于乐。"又曰："不学礼，无以立。"又曰："克己复礼。"又曰："不知礼，无以立也。"处处归于人生，在在无非实践，何尝教人以考据辞章为真学问耶？是以一贯之实，归于求仁。颜子为弟子，最称其好学，又赞其贤。不曰"通古今，博考辨"，而曰"不迁怒，不贰过"。又曰："单［箪］瓢陋巷，不改其乐。"又曰："其心三月不违仁。"颜子称孔子循循善诱，则曰"博我以文，约我以礼"，博文归于约礼，则非以博文为究竟可知。此事确证，则在《礼记经解》引孔子之言曰："其为人也，温柔敦厚，《诗》教也；疏通知远，《书》教也；广博易良，《乐》教也；洁净精微，《易》教也；恭俭庄敬，《礼》教也；属辞比事，《春秋》教也；故《诗》之失愚，《书》之失诬，《乐》之失奢，《易》之失贼，《礼》之失烦，《春秋》之失乱。其为人也，温柔敦厚而不愚，则深于《诗》者也；疏通知远而不诬，则深于《书》者也；广博易良而不奢，则深于《乐》者也；洁静精微而不贼，则深于《易》者也；恭俭庄敬而不烦，则深于《礼》者也；属辞比事而不乱，则深于《春秋》者也。"要而言之，学文不外六经，而归宿则在约礼，所谓深于其教也。孔子曰"博学于文，约之以礼"，亦可以弗畔矣夫，言不背于道也。曾文正有言，先王之治天下，经纬万汇者，礼而已矣，所以然者何也？曰，盈天地间者万物也，灵于万物者人也，为人生之问题者苦乐也，苦乐之所以然者，好恶之当否也，若任好恶之偏，不惟淫秽贪残，人间悲惨，即天地万物，亦为之不得其所矣。《易》言裁成辅相，《中庸》言参赞化育，其枢在能善人群，其本在人人修德。上焉者，造为自得之君子；下焉者，范以礼乐刑政。民之生，庸庸者天下皆是，莫不视贤且智者为转移。故造就君子，尤为本中之本，学君子者，蒸为习尚，即今人所谓改良环境之要枢，《论语》言君子者逾九十，《周易十翼》屡言君子，六十四卦大众传，系以君子者五十四，以社会之改良赖斯人，政治之失赖斯人也。

荀子曰："能善其群，谓之君子"，故孔门之学，其重乎此，四科首列德行，殿学文学，治正宗又复显然。即所谓文学，非复后世所谓艺术文学也，乃经天纬地养群治世之文学也。奈自汉魏六朝以来，虽因孔学之化，不少躬行君子，而笺注之习，流而为琐，虚文之尚，习而为浮。下焉者，假之而无所不为，高明者，厌厌而值入佛老，虽奈二氏之助，人心风俗，不少补益，而孔子精微广大经世致用之学，所谓范围天地之化而不过，曲成万物而不遗，通乎昼夜之道而知者，不克末明于世间。有宋周程邵张朱陆诸贤，出入于二氏，反求诸六经孔孟，深有见于虚文笺注之浮琐，及不善学二氏者之不可经世，故取二氏之精义，与孔曾思孟之微言，融会贯通，崇理义，重躬行，一扫虚浮琐屑之弊。孔子曰，"学而不思则罔，思而不学则殆"，学思一致，工夫始密。所谓尊德性而道问学也，朱子非不思而较重学，王子非不学而较重思，各有补偏救弊之苦心，此非深经切己体察者不能知，说者谓程朱道问学，陆王尊德性，此漠视浅尝似是而非之论也。盖孔子之学，重在学道，以作人为本，非不求知识技能，特视之为末，名之曰艺，断不可与本与道混淆。故曰，志于道，据于德，依于仁，游于艺。又曰，吾少也贱，故多能鄙事，君子多乎哉，不多也。记者连类记牢牢之言曰，子云，吾不试，故艺。夫志道据德依仁，道之学也，游艺及多能，艺之学也，后人不晰此义，妄将格物致知之学，混为记诵能文理化博物之类。故清末译西籍者，竟将理化博物混合课本译名格致，即张南皮亦有此蔽，故于湖北设格致书院，提倡科学。提倡科学是也，乃节取大学格物致知之名，足征其不明大学格致工夫为何事。夫格物致知，乃诚意正心之实功。换言之，即使心术纯洁，所以自修其身，道之学也，非艺之学也，究其由来，乃朱子取伊川程朱之意，将完全大学一书，割截移动，补格物致知一章，纳学要义，全在即凡天下之物，莫不因其已知之理而益穷之，以求至乎其极云云。范围太广，界限未清，宜象山以易简工夫终久大，支离事业竟浮沈讽之也！朱学博大，讵敢轻议，然此道艺未分，定义欠确之微失，吾人求是，亦不能力先贤讳。阳明谓记诵之广，适以长傲；知识之多，适以行恶；闻见之博，适以肆辨；辞章之富，适以饰伪；正穷冒艺，为道之极弊，亦中国学术得失之林也。深明乎此，则汉宋之争，门户之辨，可以焕然冰释。今科学方法，最重界说，乃仍懵混不清，贤者亦不能免，何其结习之牢不可破也？极道艺不分之弊，将操存省克与知识技能混为一谈，偏道德者迂，偏智能者狡。天下无道艺并重之学，斯世间少德才兼备之人，人群权力，非德无以载，非才无以运。能运权者权易至，一切权力，努［势］必归于富智多能之小人，天下尚有拨乱反正之期，人群尚有去苦就乐之望耶？改革以来，各级教育，全重智能，及其至也，小学教民，所教者禽兽之言（近日课本每每狗说猪说猴说鸭子说以及猫小姐狗大哥牛公公之词充溢行间，禽兽能作人言，尊称加诸兽类）。大学造士，所学者争名夺利之术，居其间者，既非教民，亦非造士，其所学亦在大小二者之间。试问明善作人干事成物之人，从何而来？君之犯义，小人犯刑，即此学术教育造之，天下安得不乱，争杀如何不烈，图穷立现，物极应返，而所谓研究国学诸君子，思以补救其弊者，犹不注重成德经世之学，酿为风气，便善群治世之君子，从此渐能产生。而独汲汲于章句名物故事文学，即讲宋明学者，亦牵混与西洋哲学，徒为清谈，何不辨本末轻重耶？仆亦虽由大学卒业，又恒放舟政海，幸守仆真，未泯良知，所不耿耿以寐，哓哓不已，尚希足下平心静气，好学深思。嗟呼，天下滔滔，江河日下，生民苦极矣，挽救者究属何人，而学术又不足以播殖嘉种。予遗苍生，何所付记，苍茫四顾，回首何堪？足下如得吾心，渐能心印，将来砥柱，君其一人，拟致力朴学，知有所本，未尝不可，惟吾省环境，断难供给资料，恐终徒托空谈耳。（布衣：《答友人论国学书》，《华北评论》，第3—4期，1937年4月15日、5月1日）

4月16日　莲池书院举行月考，院内生五十二名，业课生五十二名，院长梁建章主考，考试科目仅国文一项，题为"修身则

道立论"。(《昨举行月考》,《京报》, 1937年4月17日, 第7版)

4月22日 中央政治学校教授孟宪承在无锡国学专修学校演讲, 讲题为"教育哲学"。(《孟伯洪先生来校演讲》,《国专月刊》, 第5卷第4期, 1937年5月15日)

4月25日 中国国学会下午三时在苏州召开成立大会, 到会员唐文治、胡朴安、李根源、张仲仁、陈衍及高玉柱女士等一百余人, 会议选举理事与干事。

会议由金松岑、何震亚、张仲仁、金东雷、陈衍、戴亮吉等为主席团, 由大会秘书长徐澐秋报告出席会员人数, 后由主席团代表金东雷致开会词, 金松岑报告筹备经过。次由中央党部代表本县党务特派员孙丹忱训词, 并提出会员名单中有一江亢虎者是否为冀东伪组织殷汝耕的高等顾问。何震亚致答, 称"江亢虎久住故都, 足未出户, 纯系谣言, 鄙人可以担保", 后由省教厅代表蒋吟秋暨吴县警局长张汉成先后演说, 最后由会员高玉柱起立演讲。最后票选大会理事。会后赴青年会食堂聚餐, 席间高玉柱女士书一联赠金松岑, "山川灵秀钟吴越、国粹原来藏此间", 下款书"高玉柱游苏州题句"。(《中国国学会举行创立大会, 选出理事二十五人, 高玉柱亦参加演讲》, 上海《大公报》, 1937年4月27日, 第10版)

题名录如下: 理事唐文治、陈衍、金天翮、胡朴安、李根源、张一麐、金震、徐澐、王铨济、蒋镜寰、屈怀白、载正诚、黄觉、李勖吉、凌景埏、张维、唐有烈、陈配德、金世仁、李松颐、曹熙宇、庄恭、张江裁、李国璨、蔡守。候补当选人: 吴梅、张圣、蒋维乔、高玉柱。互推常务理事七人: 金天翮、凌景埏、蒋镜寰、金震、屈怀白、庄恭、黄觉。互推秘书长金天翮、秘书李勖吉、会计李松颐、事务金世仁。研究组干事题名目录照章由理事会选聘。经学组：吴承仕、徐震、戴增元、王大隆、钱玄、屈怀白、朱学浩、汪柏年、孙易、杨践形。史学组：吴廷燮、吕思勉、陈鼎忠、张圣、张鸿、朱汝珍、毛汶、唐长孺、金元宪、贝琪。文学组：金天翮、陈柱、姜忠奎、李崇元、杨圻、路朝銮、吴梅、张凤、黄云眉、王謇、钱萼孙、饶宗颐、吕美荪。哲学组：王季同、张其淦、蒋维乔、姚廷杰、陈旭旦、金震、胡越中、吴致觉、陈懋烈。艺术组：周图瑞、吴湖帆、蔡守、易忠箓、蒋镜寰、陈□、严庄、徐澂、钱复、王真。（《研究组干事题名录（照章由理事会选聘）》，《国学论衡》，第 9 期，1937 年 5 月）

△　沪江大学国学系主任王治心教授在上海八仙桥青年会德育演讲会"世界伟人之思想与生活"系列演讲中，主讲最后一讲"王阳明之学说"。（《王治心演讲阳明学说》，上海《大公报》，1937 年 4 月 25 日，第 15 版）

4月25日　船山学社开第四次董事常会。

董事萧仲祁、周逸、颜昌峣、陈嘉会、王寿慈、胡子清、黄赞元出席，董事谢鸿熙、杨卓新、刘谦、王代懿请假，副社长陶思曾列席，主席陈嘉会。报告事项：

> 周常务董事逸报告，昨刘董事谦来社说，本社房屋事，现市政府拟呈请保安处拨款佃屋，商令迁移云云。讨论事项：一、周常务董事逸提议，本社房屋事，应否再函催促，并请公决案，议决，如市政府日内仍无消息，再行函催。二、周常务董事逸提议恢复星期讲演案，议决，候房屋退还后开讲。三、

周常务董事逸提议，拟举行季课，请推举委员及办法案，议决，定五月二日出题，登报公布举行。至本期季课委员人选，仍留去年下期季课委员连任，并加推陶思曾、刘肇隅为本年上期季课委员，仍推周委员逸为主任。其办法仍照去年下期办法办理。（赵启霖著，施明、刘志盛整理：《赵瀞园集》，第442—443页）

4月27日　无锡国学会聘请俞鹤琴为会董。（《无锡国学研究会大事记》，《国学界》，1937年第1期）

△　山羽撰写《"国粹"与"汉奸"》，评述江亢虎的"王道"主张。

"江亢虎作汉奸去了！"对于这样一个似乎惊人的消息，我们也许真的觉得有点惊人的。这因为，虽然这位江湖客卖了一世"狗皮膏药"，但竟和殷逆拉拢起来，去代其主人宣扬所谓"王道"，这毕竟是有点"不同凡响"呢！

然而仔细一想，这却也并不是什么稀世的奇迹。我们知道，所谓江亢虎博士，在已往有一个时期是曾经扮演过"洪水猛兽"似的角色的；但到了今日，早已在北平大讲其"国学"，成为一个"国粹家"了。一个"国粹家"，在我们看来，去作汉奸就是极自然的事体，一点也没有什末可惊奇之处。

这第一个主要的原因，是因为一切国粹家，对于民国以来的一切事象都看不惯，他们觉得这人间要好，就仍非宗依"国粹"，实行"王道"不行，于是就相中了溥仪，觉得由此可以舒展素志，而重建古圣贤之"王道"于今日了。古圣先贤曾经告诉我们说："既不能令，又不受命，是绝物也！"因之对于惟恭惟谨的事奉日本这事，自也认为是古圣遗训，当然的事体了。

所以我们必须认清所谓"国粹"这东西，根本就整个地是反动的。一切汉奸们之所以要发扬国粹，讲经读经，把国粹当作了他们的护身符，决不是偶然的。他们服膺的是国粹，他们要实现的是王道，但在今日，却只有去作汉奸，当亡国奴，才是能够妄想实现此种理想之惟一的途径。于是郑孝胥作汉奸去了，罗振玉作汉奸去了，到了今日，江亢虎也作汉奸去了。

但这指的自然是一般的理论，或者极少数的"上流之辈"，至于如江亢虎等百分之九九，或以金钱，或以势位，自然还［算］不上所谓"服膺国粹"，那不过是卖"狗皮膏药"者流，借以诓骗诓骗而已。（山羽：《"国粹"与"汉奸"》，西安《工商日报》，1937年4月29日，第5版）

5月1日 《湖南国学报》第二卷第一期出版，刊行魏节山的《研究国学与发扬固有文化之商榷》，刘振平的《国学与科学》，何键的讲演《为教育部不准国学专科学校立案训勉诸生》。

魏节山提出，研究国学，应具世界眼光，以进求"大同"的真义所在。孔子之道，为一切学术之正宗，学者须消融门户之见，博采先贤修明斯道之方，继承五千年之道统。阳明先生实与朱子同归一致。当今所急需要的孔道生力军，应于儒经用深刻功夫，本博学于文行己有耻之圣训，造成有体有用之实学。孙中山先生之整体政治思想，其对于本国固有文化，有必待吸收世界文化而发扬光大之主张。"知行合一"与"行易知难"并行不悖。"涉及欧美学说，兼治各种科学，无蹈空虚，以期深造。"调和新旧，促进大同。继承尧舜禹汤文武周公孔子的"正统思想"，须取法曾国藩的治学规模。国学功效，在学者有"法天不息"的贞干精神。(《研究国学与发扬固有文化之商榷》，《湖南国学报》，第 2 卷第 1 期，1937 年 5 月 1 日)

刘振平在《国学与科学》中，主张今日应当融化中西学术，铸就完美的学术系统：

夫世界文化，因自然环境之影响，而形成二大支。中国因地大人稀，生活不患寡而患不均，故注重人与人——伦理——之关系。而其在文化上之最大成功，则为伦理。欧西因地狭人稠，生活不患不均而患寡，故注重人与物——自然——之关系，而其在文化上之最大成功，则为科学。今以伦理称中国，非中国无科学也，特科学不若伦理之完备。今以科学称欧西，非欧西无伦理也，特伦理不若科学之精粹。观吾国《尚书》所载，尧命羲和，钦若昊天，历象日月星辰，敬授人时。舜察璇玑玉衡，以齐七政，协时日正月，同律度量衡，以及修三府六事之功，无不已略具科学之原理。他如制弓造矢，冶铁煮盐，调琴瑟，制南针，是吾国古时，即具有雏形之科学。然圣王于教民耕稼，教民蚕桑，教民医药，教民建筑宫室，开辟道路，疏浚江河之后，即以为足够生活，而不更求进展，乃惟从事于维持社会秩序而使人能相安互助之学术。故吾国古时，非无科学也，特以尚伦理而不尚物质之故，故于物质方面，惟求其应用而已。在上者，不以是而倡导，在下者，不以是而精研，乃至今日而落人之后也。虽然，此乃就其狭义之科学言也。若就广义言之，则凡学术皆不外撮取自然，及社会等现象，而为有统系有组织之研究，以推求其因果关系，发现其普遍而必然之法则。藉以促进人类之幸福与进展者，亦可谓之为科学。由是言之，然则所谓科学者，非物理、化学、天文、地质之所得而专有也。今人凡稍从事于国学者，亦未有不认为其中一部分之哲理，确有与天地并存之价值。有一部分之嘉言懿行，确为吾人修己治人之原理原则。吾人苟从庞杂之中而整理之，则何尝不能成为一有统系有组织之社会科学。其研究人与人之关系，较欧西实为精深，而又适合我国之国民性，其足以促进人类幸福与进展者，又较任何文化为更切。吾人又何必弃我精湛之主国原素，而别求所谓“新的文明”乎？且夫吾国之日趋衰弱，而文化无甚进展者，非学术之过也，乃历代以国为一姓私有之暴君昏吏，有以阻滞之，误用之耳。今吾人苟就其阻滞人类进化，及误用伦理学术之制度习惯，加以改革，将吾国最精粹之学理，发扬而光大之，整理而推阐之，则非特可以振中国民族之魂，并且可济世界文化之弊。物质文明之发达，乃适足以资我精神文明之使用，而为推行吾国学术之工具也。故今人所惊羡之“科学”，亦为吾人之所急需，而为吾国所必应迎头赶上者也。但尽驱全国之聪明才智，而尽从事于科学，则似乎不必。而过誉之宣传，使全国人民尽震骇迷信于所谓科学，反鄙夷本国学术而肆行诋毁，则尤不可也。且欲提倡科学，更须有切实之方法，良好之引导。彼蚩蚩者氓，不知科学之谓何，固无足怪。即以曾受中等教育之青年而言，尝见其有谓英文为科学者，谓党义为科学者（此固社会科学中一种，然却非伊等所谓之科学）。日日高呼"科学化","科学救国","科学万能"，然究不知何为科学，科学之定义安在，徒盲目狂呼，为人之应声虫而已。夫所谓受过新潮流之洗礼者，犹复如此，他尚何言？此我国教育之所以有盲目之讥也。况丧心病狂者，更竭力毁弃固有文化，而不问人我之民族性是否相同。人之文化因何而演成，因何而收得其效果，我今日所需要者为何。且西化又有德法英美之不同，而又必以所学而试之于中国。于是国法因之而朝令夕改，政治因之而举措不定，建设因之而阻滞莫行，教育因之而弊端丛出。然此虽醉新者之咎，但误解科学而盲从者，亦不得辞其责也。总之，科学者，反将直观依思考作用，而演绎归纳所经验宇宙间之日常见闻及感觉，而成为一必然普遍之因果律之法则，以推求表现其真理之学术者也。不过其中有自然科学，（冯德作精神科学，李卡特作文化科学）与社会科学之分耳。自然科学，乃研究人与物之关系，如天文、地质、机械、工程之学是也。社会科学，乃研究人与人之关系，如政治、法律、教育、言语之学是也，二者皆所以为人类谋安全幸福者也。苟徒研究人与物之学，而略人与人之学，则物质虽享到若何便利。然争夺相杀，必无已时。人类所感受之精神痛苦，必随其学而加甚，欧战之役其明证也。但若研究人与人之学，而略人与物之学，则人类在物质上之享受必感缺陷。社会虽然安而无乱，然人类惟游息揖让于茅茨土［土］阶，西畴北郭之外而已，舜尧之世，其明证也。凡此过与不及，皆非文明民族之所应有之现象，而失学术为人类谋安全幸福之至中真谛。故"精神""物质"之学，在今日皆为人类所必需。如鸟之双翼，并进而不能缺一者也。吾国学术于研究人与人之关系者，在经史百家之内。凡所以范围人心，节制情欲，维持社会组织安全。而使人类享受和平幸福之原理原则者，已毕阐无遗。他如叙述古昔宗社之安危，民情之利病，以及种族之盛衰，而可资现代人类去危即安，兴利除害之鉴，而激发民族志气者，亦莫不在是。故西欧眼光远大之学者，亦莫不欲取法我国学术而济其弊。如英人莱格译吾四书五经，注［法］人皮亚特译《周礼》，沙畹译《史记》，诸如此类，不可胜数。盖彼等于物质文明发达，而引起世界大战之后，痛定思痛。于是而发现吾国学术之优点，感觉非以东方文化不足消弭惨酷之杀机，而维持人类之安全与幸福。其急欲吸收吾国学术——精神文明——正如吾国之急欲吸收彼物质之文明也。然则吾人以优秀之民族，拥伟大之山河，于先民所遗留之宝藏，可以救世界人类。而光我中华国民者，岂可任其泯灭而不思有以发扬光大，以贡献人类耶？对于西方物质文明，固须迎头赶上，而于固有学术，尤必研究而探讨之，庶勿为外人所笑也。然而学术有空前，无绝后，学术之黄金时代，在未来，不在过去。吾人惟把握过去固有之学术，而诞生现在与未来之学术耳，安能故步自封耶？是则曰"科学之国学"，是则曰"国学之科学"也。（刘振平：《国学与科学》，《湖南国学报》，第2卷第1期，1937年5月1日）

何键在《为教育部不准国学专科学校立案训勉诸生》论及教育部不准国学专科学校立案，鼓励师生应当报定志愿，认清目标，要坚决具有弘扬国学的心胸和毅力，"要为发扬国学而研究国学，要为发扬孔道而研究孔道，如有一毫的俗意鄙怀夹杂在内，便从根本上错了念头，便没有来学本校的必要了"。指出反对国学的心理，大要不外五点：

（一）研究国学，自知不能出古人之上，于是立异为高，反对国学。（二）研究国学，稍有所得，知后生可畏，恐其出人头地，为保全自己的地位计。于是昧心欺人，反对国学，实则自己在暗中研究。（三）留学外国学一无所知，不得不反对国学，以自鸣得意。（四）于中外学术，均无心得，偶得地位，患得患失，不得不迎合多数青年之心理以保位置。（五）随声附和，无是非之心。此五种心理，用之于国学，尤不如用之于孔道之恰当。教育部不准国学立案。我们虽未敢以上说五种中之那一种，妄加揣测，但其所持之理由，则不能令人无议。如谓"行政院第□□□次调令内开，……边远省分，始得设立文法学校，以培植法官师资。……"又谓"湖南大学有文学院，不必再办国学"。不知湖南并非边省。而湘黔、湘桂毗连之地，何异绥察吉黑等区，边省可设国学，湖南又何尝不可办国学。至湖大文学系学生，至多不过二百人。以湖南三千万人分配，每十五万人中，始得一人，即令除去老幼的数目一半以外，尚有七万余人。教育部为他日普及教育计，能令一人教授七万余人乎？即令小学校不需要大学生去教，以十分之一计，亦有七千余人。大学生虽年年有增加，恐怕也没有此担负的力量吧。再以湖南七十五县计，每县仅得三四人。若再除去外籍学生，每县连三四人都摊不到。教育部以此为批驳本校立案之理由，已属支离万分，其误解行政院命令，更为可笑。盖研究国学为一事，教授生徒又为一事。依教育部之批示，则凡研究文学之人，非当教员不可，不先立志为教师，便没有研究国学的资格，此种见解不知何所据而云然。孟子以教育英才为三乐之一，而王天下且不与存焉。教育当局，因不赞成国学，连《孟子》都未读过，所以有此妙语，我们还说什么呢？（何键：《为教育部不准国学专科学校立案训勉诸生》，《湖南国学报》，第2卷第1期，1937年5月1日）

5月2日　船山学社开社课委员会。

委员胡子清、王礼培、刘肇隅、陶思曾、周逸、李澄宇、任寿国、陈嘉会、王寿慈出席，委员黄赞元、萧仲祁请假，主席周逸。

报告事项：

周主任委员逸报告，本期社课委员，系经董事常会议决，仍留去年下期各委员连任外，加推刘肇隅、陶思曾两君为委员。讨论事项：一、周主任委员逸提议，请拟定课题案，议决，经义题为：（一）《樊迟请学稼圃，而孔子但言上好礼、好义、好信，则四方之民至，试申其义》。（二）《通经所以致用，试综贯格致诚正修齐治平大义，以明致用之效》。治事题为：（一）《张而不弛，文武弗能，弛而不张，文武弗为，一张一弛，文武之道，试申其说》。（二）《周宣王料民于太原，仲山甫谏之，其料民之用意后世有援用者，利害若何？当日太原究在何地？试并说之》。词章题为：（一）《拟船山先生田家始春杂兴三首》（五古，用原韵）。（二）《久雨叹》。二、周主任委员逸提议，请议定取录名额及奖金等第案，议决，名额仍正取二十名，附取四十名，奖金及简章照去年下期原案。（赵启霖著，施明、刘志盛整理：《赵瀞园集》，第443页）

△　谢六逸、王玉章、李宝琛、卢冀野发起组织上海各大学国学教授举行座谈，商讨国文教材事宜。

参加学校有交大、复旦、同济、持志、沪江、国立商学院、暨南、正风、大夏、法政等校，出席人姚明辉、陈柱尊（蒋代）、蒋石渠、蒋尚思、钱基博（周代）、周哲肫、朱羲胄、曹聚仁、郑业建、萧迻山、汪馥泉、吴秋山、吴一峰、翁达藻、陈子展、胡怀琛（王玉章代）等二十余人，"首由谢六逸主席致词毕，阖座自由谈话。关于国文教材质量分配问题，先由各校汇集材料，提出下次大会交换意见，并决定下次集会地点，假南翔古漪园举行，日期订六月六日中午，至会务通讯地址设江湾国立商学院，推李宝氏负责处理"。（《大学国文教授座谈会》，上海《大公报》，1937年5月4日，第15版）

5月9日　天津国学社榜示本年度第七次测验成绩。

第一名至第二十二名，颁发奖状，"第一名奖银五元，二名至五名各奖银三元，六名至十一名各奖银二元，十二名至二十一名各奖银一元，以资鼓励"。名单如下：

第一名陈隽如，第二名龚望宾，第三名顾象枢，第四名潘新吾，第五名周极生，第六名张甦民，第七名张哲甫，第八名郝振声，第九名张金声，第十名张仲礼，第十一名马儒卿，第十二名刘凤洲，第十三名王济川，第十四名张玉圊，第十五名毛维明，第十六名李金鼎，第十七名谢宗唐，第十八名田玉珊，第十九名吴堃，第二十名王用霖，第廿一名王白云，第廿二名崔世恩，第廿三名郑铁卿，第廿四名韩恩荫，第廿五名白嗣和，第廿六名夏鸣刚，第廿七名余明象，第廿八名余明善，第廿九名王玉良，第三十名王玉柱。（《天津国学研究社第七次测验榜示》，《大中时报》，1937年5月9日，第5版）

5月12日　张学良聘前清探花曾任清华北大教授的吴南之为国学讲授，吴南之赴宁波讲学。（《吴南之赴甬讲学》，《申报》，1937年5月14日，第1张第4版）

5月15日　《国学界》创刊号出版，编辑者陈其昌，无锡国学研究会发行，代表人吴家驹。该刊宗旨："促进民族文化，发扬固有道德，提倡华夏国粹，鼓励国学兴趣。"

陈其昌撰《发刊词》：

二十年前，绩溪胡适之先生在北京大学鼓吹白话，适以政变初定，而士习新奇，一时靡然向风，莫不趋之若鹜。于是绵延四五千年之国学，自经秦始之焚，项羽之毁，一坏于魏晋之清谈，再坏于隋唐之佛学，至胡先生白话之说起，则更变本加厉，欲将固有之国学国粹，一扫而空。是以秦始项羽之所未毁，魏晋隋唐之所未坏，而至胡先生之说行，则将绝灭种子矣！虽然欧洲各国学者，无不惊赏我国国学，且云："中国有如此之国宝存在，决不亡也。"其向慕犹如是，而我人却妄自菲薄，不自爱惜，甚至视国学为陈腐，为幼稚，而不屑注目。方斯时也，传诵有某国学者，谓我国青年云："十年后尔欲研究尔国国学，可至敝国留学矣。"虽言属讽讪，而实目睹此状，有慨乎其言之也？夫我国国学不能自存，而胥恃外人之为我保留，宜乎国亡无日，可胜悲哉！然数十年来，犹幸有砥柱中流之人物，为之抱残守缺。至于挽近，历经政府尽力之提倡，而读经之风渐盛，其将来之发扬光大，则在吾人今后之努力矣！况本会同人，对于国学有特殊之认识与兴趣，其所负之使命，自更重大。于是不揣固陋，刊发本会会刊，以期领导今日之学者，共同整理我国最丰富最珍贵之遗产，以建造将来国学界灿烂光华之园地。其为乐又何如也，跂予望之！(陈其昌：《发刊词》，《国学界》，1937年第1期)

无锡国学研究会自成立以来，发展会务，不遗余力，闻最近即将聘请名人，举行国学演讲。并刊发杂志一种，定名《国学界》，已呈请中宣会内政部登记，该刊由副会长陈其昌主编，内容精颖丰富，价值隆大，并有海内外驰名之国学大师顾实等为特约撰稿，不亏［愧］中国学术上之惊人贡献。现定于五月十五日出版，总经售处本邑城中寺巷内乐群书局，每册特价一角，研究国学者不可不人手一编云。(《国学研究会举行国学演讲》，《人报》，1937年5月14日，第2版)

5月19日 国民政府立法院立法委员盘珠祁和交通大学国文系教授陈柱一同来无锡国学专修学校演讲。盘斗寅讲题为"考察苏联后对我国之感想"，陈柱的讲题为"读经问题"。(《盘斗寅先生陈柱尊

先生联袂来校演讲》,《国专月刊》,第5卷第5期,1937年6月15日）

5月21日　国立湖北师范学院刘逸生先生的《国学概论》课程停开。（《国立湖北师范学校教务处关于〈国学概论〉课程停开的公告》,湖北省档案馆藏,档案号LS11-1-005-011）

5月30日　中国国学会在上海召开会员大会临时会,中央党部代表林美衍、内政部代表上海市政府秘书长周雍能、上海特别市党部曹沛滋等参加,由秘书长金松岑主持,出席会员胡朴安、金子才、金侣琴、蒋竹庄、陈柱尊、卫聚贤、黄龙光、王巨川、李瑞华、陈乃文等四十余人,通过本会五月至十二月收支概算书,委员会委员名单提议案,议决讲学事宜依照章程第二十条授权理事会办理。（《国学会纪事》,《卫星》,第1卷第6期,1937年6月30日;《中国国学会员大会》,《申报》,1937年6月2日,第5张第17版）

"当讨论预算及编辑、出版、审计、资格审查四种委员会名单,并由王巨川、黄觉等提议,添设学术讲座等案,当经一致通过,新会员加入者甚多,即晚举行聚餐,至为热闹云。"（《中国国学会员大会》,《申报》,1937年6月2日,第5张第17版）

△　船山学社开上期社课委员会与第五次董事常会。

委员刘肇隅、王寿慈、陶思曾、胡子清、陈嘉会、李澄宇、萧仲祁、周逸、颜昌峣、黄赞元出席,委员杨卓新请假,主席周逸。报告事项:

周主任委员逸报告,本社上期社课课卷,当众清点,计清点课卷数目,共收到壹佰肆拾壹本。讨论事项:周主任委员逸提议,此次课卷应否由本会先行检定后,再行送请社长评阅,抑不须检定，即行送去。议决，不须检定，概行送请社长评阅。

董事王代懿、王寿慈、胡子清、陈嘉会、李澄宇、萧仲祁、周逸、颜昌峣、黄赞元出席第五次董事常会，董事杨卓新、谢鸿熙请假。主席陈嘉会。周常务董事逸提议，本社房屋被宪兵营所驻，自奉到省政府指令后，比即录令函请长沙市政府、省会警察局，请其查照省令，为该营另觅驻地，迄今两月有余，杳无消息，应如何进行交涉，即请公决案。议决，暂缓交涉，且俟土地登记后，再行交涉。（赵启霖著，施明、刘志盛整理：《赵瀞园集》，第443—444页）

5月 朱学浩、李希泌、潘承弼、郑伟业、王牛、徐复、贝仲琪、沈延国等太炎晚年弟子发起成立"考文学会"，创刊《考文学会杂报》。

该刊由贝仲琪编辑，社址在青洲观前47号。《考文学会杂报》内容以史学为主，刊载潘承弼《方志珍本所见录》、贝琪《通鉴胡刻本考略》、徐复《黄季刚先生论史札记》等文。1937年后停刊，共出两期。《考文学会征求会友启事》全文如下：

茫茫禹迹，竟五千里。降及于今，夏声弗振，虔刘上国，不独引弓游裘之民，风俗蕃变，旧物摧亡，虽晋之过江，宋之负海，不足为喻。倘天之未厌夏德，则必有豪杰之士起为骈懞，以捍我于风雨，《春秋》《小雅》之道，未坠于地，犹当理而复也。今为考文学会，窃有斯志。夫文者，先民之成业。仲尼之作："其文则史。"又曰："文王既没，文不在兹乎。"考者，稽古之伟称。若仿其放绝，久远而难理也。圣智之伦经，不睹于时，唯考古者识之，是可悼已。爰敢以颛蒙之志，隐轸之怀，昭告我远方朋友，尴迫不择言。诚忌其陋而无度，慷慨君子，亦有闻风感兴者乎。若能趋翔来集，克壮其猷，近者不隐其能，远者不疾其劳，俾创而可继，是非一方之庆，我诸夏之文明，实赖以振起。（《本会征求会友启事》，《考文学会杂报》，第1期，1937年5月1日）

朱季海（学浩）《考文学会杂报发刊辞》：

考文学会倣事逾岁，既目兴复民志，修起旧史，遍求友于中国。四方积学之彦，含章之儒，稍稍有集者。诚拟以中国之博大，或犹发稊米于太仓，尚不得与息耗数，然不阑非其人，终亦不易。夫老农之勤，获不逾岁，考文学会之所易治，则异于是矣。虽胼胝之劳，无以相覆，顾其获大远，又非一夫八口所能底功。杂报者，岂谓所获在是，焉播殖矣。我诸夏昆弟，庶几同其闵闵之心，助之除秽行水，而昏相作劳乎。近世中国已衰，抎其故物，其自异于剽忽无化之民者，独有旧史存矣，而其途又莘。二十四史之章焯著明，且隐屏弗能知，中国之不沦为虚厉，犹白刃贯胸，而不夷其体也，非狂惑失心，则怵然危之矣。孟轲有言："豪杰之士，无文王犹兴。"若鸿水复焕扬于九有，岂待禹而抑邪。《诗》曰："毂已破碎，乃大其辐。"言谋事之晚也。吾党即微，若因循终古，既从容矣，在渊之谓何。夫括囊无咎无誉，荀卿鄙之。事且急，顾覆恊邪。乃敢以此无腆散册，播越远迩，以自遂其靖献之怀。若曰博论前载，周览近事，求索上下而得其归，殆多阙焉。图之已骤，其陋不亦宜乎。其崇论宏议，高文大册，学报将举之，斯无讥矣。唐孙可之读开元杂报，逊言于远而伤且迩，隐莫怀矣，此杂报之名所由起。吾党虽不逮事，窃有慕乎达于事变，而怀其旧俗者已。反衰世之陵夷，绍先民之景命，以望邦人君子。（朱季海：《初照楼文集》，中华书局，2011年，第320—321页）

6月1日　《湖南国学报》第二卷第二期出版，收录有罗正纬《中国学术的基本统系》、刘振平《儒家之政治思想及其根本大法》以及关于胡适《读经平议》的讨论。（《湖南国学报》，第2卷第2期，1937年6月1日）

6月6日　何键在中和国学专修学校演讲"读经与救国政策之关系及其方法之研究"。

何键称国学专修学校研究国学，以经学为基础，今天主讲研究学校读经的方法，"一面就正于覃副院长，一面使诸生知致力之所自"：

> 读经提案，自经三中全会议决后，国内学者，或持反对的论调，但其合理，皆未顾及国民情性和文化诸方面。大关大节，既已没有可以反对之点，徒枝枝节节的去吹毛求疵，实不足以为反对之理由。我们专于理论上说，或者有人误认为近于抽象。若从救国的政策上说，则学校读经，更不容于须臾稍缓了，我们检查历史，便知元人入主中国，曾积极的学孔，积极

的提倡读经；满人入主中国，又曾积极的尊孔，积极的提倡读经，他们为甚么要这样呢？一方面固由于其文化过低，不得不学仰中国的文化，一方面实由于中国广土众民，统治不易，欲利用政治，而政治的力量有限，欲利用武力，而武力的功用难周，无论如何，总不能把人各有心的亿兆之众，纳于其敌人的管驭之下，想来想去，只有利用我民族共同信仰的孔子之道，为其假仁假义的护符，愚民无知，但知信仰孔子，除了有民族思想的学者以外，于是大部分民众，都归附于其旗帜之下了。说到此处，我们不能不佩服元人清人之聪明，同时我们更不能不了解孔道与我民族关系之密切，归纳起来说，欲收拾中国全体之人心，舍了孔子之道，更无第二个简要的方法，已经于此而得到绝大的证明了。元人清人，尚知此中关窍，我们中国人对此独不知注意，反而讥诮孔子，其聪明识力，岂不远出于元人清人之下吗？现在日本人在东北，又提倡学孔读经了，我们若不预防，若不使人民尊孔读经，则夷夏之辨，将有混淆泯灭之虞，我们鉴往察来，明定救国及坚定全民信仰的政策，试问尊孔读经，是不是当务之急呢？书生不知其机，反以我们提倡读经，为迂远陈腐，真可说是书生之见了。

读经提案，既经三中全会议决，可以无须讨论。所应当讨论者，却是学校读经的方法，是全读呢，是选读呢，是融经书于教科书中呢，是借用国语的时间呢，是另设读经科目呢，实在是不容易决定的问题。兹先就本人之意，略说数点，愿诸生由此引伸共谋进行：（一）假定中小学十二年间，读完《孝经》《大学》《孟子》《论语》《中庸》五种，其先后之次第及经文在时间上之分配，应当如何？（二）专设读经科与借用国语时间，其得失如何。（三）将经文译成语体文，令学生读之，是否可行。（四）经书有易解者，有不易解者，其不易解之处，是否应先以诵熟为原则。（五）以语体文注解经力求浅近，由渐而深。（六）学生课本之外，另编教师用之教授法。（七）对于名人轶事之有关经义者，应酌量列入注解中，尤其关于民族英雄事迹，特别注意。（八）对圣贤之历史应择要编入注解，以引起学生兴趣及增加信仰心。（九）中学学生程度稍深，对于现代各种学术应注明其与经义相通，而不相矛盾之处。（十）注经以劝导学生实践为标准。以上十点，乃我一时思想所及，当然不能完备。上四点是应当研究者，下六点则应当着手办理者，希望覃副院长及诸位先生多多指示，更希望诸生努力的研究办理，读经的方治能得圆满解决，读经的问题，才算真解决呢。（《读经与救国政策之关系及其方法之研究》，《湖南国民日报》，1937年6月11日，第6版）

　　△　中国国学会开理事会讨论讲学事宜，议决分别邀请蒋百里、张君谋、施植之、钱承绪、姜亮夫讲授专门问题，于秋季举行。

　　关于京、沪两地组织国学会分会呈奉中央党部准许，"惟须遵照人民团体组织方案，由当地高级党部呈报，当由理事会函请京沪特别市党部代呈中央党部，一俟批回，发给许可证书即可成立"。（《国学会纪事》，《卫星》，第1卷第6期，1937年6月30日）

　　6月14日　章氏国学讲习会同人为章太炎举行公祭。

　　本年六月十四日为先师太炎先生逝世周年之期，同人等议以是日下午二时集于苏州锦帆路师门举行公祭，凡我同门愿参与者，务请以六月十日前通知本会会计庄钟祥君并缴国币一元以便预备祭品及治蔬食之用，特此通启。章氏国学讲习会：马宗霍、诸祖耿、潘重规、朱希祖、金毓黻、孙世扬、汪东、王乘六、龙沐勋、潘承弼、沈延国、黄焯谨启。(《制言》，第42期，1937年6月1日，封二启示)

公祭大会，龙榆生未参加，由孙世扬代。(《太炎先生逝世周年纪念会略志》，《制言》，第43期，1937年6月16日)

6月20日　无锡国学专修学校举行十六届毕业典礼，唐文治作报告。

　　周代表云，唐校长为国学之领袖，等于蒋委员长之为国家领袖，并云畴昔大学生目标在乎做官，近由领袖导之于服务农村，大可一扫畴昔毕业即失业之讥。王代表力戒旧日大学生终身仰慕西洋物质文明之优美，往往不位本国之事事物物，一若中国无一是合理之不是，实获我心。教育学院高院长所述教育与成人，援引古人子路闻过则喜，及薛福成、唐继尧之好学，证明成人求学之必要，尤为动听。(薛明剑：《国学专修学校十六届毕业典礼志盛》，无锡《人报》，1937年6月21日，第4版；转引自刘桂秋编著：《唐文治年谱长编》，第956页)

6月25日　媒体评述各大学"国学台柱"。

文章称：

黄季刚死了，林公铎、汪旭初相继到西北去，中央大学的台柱，只有：吴瞿安。

黄晦闻死了，马夷初走了，北京大学的台柱就是主张五十年后再收回××的我的朋友：胡适。

王国维、梁启超先后死去，清华的台柱要算——陈寅恪。

武汉大学的台柱呢，这是黄季刚的大弟子：刘博平。

河南大学，台久无柱，从前年起，来了一位"隐（非瘾）君子"，是：邵次公。

暨南大学自从陈钟凡一班半新不旧的人物走了之后，来了一位顶新的：郑振铎。

姚永朴，这桐城派的硕果替安徽大学撑了几年台，撑着台柱子是"文坛怪物"：徐英。

古直在广州，通电驱逐胡×之后，一举成名，这是中山大学的台柱。

被徐英骂为"不通"的钱××，是××大学的台柱。

把余萧客改作萧客，说姓萧名客，这是四×大学的台柱：刘××。

头戴红帽子，身穿太阳坎肩，腿穿中山服裤子，脚踏朝鞋，这是××大学的台柱，吴××。

开口蕲汉大师，闭口蕲春恩师，这是××大学的台柱，骆××。（《各大学校国学台柱》，《北平晚报》，1937年6月25日，第4版）

6月27日　船山学社开第六次董事常会。

董事刘谦、谢鸿熙、颜昌峣、胡子清、黄赞元、杨卓新、李澄宇、周逸、王代懿、萧仲祁、刘肇隅出席，陈嘉会、王礼培董事请假，主席周逸。报告事项：

　　周常务董事逸报告，日昨省会警察局为本社房屋事来函云，刻无相当地点可资移驻，除仍继续寻觅外，相应先行函复，云云。讨论事项，一、周常务董事逸提议，本社房屋事应否再函催促，并请公决案议决，再函催促。二、刘董事肇隅提议，本年下期拟开办师范补习学校一所，以资发展案，议决，请刘董事肇隅先将办法及章程拟妥后，再行订期开会讨论。（赵启霖著，施明、刘志盛整理：《赵瀞园集》，第444页）

6月30日　国立中山大学中文系公布1936年毕业论文选题。

表22　文学院廿五年度（1936）毕业论文题目登记表

学生姓名	论文题目	学生姓名	论文题目
钟恒芳	清代小说述评	刘方如	诗之流变
崔天相	孟荀研究	程倩薇	读书随录
李广明	论衡研究	戴植秋	韩非子研究
苏汉魂	周易概论	何佩华	荀子学案
宋荣铿	唐诗概论	曾伟贤	韩非的法治思想及其批判
陈安泰	宋诗研究	陆锦彪	音韵研究
叶春	鲁迅在中国新文学运动上的贡献	卢仁光	北宋词选笺注
梁治球	荀子研究	关照祺	清代文学论略
吴芰棠	杜诗研究	崔景衡	宋词在中国文艺上的价值

续表

学生姓名	论文题目	学生姓名	论文题目
谭志伟	宋诗派别之研究	苏光鑽	唐诗研究纲要
王启凤	唐诗概论	丘振东	民族文学今日中国之地位
梁泰熙	道家平议	陈崇宝	毛诗说略
汪涵辉	两汉文学概论	林秀龄	悼亡诗研究
吴笠田	中国新文学运动简史	梁谦	两宋词概论
梁戴天	近代散文评议	梁松禋	李白研究
陈江帆	中国新体诗述评	陈绍舜	唐代文学批评
张倬	六书与训诂	邓家兆	墨子研究
陈维屏	文学与社会生活	邱锡长	民族诗歌之研究
钟英	杜甫研究	黄迺辉	词的研究
冯尊我	庄子研究	伍荫群	中国文学源流考
莫国慧	唐代诗学	郑馥贤	荀子学说研究
王一薇	中国图书分类学研究	欧阳洁娴	庄子内篇章义浅说
梁桂婉	论语孔门言行录	曾葛民	唐代文学论略
丘泽荣	孟荀异同		

（《文学院廿五年度毕业论文题目登记表》，《国立中山大学日报》，1937
年6月30日；转引自刘小云：《学术风气与现代转型：中山大学人文学科述论
（1926—1949）》，第355—356页）

6月 无锡国学专修学校丛书之十六，冯振《说文解字讲记》
出版。（邓盼：《冯振〈说文解字讲记〉版本述略》，《湖南科技学院学报》，
2017年第1期）

△ 李维编纂《国学概要》，由北京联合出版社出版，顾颉刚

题名。该书分为文字学、经学、哲学、文学、史学等章。

△　杜钢百撰《从当代思潮导引出经学之认识与其批判态度》，提出对各种经解应当以科学的方法予以正确的批判，当下应进入"批判国故"的时代，产生"否定之否定"的作品。

　　因是凡属吾国旧物，亦欲等而类之，比较研几，于是整理国故之议重兴。自"五四"后所提出整理国故之呼声以来，于是由有历史癖与考据癖之胡适先生的领导，遂举国风从，披靡一世矣。尤以自《红楼》《水浒》有"考证""标点"，《镜花缘》《三国演义》有"新序""导引"之提倡后，而凡书贾中之投机标点古书者，加以"考证"或"新序"，亦自谓尽此整理国故之能事矣。其较善者，如商务印行之《国学小丛书》，其劣者则如四马路滩上之错误标点选注本诸类皆是。因此凡熟读《古文观止》《凤洲纲鉴》或《古文辞类纂》《四史》《文选》《说文》之类国故家，既随处可遇，而国学选注之粗制品，亦遍布各书坊矣。因此郑西谛先生、何柏丞先生等遂有《谈谈整理国故》《且漫谈所谓国学》等文箴砭之（见十六年《小说月报》〇号）。夫国故一名，美恶均备，标点导引，讵谓能尽？故无怪有疑而诋之者矣，必也由"否定"而"肯定"，由"扬弃"而"质变"，是则国故泛称，已感不足，取精用弘，斯为允当。岂仅标点、导言、整理足乎哉？是以今日出版界中，已由整理国故之呼声，进而为史的检讨之论著，如神州国光社出版之《社会史论战》、陶希圣先生主编之《食货》等类是。就其意识形态言，不可谓非学术进步之一良好现象，盖已由"整理国故"之阶段，进而入"批判国故"之时代，于是由"国故扬弃"之手术施行后，行将见产生所谓"否定之否定"新作品出世矣。

盖民俗既偷，士气日馁，故思求所以发扬振奋之者，则有民族复兴之声。

现在民族复兴运动之一事实，业已由口号传说，而进入实践阶段矣。试观月刊专著中，已有以复兴标宗者（如新中国建设学会所主编之《复兴月刊》之类是），足征复兴之心声，已为全国民众普遍之要求矣。惟是民族复兴之先，应有一文艺复兴之正确领导，以为民族文化运动者之先路，故检讨民族文化之大部遗产（经学），似亦少数专家所应努力，已不能否认其非急要而抹杀其历史上之任务也。然则由检讨今日文艺复兴之路，以达民族复兴之道，岂号称学术专家者所应忽视，文化前进者所不应了解者哉？

然复兴民族，首重文化，于是又有所谓"中国文化学会""中国文化建设协会"诸组织。（杜钢百：《从当代思潮导引出经学之认识与其批判态度》，《复兴月刊》，第5卷第10期，1937年6月15日；清华大学国学研究院主编：《清华国学书系·杜钢百文存》，江苏人民出版社，2018年，第71—72页）

7月1日　圣芳济学校颁发国学奖金证。

高中部张国业、何广乾、李谋周三人得此证，初中部杨树柄、李日猛、黄正雄三人得此奖状，"随后按各生操行学业成绩，选拔优良者，校方给予奖品，用资鼓励，计领奖品之学生，凡二百名"。

（《圣芳济学校》，《申报》，1937年7月1日，第4张第16版）

△　李云林依据在进德会国学研究班所讲，发表《论国学》，指出国学不限于六经儒学。

文章称：

> 继璋今日与诸君研究国学，何事不从学来，故学字为世界人物公共的。万物惟人最灵，故能正名百物，使受人支配，建立事业，故《大学》言学，曰物曰事，原非高论性天，侈谈宗教也。就学字广义言之，禽之飞啄，兽之抟噬，水族之游泳，无不由于学，然皆自然之学，故除自营自卫外，无他事业。人则不然，人生自有智力，不可游闲，而自荒职业。《考工记》言："国有六职：坐而论道，谓之王公；作而行之，谓之士大夫；审曲面势，以饬五材，以辨民器，谓之百工；通四方之珍异以资之，为〔谓〕之商贾；饬力以长地材，谓之农夫；治丝麻以成之，谓之妇功。"职业关系终身，而人生智力增耗，有一定年限。《曲礼》曰："人生十年曰幼，学。"言幼时无学，此后即学亦无大成也。"二十曰弱，冠。"冠者，言人生至此，成人知礼，能在社会国家服务也。过此尚不知礼，无能为社会国家服务，只有空谈游食，自入游荡。此风自三国六朝时已然，至今将二千年，此中国所以日衰濒亡，至今人民几难自存也。"三十曰壮，有室。"言人生三十以前，当有妻室，而室家之累，亦自此始。过三十如尚不能有室，将终身无室矣。"四十曰强，而仕。"注云："仕者为士以事人，治官府之小事。"比专为志学知礼有室者言之，消极之民，不得与

此。"五十曰艾，服官政。"注云："为大夫以长人，与闻邦国之大事。"此则非入大学，闻时政，且已入仕立功者不能为，非若春秋世卿之习，大夫各世其爵禄，生而即有为大夫之资望者也。"六十曰耆，指使。"注云："不自用力，惟以指令使用人。"盖至是已渐不能为社会国家服务也。"七十曰老，而传。"注云："传家事于子也。"人生七十古来稀，即不死亦不能入社会矣。故《曲礼》言人生随年齿，应办之事止此。此外又推言之："八十九十曰耄。七年曰悼。悼与耄虽有罪，不加刑焉。"知其不能为害于社会国家，成大罪也。至"百年曰期，颐"。则虚存此名而已。惟人之一生，最要在学。古者士农工商皆有学，即皆设官。工官全见《考工记》。农官，商官，皆见《周官地官司徒》。农官之关于科学者，且有草人司稼。商官则多司商政。皆各以专科之学，措之行政。无不学之官，亦无无用之学。故三代政治纯缘上古科学而成。人民惟皆以科学为职业，故皆能循礼成自治。惟须随时损益，以适时用。故夏殷周之礼治，有尚忠尚质尚文之不同。夏殷礼治，不能具考。周则成康以后，穆王作吕刑，定罚锾，是为法治之始。想见礼靡文繁，民疲财匮情状。夷王盼诸侯之朝贡，略裕国库，故下堂而见诸侯。厉王知朝贡不足恃，而国内尚多富室，故对于王畿，朘富监谤，而召流彘之祸。宣王虽初号中兴，而不籍千亩，料民太原，显见当时礼缛之烦，财穷之窘。幽王童騃无知，重以朝臣黩乱，遂至丧京师于犬戎，而三代旧制，至此全亡。中国夷祸，亦自此始烈。平王东迁以后，礼乐征伐，自诸侯出。徒以时无王者而去三代未久，故中原齐晋，尚略沿西周礼治为治。楚已尽灭汉阳诸姬而自王，秦燕几不通中原，其他小国亦父子兄弟自相篡弑，岌岌不能自存。此皆周道亲亲缛文之失，不有霸主，无能救济者也。齐桓晋文皆以尊周攘楚，致其他诸侯附之而成霸，篡弑之祸稍息。桓文殁后，晋因狐赵争政，致大夫效尤。春秋鲁文公十五年戊申，至宣公元年，甲寅，七年之间，齐鲁晋宋莒亦弑君，自此礼乐征伐，又自诸侯渐降而在大夫。襄公二十七年乙卯，晋楚大夫盟宋，为弭兵会，此后大夫亦怠于礼兵，齐晋大国之大夫，多自为谋，骎骎有化家为国之势。其余诸侯，除秦楚燕外，无一能自立者，国政乃堕于陪臣之手。故孔子曰："陪臣执国政，三世希不失矣。"孟子曰："王者之迹熄而《诗》亡，《诗》亡然后《春秋》作。其事则齐桓晋文，其文则史，而孔子自谓窃取其义。"盖孔子未生以前，未必有所谓六经。以今日学术，远证当时，《诗经》是唱歌及动植物教科书，《书经》是公文程式，《仪礼》是社会冠婚丧祭礼节，《春秋》是鲁国旧史，经孔子修改，当然有义存焉。自《庄子》《礼记》，始有孔子作六经之说。其实《尚书》是古代记言史，间有记事者。《春秋》是当代记事史，《仪礼》亦似后代二十四史中之礼乐志。《春秋》为史，更无待言。独《易经》专言象数，自经孔子作《十翼》，哲理始显，然说理即实，无事亦无征不信。故孔子不以之教人，殁后门人传述，列入经类，成为六经。汉唐遂以六经为孔学，而《论语》《孝经》《尔雅》，亦得附之以称经。所谓国学，如是而已。天祸中国，乃有辱宋，不独中国亡于其朝，并国学亦篡乱之。《论语》之外，仅取《礼记》中《大学》《中庸》两篇，又于子书中取《孟子》

一书，强合为一，命为"四书"。几若孔子六经之外，又有程颐手定之"四书"，可以代孔子而为圣经者然。元明谈空陋儒，又创道统之说以尊周敦颐、程颢、程颐、邵雍，于是除"四书"、《周易》外无书，而国学亡矣。儒者六经，本不足以尽学字范围，即国学，亦不专在是。兹但先言群经致亡之由，以见孔子所存之国学，至赵宋而亡，无为明以来八股讲章先生所误而已。至文学之亡，亦纯由理学八股，俟后言之。（李云林：《论国学》，《进德月刊》，第2卷第11期，1937年7月1日）

△ 《湖南国学报》第二卷第三期出版，收录覃振《研究国学与复兴民族——覃副院长在中和国专讲演》《湖南船山学社附设经学讲习会招考学员简章》。

覃振在中和国专讲演，提出以国学涵养德性，以科学方法研究国学。覃振认为：

孔子是主张尊王攘夷者，是主张有文学必有武备者，是称许能执干戈卫社稷为国殇者。

……现在世界上已形成了两大学派，世界学者，莫不尽力研究：即所谓东方文化与西方文化。东方文化，就是以我国的国学为代表。然中国人研究中国的学术，反不如欧西学者，甚且极力摧残，这是极令人悲叹的事。我们回顾全国研究国学的学校，除唐文治先生在无锡创办了一个外，就只有湖南这一个学校。何主席历年对于提倡国学与恢复固有道德，真是不遗余力。本年在五中全会提有明令读经一案，复创设国学专科学校于长沙，理论与事实并进，这种超越的眼光，与卓绝的精神，的确是高人一等，不能不令人佩服。但观一般反对国学的人，以为我国二千年来，民族渐趋衰弱，思想渐就迂腐，部［都］是由国学的影响。这种错误，是因为没有了解国学的真义，不知代表国学的中心人物如孔子，是圣之时者，是主张尊王攘夷者，是主张有文学必有武备者，是称许能执干戈卫社稷为国殇者。在今日我们可以说他是一个认识时代，而能应付时代者。即此而观，国学何为而使民族文弱？何为而使思想迂腐？虽历代政治所表现的有些不良，大多是因为奸暴之君与阿时之士，将经曲解巧用，而使国学的真义消失的原故。反对国学的人，不深究其源，反诿过于国学，殊属荒谬。

自从孔子删定六经而还，浩于烟海的中国国学，遂树立了一个中心。而他的力量，影响吾人思想，指导吾人行为。……这种力量是什么？这种力量是从那里来的？无疑的是民族文化的源泉地，民族精神的寄托所，是任何武力所不能摧残的国学了。现在我国民族的危险性，其严重是用不着再说。但是欲谋民族复兴，其根本办法，舍提倡国学，以发扬民族精神而外，实在无其他好路可走。因民族精神的力量，在无形中极为伟大，最显明的事实，如欧洲普鲁士被拿破仑打败之后，幸有裴希特出来提倡民族文化，结果造成德国的复兴。我国现在的情形，正与当年的德国相似，我们要想自力更生，非提倡灌输民族精［神］的源泉地的国学不可。……盖西方学者，如达尔文之流，从生物学中研究，而倡物竞天择的学说，遂演成了今日弱肉强食的趋势，同时因战争的需要，而产生毁人类的武器，这是何等痛心的事。中国学术，是纯以谋人类和平幸福为目的，所谓"老者安之，少者怀之"，"出入相友，守望相助，疾病相扶持"都是以互助的道德，为进化的基础的，世界如果在二次大战之后，必然走上大同途径上来。而我们如欲想救世界人类，消弭世界杀机，须经力提倡我国学术。但研究国学，却必须汇通世界学说，以为参证，……今日急须使青年研究国学，而涵养其德性，确立其中心思想之基础，则复兴民族，庶几可能。然而这都是我们主持政教者，急应起来担负的责任。最后希望诸君，足踏实地，不慕虚荣，以科学的方法来阐扬国学，不独树立本身高尚的人格与精神的学问技能来匡正人心，转移风气，以作复兴民族之先导；并且要将这优美的东方文化，输送到西方去，消弭世界的杀机，拯救人类的危险；大同之基，即由此立，诸君勉之。（《湖南国学报》，第2卷第3期，1937年7月1日）

△　中和国学专科学校向社会征求答案与教材。

一、假定中小学十二年间，读完《孝经》《大学》《孟子》《论语》《中庸》五种，其先后之次第，及经文在时间上之分配，应当如何？二、专设读经科，与借用国语时间，其得失如何？三、将经文译成语体文，令学生读之，是否可行？四、诸书有易解者，有不易解者，其不易解之处，是否应先以诵熟为原则？以上四项，关系中小学校读经问题，至为重要，本校特悬奖征求，希望研究群经有得及关心教育诸君详加研讨，尽量发表意见，如有著述，请缮正寄党部后街中和国学专科学校张主任麓邨先生收，一俟评定甲乙，酌量分别致酬。又关于中小学二十四个学期读经选本及其教授法，如能编纂，本校亦甚欢迎（如一时不能全部完成，可试作小学一学期教授用本。如可采用，再行酌请续作）。取录后从优致酬。（《中和国学专科学校征求答案》，《湖南国民日报》，1937年7月1日，第7版）

本校除征求之读经答案四题外，并征求中小学十二年读经教材。兹将编拟读经教材酬金及收稿截止日期公布于后：（一）第一名二百元，第二名一百元，第三名五十元，四名以下酌送润笔；（二）收稿至七月十五日截止；（三）评定后一月内登报公布并致酬金。（《中和国学专科学校征求教材启事》，《湖南国民日报》，1937年7月1日，第7版）

△　《章氏国学讲习会理事会题名》公布，计有：汤国梨、朱希祖、汪东、金毓黻、马宗霍、王乘六、诸祖耿、潘承弼、沈延国、龙沐勋、孙世扬、潘重规、黄焯等人。（《章氏国学讲习会理事会题名》，《制言》，第44期，1937年7月1日）

7月2日　苏州国专举行第一届毕业典礼，由校董兼校长单束笙、校务主任潘韬芬致训，后给凭给奖。

"该校第一届毕业生，已获到相当位置，该社本届招生，考期为本月四、六日。"（《苏州国专》，《申报》，1937年7月1日，第5张第19版）

7月4日　船山学社开临时董事会。

董事刘肇隅、刘谦、王寿慈、王代懿、萧仲祁、张有晋、任寿国、颜昌峣、杨卓新、黄赞元、胡子清、李澄宇、周逸出席；董事陈嘉会、王礼培请假。主席周逸，报告事项：

周常务董事逸报告，第六次董事常会刘董事肇隅提议，拟开办师范补习学校一所，经议决通过，现刘董事肇隅已将简章拟就，请公决修正案，议决：（一）名称应定为"湖南船山学社附设经学讲习会"；（二）讲习会简章逐条修正通过。讨论事项：周常务董事逸提议，（一）讲习会经费应如何筹措案。（二）讲习会应否组织委员会，并推举委员及常务委员以专责成案。议决：（一）讲学会经费以所收学费为经费，不得在社款内动支，（二）讲习会以本日到会董事为委员，并推周逸、刘肇隅两董事为常务委员。（赵启霖著，施明、刘志盛整理：《赵瀞园集》，第444—445页）

湖南船山学社开办暑期经学讲习会，历时42天，学员17人，结业时颁发毕业证书。授课老师有周逸，主讲《论语大义》《大学大义》《中庸大义》《孟子大义》《庄子概论》《诗学》；刘廉生讲授《群经大义》《孝经大义》《诸子》《国学》《古文》《词学》，韩君剑讲授《尚书大义》，苏维岳讲授《诗经大义》，申铁琴讲授《易经大义》，颜昌峣讲授《礼经大义》，陶思曾讲授《春秋大义》《骈文》，葛邃铭讲授《公羊大义》；王礼培讲授《目录版本学》，周篁邨讲授《史学》《地理》。毕业同学有刘浚、刘翠能、王羽仪、魏节山、易宏正、曹镇湘、潘士敬、史荫嘉、刘华炯、王天爵、谢益国、梅竹青、张树辉等，旁听生有陶希葡、陶惠、陶希玮三人。（刘志盛、刘萍：《王船山著作丛考》，湖南人民出版社，1999年，第334页）

7月8日 原无锡国学专修学校特约讲师陈衍因病去世。（《老诗人陈石遗逝世》，《申报》，1937年7月10日，第1张第4版）

唐文治作《陈石遗先生墓志铭》：

> 闽学权舆，龟山浡兴。罗李绍述，紫阳丕承。气节挺秀，松柏菁菁。先生体兹，正直劲清，蔚为文章，纬史经经。扩为诗话，艺苑式型。天纵大雅，傲傥不群。活国大计，胸罗无垠。中年佐幕，广雅心倾。经济鸿博，浩气纵横，都讲大学，竹箭南金。大成小造，天下门生。足迹所历，西华北岳。昔年罗浮，今春巴蜀。炳炳烺烺，书篇盈橐。子长追踪，名山巨作。七六来锡，题我新屋。一灯荧然，论文角逐。四月言别，后期宿诺。天胡不淑，灵光隳落。学人莘莘，群失矩矱。烽烟满地，望风遥哭。有子觥觥，有孙擢擢。我铭以贞，千秋高躅。（陈国安等编：《无锡国专史料选辑》，第79页）

7月11日　船山学社开社课委员会。

委员王寿慈、陶思曾、任寿国、萧仲祁、刘谦、刘肇隅、李澄宇、周逸出席，主席周逸。"报告事项：周主任委员逸报告，今日开二十六年上期社课揭晓会，黄社长昌年已将课卷评阅完竣。讨论事项：周主任委员逸提议，将课卷传观，请公决等第案，议决，照黄社长评定优劣，以分等第。"（赵启霖著，施明、刘志盛整理：《赵瀞园集》，第445页）

7月18日　顾颉刚为黄毅民《国学丛论》作序。文佚。（顾潮编著：《顾颉刚年谱（增订本）》，中华书局，2011年，第315页）

7月21日　《申报》刊登章氏国学讲习会助饷宋哲元第二十九军往来函电。

章氏国学讲习会，饷助二十九军电："北平宋委员长暨二十九军将士公鉴，戎虏无厌，封疆有限，辽东既污腥膻，河北正烦筹策，伏维我二十九军同怀忠愤，素著威棱，今当劲敌之冲，更制近畿之胜，所愿虎步益舒，骁腾愈远，竟歼凶寇，庶报深仇，同人遥望出车，空思投笔，聊捐一饭，用饷三军，款付邮传，词因电达，章氏国学讲习会叩，元。"宋哲元复电云："章氏国学讲习会大鉴，元电敬悉，守土有责，分所当然，辱承奖注，曷胜惭感，特电复谢，宋哲元筱印。"（《章氏学会致宋电》，《申报》，1937年7月21日，第3张第10版）

7月25日 船山学社开第七次董事常会。

董事王寿慈、王代懿、胡子清、谢鸿熙、刘谦、周逸、萧仲祁、杨卓新、颜昌峣、刘肇隅出席，董事陈嘉会、王礼培请假。主席周逸，报告事项：

周常务董事逸报告，本社所有房屋土地，前次本市土地登记处测丈时，未经知会本社，致所测之地亩与本社管业图契不符，经交涉数次，今由土地登记处第一区分处，派陈复丈员来社复测，以期本社与曾祠毗连界线清白，庶免日后纠纷。讨论事项：一、周常务董事逸提议，本人前与任董事寿国介绍陈君渠珍入社，业已遵照入社手续填送愿书到社，兹拟推举陈君为本社董事，请公决案，议决通过。二、萧董事仲祁提议，前据吴社员镠云，本社赵故社长启霖，亮节清风，人格高尚，本社主持道德，阐扬潜德幽光，应宜援黄和介先生例，予以私谥，以彰盛德，可否，敬候公决案，议决，俟船山先师诞日，提交

社员大会，公同拟议。（赵启霖著，施明、刘志盛整理：《赵瀞园集》，第445—446页）

△ 《申报》报道国华中学为暑期学生进修每周一、周三、周五下午一时四十分起假座佛音电台（周率九八〇）举行国学演讲。

国学大师金松岑先生演讲下列题目："廿六日'谁为学术界之权威者'，廿八日'以史为文'，卅日'诗与乐'……幸爱好国乐者及全国大中学生注意。"（《金松岑国学演讲，佛音电台广播》，《申报》，1937年7月25日，第3张第12版）

7月 李源澄曾应蒙文通邀请，赴天津河北女子师范学院历史国文两系演讲，后于北平改订《汉学宋学之异同》，梳理汉学与宋学的流变与异同，批评时下国学徒具虚名，误入歧途。

道咸同以来（庄方耕虽乾隆时人，常州今文之学，不得为乾嘉之学术），新起之学既未得其正途，而乾嘉以来残余之学，犹固步自封。隐然若乾嘉诸师之有所畏而然者，是可怪也。西学东来，国学中斩，政教学术，无不仰之异域，固早已全盘西化也。学校虽有国学之科，无非考古，考古学而止耳。不必言国学，而好称时髦学者，其治国学亦必以西洋汉学家治吾国问为师。所谓国学者，岂非徒具其名哉。于此可知汉学、宋学之异同，与清代汉学之非汉非宋，今日国学之非国学。治国学者，当寻求正途，毋为妄人之所惑，而捷径以窘步矣。（李源澄：《汉学宋学之异同》，《论学》，第8期，1937年7月1日）

8月3日　《申报》报道章氏国学讲习会第二届招考正科生。

（一）学额：三十名；（二）程度：大学初年级生或高中毕业生及国文有相当程度者；（三）考试科目：文字学、文学史、国学常识、作文；（四）考期：第一次八月十日，第二次九月十日；（五）报名：第一次七月十五日起，第二次八月十一日起，向苏州锦帆路本会填写履历书，随缴四寸半身相片一张，报名费一元。董事：于右任、王小徐、王用宾、李根源、沈恩孚、沈祖绵、沈毓麟、居正、柏文蔚、马相伯、马君武、张默君、陈陶遗、陆兆鹏、张钫、张继、张知本、张一麐、张君劢、张东荪、曹亚伯、冯自由、杨杰、杨庶堪、杨谱笙、彭元士、邓邦述、邓家彦、邓翔海、叶楚伧、蒋作宾、蒋维乔、刘守中、刘成禺、褚辅成、钱鼎、韩国钧。理事长：汤国梨。（《章氏国学讲习会第二届招考正科生》，《申报》，1937年8月3日，第2张第8版）

8月29日　船山学社开第八次董事常会。

董事刘谦、李澄宇、王寿慈、周逸、刘肇隅、胡子清、陈嘉会、王礼培、任寿国、黄赞元、颜昌峣、谢鸿熙、萧仲祁、王代懿出席，副社长陶思曾列席。主席陈嘉会，报告事项：

周常务董事逸报告，本社土地登记经过情形。讨论事项：一、周常务董事逸提议，本社土地登记应如何办理案，议决，推举陶思曾、萧仲祁两君为代表，随时向地政局接洽。二，周常务董事逸提议筹款以资发展案，议决，由各董事各拟具本社应进行事业及筹款方法，于下月常会提出讨论。三、周常委董事逸提议，船山先师诞祭将届，应增加介绍社员案，议决，由各社员照章征集。四、周逸、刘肇隅介绍匡辅之为本社社员，周逸、吴镠介绍何衡为本社社员，周逸、郭人作介绍周怀烜为本社社员，陈渠珍、周逸介绍申建藩为本社社员，可否请公决案，议决通过。（赵启霖著，施明、刘志盛整理：《赵瀞园集》，第446页）

8月　《河南博物馆馆刊》第11期刊登许溯伊在河南国学专修馆讲演辞《修国学莫宜于河南》。
演讲称：

求学之道，耳闻不如目验，中国学问，具于载籍，而载籍所记，多已往之事。吾人欲求之目验，其事甚难，惟河南为中国文化发源之地。鄙人五度来此，觉耳闻目见，有向所怀疑，而到此为之涣然冰释者。故讲求国学，以河南为最宜，为其就地引证，并不费力也。譬如学英法语言文字，在中国学习，不如到英法学习，可以事半功倍。河南之于国学，亦复如是。……诸君于研究国学之外，最好能到各处旅行，旅行之前，须预就所到地方。本人所注意之事，翻阅书本，将疑义记出，既到之后，互相引证，若事前并未注意及此，临时发现，觉其事有研究之价值者，旅行归来，再翻书本，亦无不可。如此用心思索，必有所得，若有人嫌此事繁琐，不值费如许工夫，则我有一言，积小可以见大。若求学问进步，必须随时随地，事事留心，断无坐在家中，可以周知万事之理。其次则研究国学，不可忘却国字。中国文学，最讲体裁，诗文至于专门，尤须格律谨严，不可一字妄下。初学虽不必如此，但此意不可不知。前人有拟桓温致王猛书，其第一句大书景略仁兄大人阁下，闻者以为笑谈，要知称景略仁兄，固然不对。若称景略同志，亦是不对，若称密司脱王，错误更不必说。今人作文，不敢说不犯此种毛病，作中国文，用中国典故，用中国文法。譬如父兄指挥子弟，自有一种家风，若嫌子弟不听指挥，须用别姓之人，只可临时雇佣，事毕遣去。至多待以宾客之礼，不令喧宾夺主，若逐出自家子弟，以他人之子为螟蛉，甚至奉他人为祖父，则此人一家便无异根本消灭。今日时势，大众皆知，要救亡图存，能从此处加以矫正，即救亡图存之真精神，愿诸君注意。（许溯伊：《修国学莫宜于河南（河南国学专修馆讲演辞）》，《河南博物馆馆刊》，1937年第11期）

是年夏 章氏国学讲习会如期举行毕业论文、结业典礼，由汤国梨签发《荣誉修业证书》。

章氏国学讲习会第一届毕业论文题如下：1.太炎先生学谱；2.白虎观与议诸儒学派考；3.论华印思想之异同；4.《史记》各篇末后人附录考（十篇有录无书者除外），甲、年表组本纪附，乙、列传组世家附；5.小篆承用古籀证；6.清经解三编叙例（附目录）；7.汇刻十三经新疏之商榷；8.盛唐诗综论；9.北宋慢词发展考；10.论治《尔雅》之方术；11.《尔雅》郭注未详说；12.小学须合形声义为一而求其条贯系统说；13.切韵旧目考，（1）考韵目用字，

（2）考韵目次第，（3）考韵部分合，（4）考韵中反切所用字及分类；14.《毛传》《尔雅》异训考；15.《诗序》非一人所作考；16.郑笺微旨；17.左丘明作《左传》考征；18.春秋时代夷夏消长之研究；19.《吕氏春秋》引经考；20.道家杂家考；21.《文选》李注未详说；22.楚辞王注韵表；23.潘陆文比较研究；24.陶谢诗比较研究。（《章氏国学讲习会第一届毕业论文题》，《制言》，37—38 合刊，1937 年 4 月 1 日）

9 月 25 日　舆论称因抗日战争的需要，张氏国学馆开始筹设。

宝山张枕绿氏，鉴于战时教育，当以国学为国民普遍的基本需要，特设张氏国学讲习馆于北京路浙江路口良晨好友社内，亲为主讲。大中小学程度均收，额限廿名，按月缴费，课程有文言文、白话文、应用文（包括尺牍、日记、新闻纪录、广告文字等），常识（包括史地、心理、物理、新生活等），小说，诗歌，写作，书法等项，每日下午讲习半天，十月一日始业，章程待索。（《战时国学馆之组设》，《申报夕刊》，1937 年 9 月 25 日，第 2 版；相近报道可参见《张氏国学馆突起》，《新闻报》，1937 年 9 月 27 日，第 6 版）

本馆为救济战时学子之失学，培植基本学问之国学而设，中学以上程度均收，按月缴费，下□班额限廿名，定十月一日始业，报名从速，章程待索。（业准多人声请另开夜班）□馆设北京路浙江路口良晨好友社内。（《张氏国学讲习馆》，《申报》，1937 年 9 月 28 日，第 3 版）

9 月 26 日　船山学社开第九次董事常会。

董事张有晋、陈嘉会、萧仲祁、周逸、王代懿、胡子清、王寿慈、颜昌峣、李澄宇、谢鸿熙、杨卓新出席。主席陈嘉会，报告事项：

一、周常务董事逸报告，第八次董事常会推举陶思曾、萧仲祁两君为代表，向地政局接洽本社土地登记事，陶、萧两君即于是会次日至地政局，与该局副局长及科长吴崇钦接洽。据云，船山学社土地与曾公祠土地登记一案，现已将两地实在情形，呈请中央内务部核办，但以公理为断，恐曾公祠土地将来只有保管权，而本社土地继承思贤讲舍，或可取得所有权也。二、周常务董事逸报告，第八次董事常会中，本席提议筹款以资发展案，并议决由各董事各拟具本社应进行事业及筹款方法，现因时局紧张，逸以为非其所急，故未通函各董事，想同人亦以为然。三、周常务董事逸报告，本会同人前赞成所办暑期经学讲习会，后招得学生十余人，现六周教完，业已发给毕业证书，其证书上仍用经学讲习会名义，以示尊重团体之意，另存未用证书一纸，以备查考，然逸所分得钟点之夫马费十余元，概捐作慰劳前方将士棉背心之用（计制成棉背心十件）。现又有学生八九人仍想研究经学，尚寄住社中，且亦有在他校上课者，课余研究经学，逸拟具简章，已与陶思曾、刘肇隅两君商得同意，酌收学费三元，以概捐作慰劳前方将士衣履之用。想同人闻之，必表同情也。四、周常务董事逸报告，本社一年来收入支出数目，昨郑庶务家肃已造四柱清册送会，请同人核算，以便于大会中报告张贴，表示公开。讨论事项：周常务董事逸提议，船山先师诞祭在即，现因陶副社长思曾赴安化修谱，届期不能来省与祭，本社除照例通知省政府各厅长及各社员与祭外，应否致函黄社长昌年请其来省主祭，或推省府主席主祭，请公决案，议决，函请黄社长来社主祭。（赵启霖著，施明、刘志盛整理：《赵瀞园集》，第446—447页）

10月1日　正风文学院在淞沪抗战中被日军炸毁，《申报》刊发评论正风文学院"物质可毁，精神不死"。

本报特写：

闸北交通路西的正风文学院，于本月二十三日午后五时，不幸已被敌人的飞机炸毁了。该校是沪上研究国学的最高学府，环顾国中的其他大学，虽然也有文学院之设，可是专以提倡国学为职志的，惟无锡国学专修馆和该校两处而已，不幸现被敌机摧残，真是令人痛心。……毫无武装嫌疑的学校，竟逃不出敌军的毒手，这当然又是日帝国主义者，有意破坏我文化机关的另一铁证。……不过国粹为国本所系，际此存亡绝续之交，尤当力谋迈进，我们深信，物质可毁，精神不死，本学期原筹有种种扩充的办法，虽遭此挫折，但越要奋发进行，务于短期内，即行兴复，现已暂借公共租界爱文义路大通路口道中女学为临时学舍，定于下月（十月）十一日上课。王氏纵谭上述情形，虽常流露出惋惜痛恨的口吻，但对于复兴该校的志愿和态度，却非常坚的。诚然，物质可毁，精神不死，以王氏过去惨淡经营该校的精神，加以此次因受刺戟而决计迈进的态度，逆料该校举行隆重的兴复典礼之期，不久即将与抗战的胜利，同时光临了。（赓）（《正风文学院被炸后》，《申报》，1937年10月1日，第2张第8版）

10月4日 船山学社举行船山先师诞祭典礼。

上午十时，名誉董事长何键主祭，与祭者有教育厅长朱经农（黄果励代）、省会警察局长李先教（黎竹琴代），社员王礼培、周逸、赵日生、席启驹、彭济昌、张有晋、陈嘉会、黄赞元、程瀛石、刘谦、石广权、韩景苏、谢鸿熙、张湘焘、张伯良、周安汉、辜天祐、吴镠、朱肇干、任寿国、葛鼎甫、萧仲祁、廖树勋、黄果励、刘策成、李砾、苏维岳、傅绍岩、王寿慈、言汝昌、李忠澍、胡子清、王季范、陈继训、沈季律、王代懿等五十余人。午后一时，开社员大会。社员陈嘉会、周逸、胡子清、谢鸿熙、葛鼎甫、苏维岳、辜天祐、程瀛石、任寿国、彭济昌、黄赞元、王礼培、李砾、石广权、朱肇干、王寿慈、傅绍岩、陈继训、李忠澍、言汝昌、刘谦、王代懿出席。讨论事项如下：

一、陈董事长嘉会报告开大会意义；二、推举临时主席案，议决，推举周常务董事逸为大会临时主席；三，临时主席周逸报告，黄社长昌年来函云，鄙人年来耄荒，艰于步履，不能来社主祭（原函另刊），陶副社长思曾月前赴安化修谱，亦不能来与祭。又报告本社一年来办理事业经过情形：（一）上期发刊第十三期学报；（二）举行上期社课；（三）本社附设暑期经学讲习会；（四）本社全部房屋自去秋行辕移粤后，被宪兵营驻扎，交涉年余，至今犹未完全收回，艰难困苦，损失收入不资；（五）本社社址向长沙市土地登记处交涉数次，据地政局云，船山学社社址与曾公祠祠址，均呈请内务部批示，俟批下方有确实解决；（六）一年来收入支出数目，所有数目清单，另令郑庶务家肃粘贴壁上，以示公开。四、陈董事长嘉会提议，两年任满应行改选之半数董事王礼培、黄赞元、黄巩、杨卓新、李澄宇、谢鸿熙、彭施涤等案，议决，推举王礼培、黄赞元、刘肇隅、傅绍岩、石广权、彭济昌、辜天祐七人为董事。五、陈董事长嘉会提议，查董事会章程无候补董事，前年临时提议推举候补董事，系属错误，现应如何补救案，议决，照章不必另举候补董事。（赵启霖著，施明、刘志盛整理：《赵瀞园集》，第447—449页）

同时，船山学社附设暑期经学讲习会学员编辑出版《王船山先生生日特刊》，何键题写刊名。

10月8日 唐文治率部分无锡国学专修学校师生转移到离无锡城区十余里的王祥巷上课。教务主任冯振、总务主任叶长青率二、三年级部分学生暂时留居无锡城中学习，后迁至长沙。（刘桂秋：《无锡国专编年事辑》，第265页）

10月 伪北平市市长江朝宗、警察局局长潘毓桂、故宫博物院院长钱桐、社会局长李景铭等计划开设古学院，保存国粹，弘扬东方文化。该会收容寒士，择其有益于中国古学，从事整理编纂，例如抄写《四库全书》等，"如是既为一般文贫开谋生之路者，于中国文化，复可收振兴之功"。（《拟设古学院》，《晨报》，1937年10月17日，第4版）

为收容寒士，1937年10月10日，李景铭提议组织古学院，其所述缘由为："近来言救济者多注重于下级贫民，而上级贫儒无人顾及，应由钱主任提倡宏文馆，广罗旧科举中人，使之编辑古书，译成英法文，为沟通中外文化计，亦以救穷儒之生计。如能筹款万元，每月可收罗二百人，盖人须膏火五十金；二万元则可收罗四百人。孟材极表赞同，谓本有古学院之计划，余因嘱其拟草。江市长亦赞同，且谓将来可由黄河奖券拨给三分一之余利焉。"（李景铭：《嗉斋日记》，1937年10月10日，马忠文主编：《近代史所藏李景铭档案》，国家图书馆出版社，2021年，第24册，第282页）

11月　船山学社公布新入社员名单（见表23）。

表23　湖南船山学社民国廿五年（1936）十月至廿六年（1937）十月
新入社员一览表

姓名	别号	年龄	籍贯
陈渠珍	玉鍪	五七	凤凰
周怀炬	苇棠	六六	湘潭
申建藩	铁琴	五三	靖县
匡辅之	敬亭	七九	湘潭

［《湖南船山学社民国廿五年（1936）十月至廿六年（1937）十月新入社员一览表》，《船山学报》，1937年第14期］

11月26日　北京古学院在东兴楼发起筹备人聚餐，杨锺羲为筹备主任，吴廷燮、傅增湘、江朝宗、周肇祥、赵椿年、黄宾虹、田步蟾、潘毓桂、杨圻、张厚毅、雷寿荣、李景铭、钱桐十三人为筹备委员。

京市长江朝宗等，为保持东方固有文化，特设立北京古学院，院址，在古物陈列所武英殿，已于日前成立，兹将该学院组织列后：

北京古学院章程（第一条）本院以保持东方固有文化，延揽旧日宿学，本其改授，分任考古事宜为宗旨。（第二条）本院设院长一人，副院长二人，主持院务，设提调二人，坐办二人，秉承院长副院长，分任一切事务，院长由发起人公推耆年硕学者充任，余由院长聘充（前项职员除坐办外，均以现有职守者兼充）。（第三条）本院院址或借用官产，或租用民房，随时酌定。（第四条）考古事宜分科如下：一，经学，二，史地学，三，诗古文辞，四，目录版本，五，农医学（诸子百家附之），六，书画，七，艺术，八，金石，九，陶瓷，十，古建筑，以上十门分为十科，每科由院长聘请总纂一人，编纂若干人，分纂若干人。（第五条）本院遇必要时，得向故宫博物院，古物陈列所，北京图书馆，历史博物馆，及其他文化机关，借用图书物品，以供各科考古资料之用，一切均遵该主管机关定章办理。（第六条）总纂名额暂定十名，编辑分纂无定额，其资格以现无职守之科甲出身或曾任高级行政官，及曾担大学教授讲师，富有旧学经验者充之，其办事细则另为规定。（第七条）本院设编辑员翻译员各若干人，由院长派充将各科研究所得编译东西文为沟通东西文化之用。（第八条）编辑员翻译员以现无职守之东西洋毕业生及本国专门以上学校毕业生学有专长精通外国文字者充之。（第九条）本院得延聘中外名儒宿学为顾问。（第十条）各科研究所得分期作成报告，以便发行刊物。（第十一条）本院因事务上之必要，得酌用秘书办事员书记员各若干人。（第十二条）本院职员名誉有两种，由院长酌定。（第十三条）本院经费另定筹集办法。（第十四条）本章程如有未尽事宜，得随时修正之。（第十五条）本章程由发起人呈请市政府核定后先行筹备就绪，办有成效，再行呈报最高行政机关。（《北京古学院成立，院址在古物陈列所武英殿》，《益世报》，1937年11月22日，第4版）

本报特讯：日前各报登载古学院业已成立之说，与事实稍有出入。本报记者昨访古物陈列所钱所长，比蒙接见，并将成立该院之动机及筹备经过，详予说明：日前本市市长江朝宗，社会局长李景铭，古物陈列所长钱桐三氏，为保持及发扬东方之固有文化起见，遂发起古学院之组织。当为潘局长赞助，遂网罗科举出身之博学通儒，呈请市政府核准及派员筹备一切，以策进行。当经市政府会议，交与社会局核覆，经社会局核覆后，遂经市政府正式批准：以杨锺羲为筹备主任，吴廷燮、傅增湘、江朝宗、周肇祥、赵椿年、黄宾虹、田步蟾、潘毓桂、杨圻、张厚毅、雷寿荣、李景铭、钱桐等十三人为筹备委员，定于本星期五日下午开会，商决一切。外传院址已觅妥武英殿说，完全不确云。（按本报前载院址已觅妥等情，系根据电闻及中闻两通讯社所发之稿，特此志出。）（《古学院筹委十三人，业经市府核准，并定星期五开会》，《晨报》，1937年11月24日，第4版）

是年 无锡国学专科学校毕业生王先献、卞敬业、李钊、李光九、吴常焘、陈光汉、张广生、黄敦、魏恒葆和戴双倩十人，毕业时出版诗稿合集《惠麓同声集》，唐文治作序。

该书收录王先献《咏琴轩诗稿》、卞敬业《勤生诗稿》、李钊《覆瓿诗稿》、李光九《焚余诗稿》、吴常焘《伯鲁近稿》、陈光汉《慈竹平安馆诗稿》、张广生《蟾蜍滴露轩诗稿》、黄敦《鰥廎近稿》、魏恒葆《块然室诗稿》、戴双倩《顽石斋诗稿》十部诗稿，唐文治序言称：

> 自圣门有为己为人之辨，后代之讲学者，辄以标榜为嫌。余谓为己为人，在乎心术，而不在乎形迹。《伐木》之诗曰："嘤其鸣矣，求其友声。相彼鸟矣，犹求友声。矧伊人矣，不求友生？"是以《易·兑》象，有朋友讲习之箴，岂得谓之标榜乎？曾子言："君子以文会友，以友辅仁"，岂得谓之标榜乎？宋代大儒，名山都讲，著述满家，不可胜数。往者闻吾乡娄东陆、陈、江、盛诸先生，考德问业，日有记而月有会。及居无锡，闻东林高、顾诸先生，讲学之风，犹有存者，为之奋然兴起，不能自已，甚矣，取友之必贤，而友声之宜急也。同学陈生光汉等十人，将届毕业，裒平日所为诗文，名曰《惠麓同声集》，来问序于余，且求一言以为终身之诵。余维先圣释《易》飞龙之象曰："同声相应，同气相求。"至《系辞传》之释同声，则取中孚九二之象曰："君子居其室，出其言善，则千里之外应之。居其室，出其言不善，则千里之外违之。"其释同气，则取同人九五之象曰："同心之言，其臭如兰。"此圣人之微旨也。余向以正人心、拯民命之学说倡导同学。夫正人心，必慎言行，以动天地；拯民命，必合同志，以救号咷。然

则所谓同声同气者，固在性情心术之微。将为往圣继绝学，为万世开太平，岂在区区文字间乎？苟或不然，则标榜而已矣。诚伪之界，不过几希，诸生其谨而勉之哉。（唐文治：《〈惠麓同声集〉序》，《国专月刊》，第5卷第3期，1937年4月15日）

△　金山方冲之曾撰《中学生对于国学应有之认识》，又发表《国学发凡》，重申中国国学，具有世界可贵之价值。

文中称：

> 何谓国学？国学一名国故学。章太炎著《国故论衡》。即以国故二字称中国固有之学术。定海马瀛氏著《国学概论》，以为国故学之故字，偏于文献，未能将我国固有学术，包括无遗，微嫌含义窄狭，故不如径称之曰国学为宜。胡适谓："国学在国人之心眼里，只是国故学之缩写。中国一切过去之文化历史，都是我们的国故研究。这一切过去之文化历史的学问，就是国故学，省称为国学。"是故国学二字，为现代中国学术界流行之名辞，既无特殊之解释，又无合理的定义；谓之中学也可，谓之旧学也亦无不可。在昔张之洞所谓"中学为体，西学为用"。中学即国学，西学即西洋输入之文化学术也。有清之末，西洋势力，日见侵入，国人之研究西学，翻译西书者日多，而哲学、论理、政治学说，皆异于我国旧有之学术，因之国人又称西学曰新学，中学曰旧学。马瀛氏又以为中学之名在西人称我中国之学术则可，若我国人自称中学，似嫌赘废；且与中等学校之名称相混，反不若国学二字之为当也。于是国学

之名，遂沿用至今焉。

国学之名称既立，国学二字之取义如何？其本身有何可贵之价值？则又不可不知者也。近人钱基博先生在江苏省立无锡中学演讲国学，他说"国学古训'学'之为言觉也；国学就是国民之自觉。孙中山先生三民主义，以民族主义先立乎其大本，尤力言：'中国固有之道德，首为忠孝，次为仁爱，其次为信义，其次为和平，此种特别优良之道德，即为我国民族之精神，我人对于此种精神，不仅要保存勿失，且要发扬光大。'《大学》中所说'格物''致知''诚意''正心''修身''齐家''治国''平天下'，从个人内部做起，做到平天下止，如此精微开展的理论，无论外国什么政治家、哲学家，都未说出，此种'正心''诚意''修身''齐家'的道理，本属于道德之范围。此种理论，就是欲唤起国民之自觉；也就是所谓国学。国学并不限于语言文字之末。现在普通谈教育者，称关于国学之部分，谓之中国语言文字学。一若中国除语言文字之外，无所谓学，这是大错"云云。此解国学二字，最为新颖。故节录之以示同学；并足以见国学值价之可贵也。

国学内容，包罗万象，不以一方拘，亦不以一端尽也。即以科学而论：天文历算，本盖天宣夜之术，《周髀经》《春秋元命苞》等书言之详矣。墨子曰："同，重礼，合类；异，二体，不合不类"，此化学之祖也；"均，发均悬，轻重而发绝，不均也。均，其绝也莫绝"，此重学之祖也；"临鉴立影"，"二光夹一光。——足被下光，故成景于上；首被上光，故成景于下"，"鉴者近中，则所见大，景亦大；远中则所见小，景亦小"，此光学之祖也；亢仓子云："蜕地之谓水，蜕水之谓气"，此汽学之祖也；《礼经》言："地载神气，神气风霆，风霆流形，百物露生"，此电学之祖也。关尹子言："石击石生光，雷电缘气以生，可以为之"，《淮南子》言："'黄埃''青曾''赤丹''白矾''玄砥'历岁生濆，其泉之埃上为云"，"阴阳相薄为雷，激扬为电"，"炼土生木，炼木生火，炼火生云，炼云生水，炼水反土"，中国之言电气详矣。至于"圜中同长；方，柱隅四谨。圜，规写交；方，柱见久"，"重其前！弦其钴"。"注，意规圆三"，神机阴开，剖劂无迹。城守舟战之具，蛾传羊玲之篇，机器兵法，皆有渊源。墨言理气，与管子、关尹子、列子、庄子，互相出入。《韩非子》《吕氏春秋》备言墨翟之技，削鹊能飞，巧挽拙鸢，斑斑可考，泰西智士，从而推演其绪，而精理名言，奇技淫巧，本不能出中国载籍之外，儒生于百家之书，历代之事，未能博考，乍见异物，诧为新奇，亦可哂矣。我国自庚子之役，战败以后，前清左宗棠、李鸿章等，主张倡治西学，当时理学家倭仁极力主张阐明国学。凡此所引，具见其奏疏中说也。近代江亢虎著《中国文化复兴大义十六则》，述及科学中之四大发明，如指南针、造纸、印刷、火药等皆出自中国。地图与地动说及地震仪，亦为中国人所首创，其他利用厚生之事，与科学公例，新法暗合者，尤不胜偻指。欧战以后，东方文化之优点，益引起世界各国之注意。近来欧美各大学增设中国文化学科，图书馆、博物馆、美术馆广收中国文化材料云云。噫！是足以见中国国学，具有世界可贵之价值矣。中国国学，曷为而有世界可贵之价值也？盖其本身确有颠扑不破历劫不磨之精神所在，其间孰先孰后，孰本孰末，孰有用，孰无用，整理分析之功，要非异人任也。梁任公曰：中国学术，学者任研治一部分，皆可以名家，而其所贡献于世界者，皆可以极伟大，愿同学其勉旃。（方冲之：《国学发凡》，《华童公学校刊》，1937 年第 7 期）

△　潘承弼等辑录《太炎先生著述目录后编初稿》。朱季海作序言称：

公箸书綦繁，称类甚博。六籍弗能具，方州不可限，布写非一时。或终閟藏于家，世竟无睹。学者好尚且异，诵记即不齐，公怛化，乃有陵讹之惧。浩将有言于撰目，惮为物綫，不得发。延国与丧来苏州，承弼暨复佥在。延国唱言之，众议同，事乃起。遂揖群箸，聚目如前编，诡惟速成，虑臬厥载，故勿能致密，失记亦多焉。终衷集益勤，暨四方友朋所剩，咸注别纸，綍为今录，视前虽少半犹歉焉。颇龙鳞成帙，足缝其间，条理则未皇。整部居，撰本末，明作意，探高深，出广丽，以发起其趣。而观夫后世，当俟畜德君子，大雅之材，共赞襄而举之，未易急理也。前编初营，疏移写事洒分之，三君劳足相盖，浩惟逸。是役延国暨复最劬，承弼与浩，拾补无虑数事。若前录未刊诸篇，自延国暨王牛外，余人咸弗窥。聚写其目，亦惟二君。前录成，王君不列名，缀是亦足以稽，附录所具，本非公作，伦制不宜有，又咙杂不类妄庸人时时奋臆乱公说，宜刊剟，以保完粹。延国爱多故留。若曰。庶几遗泽存焉。夜光之丽，亦不以瓦砾掩也。予所闻《华国月刊发刊辞》，汪东为之，前录载焉，将疑后人。昔曹子建有手作目录，故元首假托，赖相证向。目录苟不得保任，滋惑大矣。兹从事虽慎哉恐犹有隙，世有知者，庶相质云。（潘承弼等辑：《太炎先生著述目录后编初稿》，《制言》，第34期，1937年2月1日；另见朱季海：《初照楼文集》，第318—319页）

1938年（民国二十七年　戊寅）

1月4日　国学图书馆留守员梁书简、董廷祥向伪南京自治委员会报告国学图书馆损失情形。

梁书简、董廷祥汇报："为报告事窃简等留守国学图书馆，上月被军队入馆蹂躏，书籍器具一概毁坏，惟剩有书库储藏之书数十箱及特种书数十架，遗弃满地，若不早为收拾，恐将散佚殆尽。今幸贵会成立，有保全国粹之必要，相应函达台端派员来馆点验，筹划善后，俾简等有所秉承或转请日军宪兵队发给立入严禁布告，以免躁扰。"（南京市档案馆藏档案，档案号1002-1-925）4月，国学图书馆主任杨复明向伪南京自治委员会报告日军"强运"图书情形：

报告今日午后一时，有日人来图书馆用卡车取书库书20余箱不服理论事，该日人有寺井义三郎带来6日本人，臂章有上海特务部字样。此6名直向书库，令数小工用卡车装运至珠江路地质调所。据称为日军特务部图书委员会中人，谓藏书全部应由军务部接收，且指为逆产。主任告以此图书馆由南京市自治委员会接收，本月南京新政府成立，由内政部陈部长直辖，

何得指为逆产。此处由我主任管理，必待报告交涉后再行定
夺，此时必不可取。最好备正式公文，由自治会解决，或取有
南京特务机关公文亦可，乃均不服理论，不能制止，运去廿余
箱，且须陆续装运。查该日本特务部即前两月在本馆书库门外
贴有石印大字，日本军暂管，并注有和汉文，不许擅入，违则
依军法治罪字样。且即前十日来馆，迫令馆员抬书起运，馆员
告以无力，乃日人谓明日带工人再来。已报告在案，今此上海
特务部机关之日人蓄谋已久。

　　报请自治会转报南京特务机关请与交涉，因新政府初成
立也。

　　馆主任杨复明具（一九三八年）四月一日（南京市档案馆藏
档案，档案号1002-1-926；转引自孟国祥编著：《抗战时期的中国文化教
育与博物馆事业损失窥略》，中共党史出版社，2017年，第190—191页）

△　邵瑞彭（次公）病殁于开封，年五十一。

　　时人评价邵瑞彭："训诂学与历学皆发有清一代诸人未发之秘，
为有功国学之著作。"（《时人汇志》，《国闻周报》，第10卷第41期，1933
年10月16日）邵瑞彭为"南社中之学人"，"次公之学务为博览记诵
胜人，慨然有志于著述"，胡朴安曾以整理旧学之说相劝，其不以
为然，"盖次公谨守清汉学家之范围，而不肯稍变也"。（胡朴安编：
《南社文选》，上海中国文化服务社，1936年，第288页）蒙文通评述近代
齐鲁之学时，称："纯就齐学而言，惟淳安邵次公（瑞彭）洞晓六
历，于阴阳三五之故，穷源竟流，若示诸掌，自一行一人而外，魏
晋及今，无与伦比，此固今世齐学一大师。""由邵氏之说，则足以

周知诸纬派别异同、源流先后之故，所系至大，可资之以处理秦汉各派之学说。齐学之为用若何不必言，而古有齐学，其根柢则若是，是以齐学言，则邵氏《齐诗钤》之作，其深合齐学家法，固优于廖师也。"（蒙文通：《井研廖季平师与近代今文学》，《川大史学·蒙文通卷》，四川大学出版社，2006 年，第 56 页；今人研究参见李静：《邵瑞彭研究：以生平、交游、词作为中心》，河南大学，硕士学位论文，2013 年）

1 月 15 日　沈信卿在新中国大学演讲"国学和民族精神的关系"，希望基于研究国学而将民族精神发扬光大。

沈信卿指出："国学，是一个国家立国的根本，国学的注重与否，关系于一国固有的精神文明很大，影响于国族的存亡至巨。"中国国学真正的精神在于孔孟学说，要了解中国国学的真正意义必须先读（一）四书，（二）《说文》，（三）《易经》，"这三种书，是研究中国国学的基础。四书是孔孟学说的结晶；《说文》是研究文字学的根本，它的构成，是经过科学方法整理的，未曾研究说文读周秦古书就有许多隔膜。《易经》是伏羲文王孔子三个圣人精神所会聚，集中国哲学和科学的大成"。再者，"国学"和"科学"应该并重，不可偏废："一方面要认识孔孟学说的要点，身体力行，体验《易经》的变化，以中正的方法，来应付环境"；另一方面，"发挥伟大的精神，放开远大的眼光，负起艰巨的责任，来挽救国难，复兴民族"。（沈信卿先生讲，吴宗文笔记：《国学与民族精神之关系》，《商会学刊》创刊号，1938 年 1 月 15 日）

1 月 16 日　上海国学专修馆在民国中学会议室召开第一次发起人会议。

出席者：吕思勉、任味知、王心湛、管际安、胡朴安、徐春荣、冯明权、沈信卿、蒋竹庄、姚明辉、孙德余、冯一先。主席：冯明权（行礼如仪）。（甲）报告事项：一、主席报告发起筹设国学专修馆之用意。二、冯一先报告筹备经过。（乙）讨论事项：一、请指定本馆馆长、教务长等案。议决：推举冯明权为馆长，姚明辉为教务长，冯一先为总务主任。二、章程草案第四、五两条应予修改案。议决：章程第四条入学手续应改为：凡有下列资格经本馆入学试验及格者，得入本馆各级肄业，性别年龄不限。又戊项应改为：本馆注重实学不重虚名，凡有志国学而与右列各项有同等学力者，亦得应试。再如第五条纳费：补习科每学期十六元，预科每学期二十元，本科每学期廿八元。寄宿者膳宿各费同民国中学。三、规定入学考试及开学日期案。决议：入学考试第一次一月廿八日，第二次二月八日，开学为二月十日。四、推定考试委员案。议决：推定姚明辉、任味知、王心湛三位先生担任之。（《上海国学专修馆第一次发起人会》，《沪民月刊》，第28期，1938年3月20日）

1月18日　胡怀琛逝世，年五十二岁。

"（香港十九日中央社电）沪航讯，国学家胡怀琛，字寄尘，安徽泾县人，十八日晨因病在沪寓逝世，年五十二岁，［胡］氏著作甚多，未刊稿尚有百余万言。"（《胡怀琛逝世》，汉口《申报》，1938年1月20日，第2版）

1月　《重光》第2期刊登叶秉诚遗著《覆宋芸子论国学学校书》，李源澄跋文称，此文可窥探叶秉诚学术宗旨，叶秉诚的主张可资时下学人与学界参考。

李源澄指出：

> 叶先生讲学大旨，可以由此窥见。此书想当是宋先生长国学院时所为，固未采纳。或由人才缺乏之故，不能不为国学界惜，然法亦待人而举，以现在大学文史两系观之，又不能过存失望。此乃十余年前之文，或不免有失时效之处，望阅者耐心读之。叶先生讲学之态度，则反对抱残守缺之国学，而提倡科学化之国学。叶先生讲学之精神，则提倡有体有用之学问，而反对以学问为装饰品。叶先生对于国学之前途，志愿极大，内而发挥国学之效用以养成东亚伟大文明之国民，外而欲使国学发扬为世界之学。平心论之，并非夸大，且是中国人尤其是治国学者所应负之责任，惟视努力如何耳。惜当今办学之人，无此眼光，教授中即或有具此眼光者，孤掌难鸣，亦惟随顺世俗而已。此点请当今主持各大学文史科者留意留意，过而能改，有厚望焉。叶先生所提倡之科学化之国学，乃是以治科学之精神治理国学，以与国学有关之科学辅助国学，并非如现在一般所标榜之以科学方法整理国学也。叶先生所谓为学问而修学，与梁任公先生所谓为学问而学问之意，亦不尽同。因叶先生自谓学问在于立身应务，故虽一字一句，必有大本大源在，然后不成为装饰品，反之即为装饰品，富人得之则为玩物，贫人得之则为废物，废物无益于人，自甘为废物，必先无待于人，制造生人为废物者，罪不容于死。即梁任公之学问亦不是装饰品，而且影响于社会者甚大，为学问而学问，不过为清代人立

门面耳。梁任公学问之门径，可从《万木草堂学记》看出，其渊源在康有为之《长兴学记》，康有为则本于朱九江，此乃当今国学界应走之路不可缓也。《万木草堂学记》虽为小学而设，但不仅是今日青年朋友有志于国学者应读之书，即现在一知半解而滥竽国学讲座之先生，亦无妨降心细读。至于叶先生所提之国文教员一事，尤值得注意，因此中应发挥者多，介绍文字超过本文，殊又不似，姑且从略，伏愿关心中国民族前途者留意及之。

叶秉诚认为：

窃以近三百年来，智识上之学问已趋于科学世界，无论东西各国之学术，必须经科学方法之估定，始有真正之价值。吾国国学当亦不能外此公例，居今日而谈国学，若不受科学之洗礼者，窃未见其可以发扬而光大之也。夫吾国学术丰富数千年来演成之独立文化，持与欧洲文明史比较洵无愧色，只以近数百年中吾国学术停滞，少所启明，而欧洲学界锐进一日千里，不独吾国国学望之瞠乎其后，即希腊罗马之文明亦如横污行潦之比长江大河也。此非近百年之人智突过东西数千年之圣哲，实受科学发明之赐，而学术界乃有革新之成绩耳。此后中国国学苟无保存之价值则已，如其文明尚伴吾黄种以长存者，林敢断言之曰，必非从前抱残守缺之国学而为新科学化之国学也。林持此眼光以论国学专修校，其意有三。一、学科宜准大学分科之预备，别为三类：甲，中国哲学类，经学、诸子学、宋元明理学、中国哲学史、宗教学、心理学、伦理学、论理学、西洋哲学概论、认识论、美术学、生物学、人类学、语言学概论。乙，中国史地类，史学研究法、中国史、东洋史、西洋史、历史地理学、经济学、法制学、文化史、外交史、宗教史、美术史、中国地理、世界地理、海洋学、博物学、统计学、人类学、地文学、地质学、测理绘画学。丙，中国文学类，文学研究法、文字学、训诂学、词章学、中国文学史、西洋文学史、中国史、言语学概论、哲学概论、美术学概论、心理学概论、世界史、教育学、语体文教授法。以上三科，均以国学为主，西学为辅。盖无论何门之学科，未有不通世界同类之学，而能专精一国一类之学者，且欲使吾国固有之学将来成为世界之学，尤不可 [不] 兼通西学以为之导也。至来教所分科目，以伦理政治教育修辞为主课，谓法孔门四科之遗意，不知此近日各校共同所有之学科，且较孔门为精确为详备，今日纵使孔子复生，亦必舍周时及古代之德行政事言语文学，而教以现世通行之伦理政治论理文学，以其宏括而精密且最适于目前之实用故也。故经史子集虽不合于孔门之教科，而实为吾国专有之国学，为发扬国学之亟当从事，而孔门德行政事言语文学之遗意，则是为普通或专门学校所共采，固不必候国学之专修而后为也，若能发明原理改良进步以提供各校之采用，此则有待于国学专修卒业后而研究院之所发明者也。总之，国学专修为大学之一部，今日若能提高程度，实行大学学科之规定，则可为将来四川大学之分科。不独学校得长存，而国学乃有进步之可望。二、招生务以中学毕业为合格。国学以科学化为主旨，则凡有志研究国学之士，必须先具有科学之常识，绝非前日咕哔媛姝者所可得语也。为启发国学计，固须具中学之根抵［柢］为造就有用人材计，亦必具备科学之常识，乃足以立身而应务，否则视学问为装饰之品，鄙世事为流俗之行，纵使学成古人而己身为废物，此正吾国学术之不进，国力不振之所由，吾辈当力矫其弊，而必以科学常识基，以植其为科学致用之本。三、用途以预备文学教习为相宜。国学专修学校原为发明国学原理而设，为学问而修学，此乃学人应具之精神，即使见浅见深之不同，自当与各专门学校之毕业生同一待遇。若就社会事业性质相宜者而言之，则以预备国文教习为最宜。国文为国学重要之位置，在现今各学校，咸以缺乏善良教习为通病，此非国文之难教，实教国文者无科学之组织故也。今国学既科学化，则将来卒业之人才，必能改良国文之教授，则国学之精神将普及于学子，而于不知不觉中受其感化，则养成东亚伟大文明之国民，皆于国文教授是赖，天下之大用，孰有过于此者乎。若借国学毕业生之头衔［衔］，而效无赖政客以为敲门砖，此不独非共和国民所宜出，而尤为孔孟程朱所深恶而痛绝者也，故用途一端，不必鳃鳃然为之过虑。嗟乎，国学衰微极矣，正赖海内宿学通儒出而改良以扬国光而惠来学。梁任公提倡自由讲座，拟办国学学校，志愿虽宏，事实未就。今吾川幸有此一校，又幸得先生之力图改进，以为改良国学着手之地。（叶秉诚：《覆宋芸子论国学学校书》，《重光》，第2期，1938年1月15日）

△　伪中华民国临时政府教育部为提倡中国固有文化，令社会局通知各中小学，增设经学课程。

社会局奉令后，即将各校书籍详为规订，并附各校现行课程教学时数统计表，呈部核定，以便实行。各校经学课程要求如下：初级小学有《孝经》《论语》。高级小学有《孟子》。初级中学有《诗经》《大学》《中庸》。高级中学《礼记》《左传》。（《社会局通知各中小学增讲经书，提倡中国固有文化》，《晨报》，1938 年 1 月 16 日，第 4 版）

2月1日　唐文治为无锡国学专修学校学生讲授《格物定论》。

无锡国学专修学校师生到达山围后，由冯振、钱仲联、蒋庭曜和郑师许等学人授课，"冯振讲授《论语》和文字学，钱仲联讲授民族文学和中国文学史，蒋庭曜讲授国学常识和书法，郑师许讲授抗战史料和中国文化史"。（刘桂秋：《无锡国专编年事辑》，第 288—290 页）

2月20日　浙江大学拟聘马一浮开设国学讲座。

马一浮于 2 月 12 日致函竺可桢，赞誉浙江大学于寇乱之时"弦诵不辍"，"应变有余，示教无倦，弥复可钦"，希望浙江大学能为其在江西谋得一居室藏书以及蔽其眷属。（马一浮：《致竺可桢》，1938 年 2 月 12 日，吴光主编：《马一浮全集》第二册上，第 529—530 页）竺可桢与梅光迪、郑晓沧商谈马一浮近况，"前岁曾约马至浙大教课，事将成而又谢却。现在开化，颇为狼狈，并有其甥丁安期，及门王星贤两家合十五人，愿入赣避难，嘱相容于浙大。迪生与晓沧均主张收容，遂拟覆一电，聘为国学讲座"。（竺可桢：《竺可桢全集》第 6 卷，上海科技教育出版社，2005 年，第 472 页。）

2月　伪临时政府委员江朝宗，市长余晋龢及钱桐等在团城成立古学院筹备处。筹备处常务委员有吴廷燨、杨锺羲、江朝宗、余晋龢、潘毓桂、周肇祥、李景铭、吴承湜、黄宾虹、赵椿年、田步蟾、雷寿荣、瞿宣颖、杨圻、钱桐、张修甫、张水淇、高观如。（《古学院筹备处成立》，《晨报》，1938年2月28日，第4版）

3月5日 "北京古学研究院"召开研究委员会议，讨论编纂北京市志，着手搜集各种材料。（《古学院编北京市志》，《天风报》，1938年3月7日，第1版）

3月19日 "北京古学院"筹备委员会召开第六次常委会，江朝宗、李景铭、钱桐、吴向之等十余人出席，决议工作事项。

> 由江朝宗主席，首由主席报告本院本星期工作进行状况，权即开始讨论，常决议：（一）本院组织古学院，下设经史研究会、哲理研究会、文学研究会、金石研究会、艺术研究会等五会。（二）各研究主要工作，（1）经史研究会，进行整理古书目录，加以统计，并草拟关于礼制之书籍。（2）哲理研究会，进行研讨生道事宜，研求佛道儒，三教之真理。（3）文学研究会，进行搜集研讨诗歌、古文、古乐工作。（4）金石研究会，进行上古时代石器、铜器之调查蒐集工作。（5）艺术研究会，研讨名人书画之精采。（三）本院分设之各研究院，每星期召开常会一次，计星期一经史研究会，星期二哲理研究会，星期三文学研究会，星期四金石研究会，星期五艺术研究会，星期六古学院常委会。（四）本院各研究会会员，计经史研究会张水淇等十五人，哲理研究会雷寿荣等六人，文学研究会恽宝惠等二十五人，金石研究会赵椿年等五人，艺术研究会张大千、于非厂等二十一人，至四时许散会。（《古学院筹委昨开会议，决定内部组织》，《晨报》，1938年3月20日，第4版）

3月29日　马一浮从开化到江西泰和，赴浙江大学"特邀讲座"之聘，为师生讲授国学，浙江大学4月4日发放聘书。

《国命旬刊》赞誉："马一浮先生是当代一位大儒，他学问的精深博大，不待编者赘言。"（《编后记》，《国命旬刊》，第5号，1938年5月20日）

3月31日　国民党临时全国代表会议通过陈果夫等关于确定文化建设原则纲要的提案，确立以民族国家为本位的文化建设原则，民族国家本位之文化有三方面的意义：一为发扬我国固有之文化，二为文化工作应为民族国家而努力，三为抵御不适合国情的文化侵略。

4月2日　"北京古学院"召开第八次筹备会，拟整理康有为遗著。

> 北京古学院经多日之筹备，顷已大致就绪，为讨论经费等问题，特于昨日下午二时，在北海团城，召开第八次筹备会议，届时计到筹备委员江朝宗、李景铭、钱桐等十余人，除报告该院各研究会会议情形外，对于经费问题，讨论颇详，惟尚未具体决定，至四时许散会。又该院艺术研究会，日前举行列会，出席研究委员惠同工、钱桐、于非厂、康同璧等十余人，钱氏提议，康南海先生遗著，曾有《书镜》书稿一部，内容丰富，对于书法，颇多研究，惟并未出版，遗稿极待整理，应如何整理，以资发扬案，当议决公推钱桐、于非厂、康同璧三研究委员负责整理云。（《北京古学院昨召开筹备会议，将整理康南海遗著》，北京《益世报》，1938年4月3日，第4版）

4月9日 "北京古学院"召开第九次筹备会，商议经费问题，外界传闻拟以新民会会长张燕卿为院长。（《古学院拟将聘张燕卿担任院长》，北京《益世报》，1938年4月11日，第4版）

> 北京同盟消息：京市古学院，自成立以来，连周举行筹备会，其内部组织，已定其分三大部，计第一部为研究部，内分经史研究会，哲理研究会，文学研究会，金石研究会，艺术研究会等，以上各研究会，于每星期一二三四五轮流举行，星期六下午开常务委员会，第二部为刊辑部，内分北京志编纂委员会，古学院院刊委员会，第三部分交际文书会计庶务等项，此外并聘提调二人，由钱桐、李景铭二人分任，该院经费业已筹措，闻不日当有结果云。（《古学院分三大部，经费在筹措中》，北京《益世报》，1938年4月12日，第4版）

△　浙江大学国学讲座开讲，马一浮第一讲"引端、论治国学先须辨明四点、横渠四句教"。

马一浮开宗明义，提出："诸生欲治国学，有几点先须辨明，方能有人：一、此学不是零碎断片的知识，是有体系的，不可当成杂货；二、此学不是陈旧呆板的物事，是活泼泼的，不可目为骨董；三、此学不是勉强安排出来的道理，是自然流出的，不可同于机械；四、此学不是凭借外缘的产物，是自心本具的，不可视为分外。由明于第一点，应知道本一贯，故当见其全体，不可守于一曲；由明于第二点，应知妙用无方，故当温故知新，不可食古不化；由明于第三点，应知法象本然，故当如量而说，不可私意造作，穿凿附会；由明于第四点，应知性德具足，故当向内体究，不可徇物忘己，向外驰求。"马一浮指出："昔张横渠先生有四句话，今教诸生立志，特为拈出，希望竖起脊梁，猛著精采，依此立志，方能堂堂的做一个人。须知人人有此责任，人人具此力量，切莫自己诿卸，自己菲薄。此便是'仁以为己任'的榜样，亦即是今日讲学的宗旨，慎勿以为空言而忽视之。"（吴光主编：《马一浮全集》第一册上，第2—4页）

4月15日　李絜发表《国故论衡论式书后》，指出章太炎之学可弥补晚清以来学术之流弊。

> 章氏谓汉世之论，贾谊已繁穰。吾观孟子牵牛，庄子消摇，苟略其意，亦数十百名可概。然则晚周之论，非不繁穰矣。论理之文，与叙事同，繁约多寡，本无定鹄。左氏长篇，史公或约以数言，亦有左氏简隽，史公衍之，而各擅其胜者。所谓文如金玉锦绣，施用各有宜称也。太史公传庄子，称其指事类情，汪洋自恣以适己。古之善属书离辞者，盖莫不如此。故曰：词繁不杀，必有美者。如章氏论，乃与望溪文贵简之旨，同归其弊也。将使学者徽于纠缠，局促不能自骋。荣县赵先生尝言，近人煽于时论，多修饰字句，全无大起大落。古所谓文澜者，绝矣。故章氏之言以糜清季恣睢倾泻之弊可也，以绳古人，则拘记曰，言不可以一端尽也。（李絜：《国故论衡论式书后》，《重光》，第4—5期，1938年4月15日）

4月16日　浙江大学国学讲座，马一浮讲"楷定国学名义"。

马一浮认为国学为六艺之学：

现在要讲国学，第一须楷定国学名义。（楷定，是义学家释经用字。每下一义，须有法式，谓之楷定。楷即法式之意，犹今哲学家所言范畴。亦可说为领域。故楷定，即是自己定出一个范围，使所言之义不致凌杂无序或枝蔓离宗。老子所谓"言有宗，事有君也"。何以不言确定而言楷定？学问，天下之公，言确定则似不可移易，不许他人更立异义，近于自专。今言楷定，则仁智各见，不妨各人自立范围，疑则一任别参，不能强人以必信也。如吾今言国学是六艺之学，可以该摄其余诸学。他人认为未当，不妨各自为说，与吾所楷定者无碍也。又楷定异于假定。假定者，疑而未定之词，自己尚信不及，姑作如是见解云尔。楷定，则是实见得如此，在自己所立范畴内，更无疑义也。）第二须先读基本书籍。第三，须讲求简要方法。如是，诸生虽在校听讲时间有限，但识得门径不差，知道用力方法不错，将来可以自己研究，各有成就。今先楷定国学名义，举此一名，该摄诸学，唯六艺足以当之。六艺者，即是《诗》《书》《礼》《乐》《易》《春秋》也。此是孔子之教，吾国二千余年来普遍承认。一切学术之原，皆出于此，其余都是六艺之支流。故六艺可以该摄诸学，诸学不能该摄六艺。今楷定国学者，即是六艺之学。用此代表一切固有学术，广大精微，无所不备。某向来欲撰《六艺论》（郑康成亦有《六艺论》，今已不传。佚文散见群经注疏中，但为断片文字，不能推见其全体，殊为可惜。某今日所欲撰之书，名同实别，不妨各自为例）。未成而遭乱，所缀辑先儒旧说、群经大义，俱已散失无存。今欲为诸生广说，恐嫌浩汗，只能举其要略，启示一种途径，使诸生他日可自己求之。且为时间短促，亦不能不约说也。今举《礼记·经解》及《庄子·天下篇》说六艺大旨，明其统类如下。……自来说六艺，大旨莫简于此。有六艺之教，斯有六艺之人。故孔子之言是以人说。庄子之言是以道说。《论语》曰："人能弘道，非道弘人。"道即六艺之道，人即六艺之人。有得六艺之全者，有得其一二者，所谓"学焉而得其性之所近"。《论语》记"子所雅言，《诗》《书》执礼"，"兴于《诗》，立于《礼》，成于《乐》"。《王制》："乐正崇四术，立四教，顺先王《诗》《书》《礼》《乐》以造士。春秋教以《礼》《乐》，冬夏教以《诗》《书》"。是知四教本周之旧制，孔子特加删订。《易》藏于太卜，《春秋》本鲁史，孔子晚年始加赞述，于是合为六经，亦谓之六艺（《史记·孔子世家》云："及门之徒三千，身通六艺者七十有二人。"旧以礼、乐、射、御、书、数当之，实误。寻上文叙次，孔子删《诗》《书》，定《礼》《乐》，赞《易》，修《春秋》，自必蒙上而言，六艺即是六经无疑）。与《周礼》乡三物所言六艺有别，一是艺能，一是道术。乡三物所名礼，乃指仪容器数；所名乐，乃指铿锵节奏；是习礼乐之事，而非明其本原也。唯"六德"知、仁、圣、义、中、和，实足以配六经，此当别讲。今依《汉书·艺文志》以六艺当六经。经者，常也，以道言，谓之经；艺犹树艺，以教言，谓之艺。（吴光主编：《马一浮全集》第一册上，第7—10页）

　　4月23日　浙江大学国学讲座，马一浮讲论"六艺该摄一切学术"，约为二门：一、六艺统摄诸子；二、六艺统摄四部。诸子依《汉志》，四部依《隋志》。

　　六艺统摄诸子。马一浮认为，以道术而言，诸子百家都源于六艺。《汉书·艺文志》所言："诸子十家，其可观者九家。"九家之中，举其要者，为儒、墨、名、法、道五家。"不通六艺，不名为儒"；"墨家统于《礼》，名、法亦统于《礼》，道家统于《易》"。考究各家得失，"道家体大，观变最深"，"老子得于《易》为多，而流为阴谋"，《易》失于贼；庄子"得于《乐》之意为多，而不免流荡"，《乐》之失于奢也；墨家非乐，《兼爱》《尚同》实出于《乐》。《节用》《尊天》《明鬼》出于《礼》，《墨经》兼名家，亦出于《礼》。"墨子之于《礼》《乐》，是得少失多也。"法家往往兼道家言，"自托于道。其于《礼》与《易》，亦是得少失多"。荀子本为儒家，"身通六艺，而言'性恶''法后王'，是其失也"。纵横家"谈王伯皆游辞，实无所得，故不足判"；"农家与阴阳家虽出于《礼》与《易》，末流益卑陋，无足判"。以六艺所承担的知识与义理价值为标准，观各家得失，"可知其学皆统于六艺，而诸子学之名，可不立也"。

　　六艺统摄四部。四部之学，经、史、子、集。经部之书分为"宗经"与"释经"，皆统于经。"六艺之旨散在《论语》而总在《孝经》，是为宗经论"，"《孟子》及二戴所采曾子、子思子、公孙尼子诸篇，同为宗经论。《仪礼·丧服传》子夏所作，是为释经论。三传及《尔雅》亦同为释经论。《礼记》不尽是传，有宗有释。《说文》附于《尔雅》，本保氏教国子以六书之遗"。可见，"经学、小学之名可不立也"。史部之学，以《史记》《汉书》为发端。"司马迁作《史记》，自附于《春秋》，《班志》因之。纪传虽由史公所创，实兼用编年之法；多录诏令奏议，则亦《尚书》之遗意。"志书详于典制，出于《礼》。例如，《地理志》源自《禹贡》，《职官志》源自《周官》。纪事本末仿照《左氏》遗则。"编年记事出于《春秋》，多存论议出于《尚书》，记典制者出于《礼》。判其失亦有三：曰诬、曰烦、曰乱。"由此可知，"诸史悉统于《书》《礼》《春秋》，而史学之名可不立也"。集部之学，"文章体制流别虽繁，皆统于《诗》《书》"。《汉书·艺文志》以诗赋略摄尽集部。"《诗》以道志，《书》以道事，文章虽极其变，不出此二门"，"直抉根原，欲使诸生知其体要咸统于《诗》《书》"。一切文学皆可视为"《诗》教、《书》教之遗，而集部之名可不立也"。（吴光主编：《马一浮全集》第一册上，第10—14页）

叶圣陶批评马一浮，认为六艺可以统摄一切学术自大之病：

仍是一切东西皆备于我，我皆早已有之之观念。试问一切学艺被六艺统摄了，于进德修业、利用厚生又何裨益，恐马先生亦无以对也。弟极赞其不偏重知解而特重体验，不偏重谈说而特重践履；然所凭借之教材为古籍，为心性之玄理，则所体验所践履者，至少有一半不当于今之世矣。好在学生决不会多，有一二十青年趋此一途，未尝不可为一种静修事业，像有些人信佛信耶稣一般，此所以弟前信有"以备一格未尝不可"之说也。大约理学家讲学，将以马先生为收场角色，此后不会再有矣。（叶圣陶：《致王伯祥》，1939年5月9日，吴光主编：《马一浮

全集》第六册上，附录，第354页）

4月30日　浙江大学国学讲座，马一浮讲"论六艺统摄于一心"。马一浮指出：

> 语曰："举网者必提其纲，振衣者必挈其领。"先须识得纲领，然后可及其条目。前讲六艺之教可以该摄一切学术，这是一个总纲，真是"范围天地之化而不过，曲成万物而不遗"。学者须知六艺本是吾人性分内所具的事，不是圣人旋安排出来。吾人性量本来广大，性德本来具足，故六艺之道即是此性德中自然流出的，性外无道也。从来说性德者，举一全该则曰仁，开而为二则为仁知、为仁义，开而为三则为知、仁、勇，开而为四则为仁、义、礼、知，开而为五则加信而为五常，开而为六则并知、仁、圣、义、中、和而为六德。就其真实无妄言之，则曰"至诚"；就其理之至极言之，则曰"至善"。故一德可备万行，万行不离一德。知是仁中之有分别者，勇是仁中之有果决者，义是仁中之有断制者，礼是仁中之有节文者，信即实在之谓，圣则通达之称，中则不偏之体，和则顺应之用，皆是吾人自心本具的。（吴光主编：《马一浮全集》第一册上，第15页）

4月　国民政府颁布《抗战建国纲领》。

《抗战建国纲领》指出，"以科学的原理与方法来培养国民道德与提高国民知识"，"改订教育制度及教材，推行战时教程，注重于国民道德之修养，提高科学的研究，与扩充其设备"，"训练各种专门技术人员，与以适当之分配，以应抗战需要"。《战时各级教育实施方案纲要》强调，"对于吾国固有文化精粹所寄之文史哲艺，以科学方法加以整理发扬，以立民族之自信"，"对于自然科学，依据需要，迎头赶上，以应国防与生产之急需"，"对于社会科学，取人之长补己之短，对其原则加以整理，对于制度应谋创造，以求一切适合于国情"。（转引自罗廷光:《教育行政》下，福建教育出版社，2010年，第218—281页）

5月14日　浙江大学国学讲座，马一浮讲"论西来学术亦统于六艺"。

马一浮认为：

> 六艺不唯统摄中土一切学术，亦可统摄现在西来一切学术。举其大概言之，如自然科学可统于《易》，社会科学（或人文科学）可统于《春秋》。因《易》明天道，凡研究自然界一切现象者皆属之；《春秋》明人事，凡研究人类社会一切组织形态者，皆属之。……勉实言之，全部人类之心灵，其所表现者不能离乎六艺也；全部人类之生活，其所演变者不能外乎六艺也。故曰："道外无事，事外无道。"因其心智有明有昧，故见之行事有得有失。……学者当知六艺之教，固是中国至高特殊之文化：唯其可以推行于全人类，放之四海而皆准，所以至高；唯其为现在人类中尚有多数未能了解，"百姓日用而不知"，所以特殊。故今日欲弘六艺之道，并不是狭义的保存国粹，单独的发挥自己民族精神而止，是要使此种文化普遍的及于全人类，革新全人类习气上之流失，而复其本然之善，全其

性德之真。方是成己成物，尽己之性，尽人之性，方是圣人之盛德大业。若于此信不及，则是于六艺之道犹未能有所入，于此至高、特殊的文化尚未能真正认识也。……六艺之道是前进的，决不是倒退的，切勿误为开倒车；是日新的，决不是腐旧的，切勿误为重保守；是普遍的，是平民的，决不是独裁的，不是贵族的，切勿误为封建思想。要说解放，这才是真正的解放；要说自由，这才是真正的自由；要说平等，这才是真正的平等。西方哲人所说的真、美、善，皆包含于六艺之中。《诗》《书》是至善，《礼》《乐》是至美，《易》《春秋》是至真。《诗》教主仁，《书》教主智，合仁与智，岂不是至善么？《礼》是大序，《乐》是大和，合序与和，岂不是至美么？《易》穷神知化，显天道之常；《春秋》正名拨乱，示人道之正，合正与常，岂不是至真么？诸生若于六艺之道深造有得，真是左右逢源，万物皆备。所谓尽虚空，遍法界，尽未来际，更无有一事一理能出于六艺之外者也。吾敢断言，天地一日不毁，人心一日不灭，则六艺之道炳然常存。世界人类一切文化最后之归宿必归于六艺，而有资格为此文化之领导者，则中国也。今人舍弃自己无上之家珍，而拾人之土苴绪余以为宝，自居于下劣，而奉西洋人为神圣，岂非至愚而可哀？诸生勉之，慎勿安于卑陋，而以经济落后为耻，以能增高国际地位遂以为可矜。须知今日所名为头等国者，在文化上实是疑问，须是进于六艺之教而后始为有道之邦也。不独望吾国人兴起，亦望全人类兴起，相与坐进此道。（吴光主编：《马一浮全集》第一册上，第17—20页）

5月21日　浙江大学国学讲座，马一浮讲"举六艺明统类是始条理之事"。

马一浮认为：

义理无穷，先儒所说虽然已详，往往引而不发，要使学者优柔自得。学者寻绎其义，容易将其主要处忽略了，不是用力之久，自己实在下一番体验功夫，不能得其条贯。若只据先儒旧说搬出来诠释一回，恐学者领解力不能集中，意识散漫，无所抉择，难得有个入处。所以要提出一个统类来，如荀子说"言虽千举万变，其统类一也"。《易》传佚文曰："得其一，万事毕。"一者何？即是理也。物虽万殊，事虽万变，其理则一。明乎此，则事物之陈于前者，至赜而不可恶，至动而不可乱，于吾心无惑也。孔子自说"下学而上达"，下学是学其事，上达是达其理。朱子云："理在事中，事不在理外。"一物之中皆具一理，就那物中见得这个理，便是上达。两件只是一件，所以下学上达不能打成两橛。事物古今有变易，理则尽未来无变易，于事中见理，即是于变易中见不易。若舍理而言事，则是滞于偏曲，离事而言理，则是索之杳冥。须知一理该贯万事，变易元是不易，始是圣人一贯之学（佛氏华严宗有四法界之说：一事法界，二理法界，三理无碍法界，四事事无碍法界。孔门六艺之学实具此四法界，虽欲异之而不可得，先儒只是不说耳）。学者虽一时辏泊不上，然不可不先识得个大体，方不是舍本而求末，亦不是遗末而言本。今举六艺之道，即是拈出这个统类来。统是指一理之所该摄而言，类是就事物之种类而

言。（吴光主编：《马一浮全集》第一册上，第20—21页）

5月28日 浙江大学国学讲座，马一浮讲"《论语》首末二章义"。（吴光主编：《马一浮全集》第一册上，第23—27页）

竺可桢1938年5月14日听马一浮讲"西方近代科学出于六艺"之说，5月28日听马一浮讲《论语》第一章及最后一章所载六艺之道。12月8日，竺可桢在日记中对马一浮讲学表达了不同意见。竺可桢阅览《新民族》二卷十九、二十期中张昌圻著《国难的病源》之后，指出："文中批评儒教，谓其缺点为两，一则专重复古，二则以家族为中心。前者使人不谋进步，没出息；后者则使人趋于自私自利之一途，所谓'危邦不入，乱邦不居'，全是明哲保身。此一段话，正与余相合。马一浮讲学问固然渊博，但其复古精神太过，谓'古之学者为己，今之学者为人'，以为人为非，而为己为是，则谬矣。"（竺可桢：《竺可桢全集》第6卷，第624页）

5月 《文声学刊》创刊。

该刊以研究国学，声应气求，互相切磋为宗旨，撰稿人包括胡吉甫、唐大圆、孙绮芬、宋墨庵、胡致颜、刘楚湘、徐一达等，主编胡吉甫在《代邮》中称：

> 各地国学会会员赐鉴，姑苏讲学，征献考文。仆以不才，惭厕雅侣，方期互通声气，研求学业。岂意去岁芦沟变起，大江南北，遍地兵戈，邮程阻塞，末由致候，怅恨奚如，窃念此文集团，既为环境而解体，曷若迁地为良，赓续维持，绍述统绪。曾已此意，发出通启，谅达左右。想所乐闻，于是本奋

斗精神，筹设《文声学报》，猥以愚庸，谬蒙见许，甘滇远省
文友，亦闻风响应。经印行第一期面世，个中意旨，具详发刊
词中。在此严重国难期中，幸勿忘情于保存国粹。尚望鉴此微
忱，重行荟集，群力合作，冀有所成。但有因时局关系，地址
迁移，无从通讯，故特代简通告，请将新址见示，俾便每期
出版后寄阅。得广声应之求，而结神交之谊。（胡吉甫：《代邮》，
《文声学刊》，第2—3期合刊，1938年8月1日）

6月4日　浙江大学国学讲座，马一浮讲"君子小人之辨"。（吴
光主编：《马一浮全集》第一册上，第27—30页）

6月11日　浙江大学国学讲座，马一浮讲"理气"。（吴光主编：
《马一浮全集》第一册上，第30—33页）

6月13日　叶左文对《宜山会语》中义学释经与以佛书解释六
艺提出批评，马一浮致函解释。

叶左文认为，"《会语》辞气抑扬太过，就其言之病而推其心之
失，谓入于鄙诈慢易而有邪心"。马一浮回应称：

　　责之甚严而诚之甚切。浮也何幸！得闻斯言。此固积年所
求之于子而不得者，今乃得之。虽以平日为学之疏，不自知其
陷于大过至于如此，而犹幸子之未遽绝我也，敢不敬拜？当张
之座右，如临师保，不敢忘德。浮诚不自量，妄为后生称说。
既蒙深斥，便当立时辍讲，以求寡过。然既贸然而来，忽又亟
亟求去，亦无以自解于友朋。言之不臧，往者已不及救；动而
有悔，来者犹或可追。今后益将辨之于微隐之中，致慎于独知

之地，冀可以答忠告之盛怀，消坊民之远虑，不敢自文自遂以终为君子之弃也。世固未有言妄而心不邪者。据浮今日见处，吾子所斥为邪妄，浮实未足以知之。盖浮所持以为正理者，自吾子视之则邪也；浮所见以为实理者，自吾子视之则妄也。夫人苟非甚不肖，必不肯自安于邪妄。平生所学在体认天理，消其妄心，乃不知其竟堕于邪妄也。若夫致乐以治心，致礼以治身，亦固尝用力焉而未能有进，不自知其不免于鄙诈慢易之入有如是也。旧时曾学禅，未尝自讳。谓吾今日所言有不期而入于禅者，浮自承之。其言之流于慢易，初不自觉，因吾子之言而方省其果不能免于慢易也。（吴光主编：《马一浮全集》第二册上，第384—385页）

6月18日　浙江大学国学讲座，马一浮讲"知能"。（吴光主编：《马一浮全集》第一册上，第34—37页）

6月19日　朱自清受教育部委托，为编制"大学中国文学系科目草案"与罗常培商量竟日。

叶圣陶记载，教育部聘请专家拟订大学课程草案，中国文学方面出朱自清手笔，中国语文学方面由罗常培负责。朱自清主张，"扩大文学史之内容，将周、秦经子与宋、元词曲兼容并包，而不复另立他科"。罗常培主张，"拆散旧日之声音、训诂、形体等科以归入现代语言文字学科，并注重文法、修辞"。叶圣陶认为："此亦至寻常之见解，而印刷品分发于各大学，讥之者蜂起。一般人盖以为往日办法已属至善，偶或更张，即为外行。其实循旧日课程，学生用功 则成学究，荒惰则一无所得，求其继往而开来，未可得也。"

（叶圣陶：《嘉沪通信·第五号》，《叶圣陶集》第 24 卷，江苏教育出版社，2004 年，第 185 页）

6 月 30 日 马一浮再次致函叶左文谈及国学讲座中儒释会通问题。

马一浮指出，叶左文"穷年勤于考据史实，而以治史之法治经。此心之虚灵不免有时而窒，故其说义理，滞在闻见，未能出自胸襟，不见亲切。依兄之说，恐扶圣教不起，亦救圣人不得"。马一浮认为：

> 凡朋友讲习，贵在互通其志。救人之过，如救病然。识病既真，斯发药不谬。若辨证未的，虽广引经方，胪陈上药，无益于病，不为良医。兄今引书多矣，古圣法言，先儒正论，药则不可胜用，虑非攻病所先。吾方求医，岂复讳病？兄今投我之药，未能使吾霍然，无乃于病者之情尚有未察者乎？如谓："以六艺统群籍，理则是也，行之实难。但为学者示流别，举宗趣，吾无间然；若欲以志艺文，其难逾于章氏。"吾之为是说者，将以明六艺之道要，非欲改《七略》之旧文。目录之学，乃是笾豆之事，仍其旧贯，无关闳旨。兄谓其"变乱旧章，何事纷扰"，是由习熟于目录之故而未欲深探六艺之原也。浮愚，亦甚为兄惜之。
>
> 浮实从义学、禅学中转身来，归而求之六经，此不须掩讳。故考据之疏，吾不以自病。所病者见虽端的，养之未熟，言语不免渗漏。若人我之私，邪妄之见，平日体验克治用力处，或视尊兄不为过少。若尊兄以异学目我，则吾从此可以

不言。故旧之情，未之有改。若犹以为于圣贤之道未至离畔，则愿尊兄继今教之。见处不同，不必回护，不须宽假，直斥其非。果有以服我之心，吾自退就北面。否则不惮往复，在犹未见屏之前，虽复其言不善，容有可以商兑之地。纵无益于尊兄，必将有益于我。（吴光主编：《马一浮全集》第二册上，第390—391页）

6月 北京古学院成立古学讲习所，每星期一、三、六召开常会，初步拟定职员与教授名单。

职员名单：教务主任甘鹏云，事务主任钱桐，副主任许爕龙，训育主任李景铭，副主任许爕龙，事务员李醒非、国□孙友樵、洪齐田、书记关仁辅、王永光。教授名单：高毓彤，四书提要；胡玉泽，五经释义、古今文学；龙让，经史要义、诸子提要；陆彤士，诗歌选读、史学通义；梁广照，词曲选读、词学源流；李景铭，公文选读；王谢家，骈文选读、诗学选读；张挹霏，历史提要；唐士行，历朝学案。（《古学院古学传习所教授聘定》，《晨报》，1938年6月17日，第8版）

时人评述古学院：

几个人能够长久的相依，必是这几个人的志趣相同，一个国家里，许许多多的民众，能够始终如一的团结，使国家长久的存在，那无疑的，必也有一种无形的东西来维系。

我国是五千余年的古国，用来维系思想的东西，当然是我国固有的旧道德，要打算寻求我们的固有的旧道德，只有在古圣先贤的遗训里去琢磨，还须要各个人自己去领会。

近年以来，有许多丧心病狂的人倡言要推翻旧道德，打倒礼义廉耻，他们居心如何且不管，且看他们推翻打倒的成绩如何？结果如何？这种伟大精神深深印在我们民众的脑海里，本不是一日之功所能熏陶而成的，要打算生生的从民众的脑子里挖出来已然是不可能，何况再用一种外交的东西，硬代替进去那谈何容易？不过有一些意志脆弱的人受了他们的诱惑，跟着他牵牵强强的去讲那无稽的邪说，于是乎民众的思想便呈现出紊乱状态，更给那些舶来的杂说邪论，造了机会任它们随便纵横于民众的脑子里，这个不能只怪邪说来侵略，多一半还要怪我们忽视了固有的道德，不加以提倡，才有了这种现象。

于是所得的结论是：如果我们固有的文化很坚固的存在于我们的内心中，是不容外来文化侵入的，所以提倡旧道德是现在急需的，提倡旧道德的路线，势必要研究，古学院乃应运而起，创办了古学传习所。

这古学传习所的成立，可以说是我国民的福星降临，这里面训练出一般学者，都负着提倡旧道德的使命而走向提倡旧文化的路径。将来，我同胞的脑子里固有的精神更要存在的稳固，那些杂说邪论，渐渐的将在我国绝迹，愿古学院同人加倍砥砺，同时愿我国青年，加以注意！（《古学院成立古学讲习所》，北京《益世报》，1938 年 6 月 14 日，第 3 版）

7月19日　古学院开会，讨论追悼古物陈列所所长钱孟材事宜与今后院务，古学院常务委员江宇澄、周养庵出席。（《古学院定今日

开会》，《晨报》，1938年7月19日，第5版）

8月　离开泰和前夕，马一浮草拟了《书院之名称旨趣及简要办法》，决议开办复性书院。

7—8月间，马一浮与熊十力等友人通信中，认为"今人以散乱心求知识，并心外营，不知自己心性为何事。忽有人教伊向内体究，真似风马牛不相及。弟意总与提持向上，欲使其自知习气陷溺之非，而思自拔于流俗，方可与适道。此须熏习稍久，或渐有入处。今一暴十寒，一齐众楚，焉能为功？"马一浮开设国学讲座，不过，"听众机劣，吾又缘浅，在此未必能久羁"。（马一浮：《致熊十力》十六，1938年7月13日，吴光主编：《马一浮全集》第二册上，第480—481页）浙江大学学风精神散漫，计划创办书院，自由讲学，并保存刊刻经籍，使"先哲精神所寄"之"文化种子"不致断绝。国民政府教育部长陈立夫获悉后，表示当局亦"痛感新式教育之偏，拟办一书院以圣贤之学匡补时弊"，希望仰仗马一浮的德望，创设书院。（吴龙灿：《复性书院系年》，舒大刚等编：《巴蜀文献》第2辑，四川大学出版社，2015年，第345页）经刘百闵、屈映光、寿毅成、陈立夫等人倡议，蒋介石表示支持，计划聘马一浮为主讲创设书院。马一浮致函蒋介石，称"布雷、立夫二先生曾屡以书院为言，体公尊德乐道之心，不遗鄙野，欲使与二三学子讲明经术义理，以副居贤善俗之训"。（马一浮：《致蒋公书》，《濠上杂著》，吴光主编：《马一浮全集》第四册，第35页）马一浮向国民政府提出三条要求："一、书院本现行学制所无，不当有所隶属，愿政府视为例外，始终以宾礼处之。二、确立六经为一切学术之原，泯旧日理学门户之见，亦不用近人依似之说，冀造成通儒醇儒。三、愿政府提倡此事，如旧时佛寺丛林之有护法、檀越，使得自比方外而不绳以世法。"（马一浮：《致陈部长》，《濠上杂著》，吴光主编：《马一浮全集》第四册，第37—38页）此时创立书院，"规制不求大备，但所在地点极须审慎选择，务以不受军事影响为第一要义"，在《书院之名称旨趣及简要办法》中，马一浮提出：

　　一、书院古唯以地名，如鹅湖、白鹿洞之类是也。近世始有以义名者，如诂经、尊经之类是也。以地名，虽得名胜之地如青城、峨眉，似含有地方性，不如以义名，使人一望而知其宗旨，观听所系，较为明白广大。今若取义，鄙意可名为"复性书院"。学术人心所以分歧，皆由溺于所习而失之，复其性则同然矣。复则无妄，无妄即诚也。又尧舜性之，所谓元亨诚之通；汤武反之，所谓利贞诚之复。自诚明谓之性，自明诚谓之教。教之为道，在复其性而已矣。今所以为教者，皆囿于习而不知有性。故今揭明复性之义以为宗趣。一、宗趣既定，则知讲明性道，当依六艺为教；而治六艺之学，必以义理为主。六艺该摄一切学术，不分立诸科，但可分通治、别治二门。通治明群经大义，别治可专主一经。凡诸子、史部、文学之研究，皆为诸经统之。一、书院分设玄学、义学、禅学三讲坐，由主讲延聘精于三学大师，敷扬经论旨要，以明性道。但如一时不能得师，可以暂缺，得师，则一门不碍多师，故人数不预之限。一、外国语文、现代科学之研究，自有大学、研究院之属主之，不在书院所治。书院之设，为专明吾国学术本原，使学者得自由研究，养成通儒，以深造自得为归。譬之佛家之有教外别传，应超然立于学制系统之外，不受任何制

限。一、书院为纯粹研究学术团体，不涉任何政治意味。凡在
书院师生，不参加任何政治运动。一、书院须广蓄故书，且多
贮副本，以备学生研讨。亦须置备外国文主要书籍，使学生得
兼明外学，通知外事。一、书院须备礼器、乐器，每年举行释
奠于先师典礼一次，其余任何仪式，不随俗举行。一、依书院
旧制，但立主讲，不分科目，自由讲论。但得置都讲，员额
无定。由主讲指定，领导学生，以收熏习观摩之益。一、学生
不限年龄、资格，但须学有根柢，自具志愿书，经介绍人介绍，
请受入院甄别试，录取者得入院肄业。一、在院肄业，不立年
限，不纳学费，一律酌予生活费（不得过高）。使得专心于学。
其卓然有成者，经主讲认可，得由书院刊布其论著。但满三年
后，自请出院者，听之；其未及三年者，不得无故辍学。一、
学规另定之。其不能遵守学规，或违倍［背］本院旨趣者，由
主讲随时令其退席。一、须得政府特许，凡在书院师生及执事
人员，一律免除兵役。一、国内外通儒显学，遇有缘会，由主
讲延请，临时特开讲会，示学者以多闻广益之道。一、书院经
费，暂由倡议人筹集。称家有无，以开筚路蓝缕之功。然须为
久远计，宜设基金会。基金来源，由个人志愿捐输，略如佛氏
丛林及基督教会之制，不由政府支给。但政府为扶持文化，意
主宏奖，量予资助，义同檀施。其经济须完全属于社会性，不
为国立、省立，不关审计，由书院自设主计委员会掌之。一、
主讲由倡议人延聘，都讲及执事人由主讲举任。其主计委员会，
即由倡议人组织之，于经济负完全责任，主讲不问经济。一、
关于书院一切物质上之设置，由倡议人合议行之，但地点之选择

及讲舍规制，须经主讲同意。（吴光主编：《马一浮全集》第四册，第327—329页）

此后，马一浮又屡次补充该方案，希望"政府承认不加干涉即可，经费一层，不能依赖政府"，"政府但可捐助基金，不欲其补助经费"。倡议人请熊十力首署，并请熊十力草拟缘起，"谢无量、马君武、竺可桢诸君，吾知其初未预知此事，先须通函告之，得其同意乃可"。马一浮在"书院旨趣及办法"中增加，"书院分设玄学、义学、禅学三讲坐，由主讲延聘精于三学大师敷扬经论旨要，以明性道。但如一时不能得师，可以暂阙。得师则一门不碍多师，故人数不预为之限"，听任学者自由研究，"一切宗教仪式皆不得滥入，以道贵自证自悟，此为纯粹学术的研究，异于一般信仰"。（马一浮：《致张立民》十，1938年9月29日，吴光主编：《马一浮全集》第二册下，第798—802页）

8月25日　杨朝俊于华大明德学院撰《研究国学之阶段》，提倡以小学为本，融汇义理、考据、辞章。

文中称：

> 学问之道，贵有程序。能循序以进，则不至迷罔眩惑，切于实用；否则虽终身为学，亦不免空谈臆断，浅陋附会，为一腐儒而已。清世张之洞有言："由小学入经学者，其经学可信；由经学入史学者，其史学可信；由经学史学入理学者，其理学可信；以经学史学兼词章者，其词章有用；以经学史学兼经济者，其经济成就远大。"诚以为学有本，本固则枝荣，非可越

次者也。兹就其义，具征如左方。

文字、音韵、训诂，所以正名物，被坟典，通文言之变故。小学之用，其效至广；假令不通小学，则六经蕴义精深，名物器数之毓，垂教观治之微，玄言诡辨［辩］之宗，懿理雅辞之属，将悉无由洞究，甚至句读不晓，肤解横生。周官保氏施教，先以六书，治官察民，是赖文字，学者昧此，不足读书。陈兰甫有言："地远则有翻译，时远则有训诂。有翻译，则能使别国如乡邻。有训诂，则能使古今如旦暮，所谓通之也。"小学诚六艺之津涉，九流之锁钥矣。此由小学入经学者，其经学所以可信也。

历史所以研究过去之事实，惟博古足以通今。我国古昔无经史异部之书，举凡名物、典章、社会情形，莫非载之六经，故章实斋以"六经皆史"，诚以经为史之源，舍经不足以言史也。夫史之所具者事也，所资者文也，而所贵者义理也。六经者，又终始条理，集义理之大成，金声而玉振之者也。为史而不以经为根柢，是舍本忘源，空疏肤浅，无所取材。此由经学入史学者，其史学所以可信也。

吾国学术思想，皆渊源于经史，班固因刘歆《七略》，为《汉书·艺文志》，而谓："儒、道、阴阳、名、法、墨、纵横、杂、农，九流之学皆出于古之王官。"又谓："合其要归，亦六经之支与流裔。"《庄子·天下篇》亦言："古之人其备乎！配神明，醇天地，育万物，和天下，泽及百姓，明于本数，系于末度，六通四辟，大小精粗，其运无乎不在。其明而在数度者，旧法世传之史，尚多有之；其在于《诗》《书》《礼》《乐》

者，百家之学，时或称而道之。"考之实际，世官家人之学，固多出于经史也。譬之江水焉，诸子者，其东迤北汇于荆扬之域，播为九江、中江、南北三江者乎。而六艺世史，则湔岷徼外可以滥觞之细流也。今言理学，而不本之于经史，乌乎可哉？此由经学史学入理学者，其理学所以可信也。

为文之道，义理、考据、词章三者不可一阙，以义理为之干，而令词章有所附，考据有所归，则其文源流兼赅，粹然一出于醇雅，是故文章贵以理致为心肾。颜之推以"文章源出五经"，刘彦和谓"文章之用，实经典枝条"。章实斋则云："为古文辞而不由史出，是饮食不本于稼穑。"据斯以谈，经史为本，文章为华，其旨已赫然至明矣。夫能贯穿经史，乃所以辨验是非，明乎义理。义理既明，则其有诸内者形诸外，发而为文，当自发越不凡，光明四达，可以传之千古矣。若徒执笔以习乱世匿宋之文，务为侧媚轻倩以取悦于人，亦其末已，不可取也。故凡具文学天才，而无经史为之根柢者，未有能大成者也。昌黎有言："养其根而竣其实，加其膏而希其光，根之茂者，其实遂，膏之沃者，其光煜"，其知本之论哉。此其以经学史学兼词章，其词章为有用者也。

吾国历史甚长，凡事皆有极修之原委，举凡国家之政体，人民之风俗，社会之文野，无一非骈驼纵迹，演进而来。诚欲究其渊源，而以治世济人，微经史之研究不为功。大凡事之有后果者，必有前因，个人如此，民族亦然。博古所以通今，济世经邦，理无二致。经也者，恒久之至道，不刊之鸿教也。尧舜以来，因革损益之实迹系之。故象天地，效鬼神，参物序，制人纪，效德化俗，而不可或离者也。史也者，国家之制度所存，社会之改革所系。故无志于经济则已；若有志于经济，则必求当代典章，以切于人伦日用；必求官司掌故，而通于经术精微；则学为实事，而文非空言，然后可以经邦济世，以县群众也。此其以经学史学兼经济者，其经济成就为远大也。

综如上述，学术进步，固有恒蹊，不可或易。诚如张氏所言，小学为凡百旧艺之发轫，而为之根；经学为史学之灌溉，而为之干；而此经学史学者，则又理学、词章、经济之基极。后生识迳以求，庶几其学可信可用，成就几于远大也。学者勉乎哉！（杨朝俊：《研究国学之阶段》，《南曦》，1938年第3期）

8月 黄拜言编著《国学常识问答》，由香港时代印刷公司印行。许地山题名（1939年8月再版）。

《国学常识》分经、史、子、文学史及文字学五大类。每类皆用问答体：

初版时，经学凡四十五问；史学凡三十二问；子学凡三十一问；文学史凡二百六十六问；文字学凡三十一问。共四百零五问。厥后就各类范围中再行增加问数，以求普遍。计加入问数如下：经学，二十问；史学，二十一问；子学，十一问；文学史，七问；文字学，八问。全书共四百七十二问，比初版多六十七问。其中文学史问数最多；因年来国内大学国文入学试及初高中会考国文科试题多侧重于文学史常识，故编者特别多编关于该科问题。其他经、史、子、文字学四类，亦择要问答，以适应学子之需求。……本书编辑之主旨，在适应下列之需求：（甲）初高中学生应付会考或毕业考试者；（乙）高中毕业生应付大学国文入学试者；（丙）初高中各年级学生用为国文科参考书者；（丁）其他各学级学生用为研究国学之初步者。

杨寿昌序言称：

今有人：家有钜万，而委诸草莽盗贼，日行乞以为生，则人必以为大愚矣。五金煤矿遍国内，不自开发，而日日叹穷，凡百经济交通工业之元素，皆仰给于其邻，则人必鄙为无自治力之劣种矣。夫取诸人以为善，不闭户而自封，是也。于己之所有，不能认识保存，而荒弃之，则非也。多财善贾，网罗万国之物产，以供其驱策，是也。己则空无所有，而使人得以操纵其盈虚生死之命，则非也。夫学问之道，亦若是则已矣。海通以来，国粹欧化两主义，互为消长。而国粹主义，常呈退落之势。于是笃古之士，忧时之虑，悄然思济其穷。整理国故之声浪，高唱入云。而指导门径，删繁举要，如国学应读书目，及《国学常识》等类之书，亦纷然并作。惟国学范围广阔，条理奥赜。虽有上项之书，而或者缺乏素养，不得其门而入，仍有望洋之叹。黄子拜言好深沉之思，于国学钻研有素，思更为法以利讲习。爰著《国学常识问答》一书，举经、史、小学、文学诸要目，抉择发问，答案简明，钩玄提要。考问答之体，原出《夏小正传》、子夏《仪礼丧服传》、公穀二氏《春秋传》诸书，为治学分析眉目疏解脉络之方法。例甚古而体常新，近代著述，多喜采用。用之国学，尤为适宜。学者据是书，览其名而考其实，因其端而竟其委，引申触类，张皇幽渺。则国学之发扬光大也有日矣。黄子属为序，因述国学之不可忽及其治之之法为学子所尤应知者，与当世爱重国闻者共商之。

郑相尧序言称：

治国学有道，博约两字尽之矣：由博反约，教者所有事也；由约致博，学者所有事也。

《四库》《七略》，浩如烟海，持此以授学子，正如一部《廿四史》，从何说起？倘寻章摘句，循序而讲诵之。试问，文史课程，时间有几？恐难免"生也有涯，而知也无涯"之憾矣！善教者，先下博览工夫，然后提要钩元，挈其纲领，何篇宜略涉，何篇宜精研，皆一一示其途径。譬诸旅行名山巨川，足迹既遍，然后绘具图说，为后至者示其指南，则不啻驾轻车，就熟道，以视茫无头绪，如陷五里雾中者，相差远矣。故曰由博反约，教者所有事也。

时下青年，略涉西学皮毛，辄视线钉书如糟粕，谓可束诸高阁，付诸一炬，若是者无论矣。若夫浅尝薄涉者流，略读一二《国学概要》，或翻过几篇图书类目，便志足意满，自跻于淹博之林。是犹数仞宫墙，未得其门而入，不见宗庙之美，百官之富，而自诩为升堂入室，一览无余，毋乃自欺欺人乎？善学者，应从简约入手，进而远绍旁搜，由末流以溯渊源，由一斑以窥全豹，绝不敢故步自封，自贻买椟还珠之诮也。忆童年读《三字经》，所谓"自羲农，至黄帝"，以至"十七史，全在兹"等语，当时琅琅背诵，不知所谓；后来涉猎史书，始觉此寥寥短句，不啻为研究国史之歌诀。此虽浅例，比诸堂堂中学生，而不识汉晋唐宋为人间何世者，有间矣，故曰由约致博，学者所有事也。

余友黄子拜言，毕业岭南大学，任培英中学教务，兼国文教席多年，积其经验所得，辑为国学问答，全书都百余篇，合四万言，内分经史子及文学四部分，于文学部尤为详赡焉。书成付梓，浼余为之序，余信是书出世，公诸士林，是真能尽其由博反约之功，而示学者以由约致博之道者矣。若夫熟读问答条目，以为应付毕业试或升学试之工具，特其余事耳。（黄拜言编著：《国学常识问答》，香港时代印刷公司，1938年，编辑大意，杨寿昌序，郑相尧序）

△　浙江大学奉教育部令添设中国文学系，增设师范学院，设教育、国文、史地、英语、数学、理化六学系。文理学院中国文学系和师范学院国文系正式招生入学。两系师生之后成立中国文学会，以弘扬国故、探讨新知为宗旨。

中国文学系与国文系成立之际，系主任郭斌龢教授将"课程草案"（国立浙江大学文理学院中国文学系课程草案）印发宣读，并作讲解：

大学课程，各校不同；而中国文学系尤无准的。或尚考核，或崇词章，或以文字、声韵为宗，或以目录、校勘为重。

譬如耳目口鼻，皆有所明，不能相通；一偏之弊，殆弗能免。昔姚姬传谓：学问之途有三：曰义理，曰考据，曰词章。必以义理为主，然后考据有所附，词章有所归。世以为通论。而学问之要，尤在致用。本学术发为事功，先润身而后及物。所得内圣外王之道，乃中国文化之精髓。旷观史册，凡足为中国文化之典型人物者，莫不修养深厚，华实兼茂；而非畸形之成就。故中国文学系课程，不可偏重一端，必求多方面之发展。使承学之士，深明吾国文化之本原，学术之精义。考核之功，足以助其研讨；词章之美，可以发其情思；又须旁通西文，研治欧西之哲学、文艺，为他山攻错之助。庶几识见闳通，志节高卓。不笃旧以自封，不骛新而忘本。法前修之善，而自发新知；存中国之长，而兼明西学。治考据能有通识；美文采不病浮华。治事教人，明体达用。为能改善社会，转移风气之人材，是则最高之祈向已。（《国立浙江大学文理学院中国文学系课程草案》，郭斌龢著，张凯、朱薛友编：《郭斌龢学案》，浙江大学出版社，2019年，第115页）

当教育部颁布大学中文系必修与选修课程，中文系分为语言文字、文学两组时，浙江大学中文系回复意见，称此举"不免偏畸"，中国文学系课程须通贯义理、考据、词章，方可"深明吾国文化之本原、学术之精义"，"庶几可以融化新知，昌明故学"。中国人治中国学术，应与西洋人治汉学者异趣，"西洋人研究汉学，实与研究埃及巴比伦之文明相似，仅以中国局部学术为一种客观之对象，用分析方法加以考核，虽其所获于一端一节，非无精卓可取，然往往不能宏博渊厚，缺乏同情的想象力，无所谓欣赏，无所谓体验与受用，更不求能发扬与光大也。中国人治中国学术安可效此？"中国学者应当竭力使中国学术"充其盛美，救其偏敝，使文化日昌，国家民族长存于天地之间"，"徒供优闲好事或别有用意者之搜讨曲解，岂非憾事？"具体而言，语言文字学"不过读书为文之工具"，"欧美各著名大学在大学期间研究本国文学亦未尝有分语言文字及文学两组者"；重要典籍"宜列专课，不可仅讲'史略''通论'"；增加作文训练，使学生能措意修辞，"由清通而进于优美"；"宜参以西洋文学而不必立新文学课程"。（《国立浙江大学中国文学系对于"部颁大学中国文学系必修选修科目表及审查意见"之意见》，浙江大学档案馆藏"国立浙江大学"档案，档案号 L053-001-1074）

9月10日　索太发表《如何改善大学中国文学系》，认为现在大学中国文学系往往将中国文学与国学混为一谈，明确提出中国文学就是国学。

文中称：

国学这个名词，本来不大通气，任何人都早已知道。现在大学中国文学系，往往同国学混在一道。凡中国所有的学术，中国文学系里都教。中国文学系以外，几乎没有别的科系。因此龟甲文等等（龟甲文要是当上古文学教是须要）。因为请到教员，就不管是否须要，也开起课程来。甚至于有的学校连文学上最重要时期的诗文不请人教，琐琐碎碎，或者同文学漠不相干或者关系很微的如声韵学之类功课倒有开班。真是轻重倒置，莫名其妙。并且近年以来，大学里过于重视文字学。因为文字学必须通声韵学，于是大学这类所谓基本的功课，就占了一大半。有的学生初次是学文学的，因为文学系里有很多文字学功课，而文字学功课里有声韵学，因此来入学的时候是学文学的，出了校门，已经变成语言学专家了。这都是关于功课上的编排得不妥当。文字学确是同文学有相当的关系，尤其是上古文，一定说学文学的非先通文字学不可，这是"东面而望，不见两墙"的谬论。唐代的诗家，宋代的词人，尤其是王安石，难道是个个通文字学的吗？文学的基本，在才思不在文字学。并且文字不顾后起之义，只论说文本字，也不得谓之通方之论（关于这一点，将来另文讨论）。因此大学里中国文学系的课程，不只是"国学"与"文学"须分清，并且连社会上所认为文学根本的文字学，也不应该过于重视。而文学本门的课目必须要细细分析。最好自上古周秦以迄近代，期期文学要有专家教。体体文学要有专家教，尤其辞赋。一方［面］教他的修辞造句格律等等，一方面依据历史的背景，作者的环境，精密地研究讲论。这才是道理。（很多没有办法的，遁到考据一条路上去。连文学的精神，丧失光掉。因此可以多抄书，多出版。便算是文学的成绩，其实也不对。）（索太：《如何改善大学中国文学系》，汉口《教育通讯》，第25期，1938年9月10日）

9月21日 《申报》报导江亢虎拟在沙田参照西学，讲授国学。

江亢虎称："（国学）向分义理、经济、考据、词章四科"，拟参以西学，讲授人生哲学、社会科学、比较宗教、比较文化与中英作文及互译法。（《江亢虎博士在沙田讲学》，香港《申报》，1938年9月21

日，第4版）

10月2日 《北京古学院章程》呈奉北京特别市公署准予备案，江朝宗任院长。

北京古学院以保持固有文化为宗旨，"凡古代遗传之学术艺术，应谋阐明发展，俾流传勿替"。本院由发起人延揽国内学望素著者二十九人为理事，组织理事会议，议决本院重要事务。由院长、副院长延聘研究员若干人，分组研究各项学术，每组设正副主任各一人。甲，经学组；乙，史学组；丙，诸子学组；丁，文学组；戊，金石组；己，目录校勘组；庚，艺术组。研究员各认一组并得兼任他组研究。(《北京古学院章程》,《古学丛刊》，第1期，1939年3月）随后通过《古学院研究员著作审查标准暂行办法》，规定研究员需每月二十五日前送交未经刊布的著作，由委员会审查，"其酬金之数依照著作酬金办法分别□□，最高六十元"，"研究员有卷帙繁重之著作，得先具提要及卷目，并将约计若干字分配若干日交齐，须行声明。经审查后通告之"。这项带有现代量化色彩的考核办法引起内部诸多人员不满，认为这与古学院最初"敬老尊贤、提倡文化宗旨相违，是无异以市道交也"，"最高尚之一事，毁坏于一二贪图己利不知大体之小人"，有人扬言将脱离古学院。(李景铭：《嘛斋日记》，1938年11月20日，马忠文主编：《近代史所藏李景铭档案》第26册，第205—207页）

表24—30为北京古学院相关表单。

表24　古学院筹备委员名单

姓名	籍贯	年龄	履历
吴廷燮	南京	七十一	举人前清知府
杨锺羲	北京	七十三	翰林前清知府
江朝宗	安徽	七十八	临时政府委员
余晋龢	浙江		北京市市长
潘毓桂	山东		天津市市长
张燕卿	南皮		新民会副会长
周肇祥	浙江	五十九	前湖南省长
李景铭	福建	六十	前社会局长
吴承湜	浙江		北京市公署秘书长
黄宾虹	安徽	七十三	《国风周刊》主编
许修直			
赵椿年	江苏		前财政部次长
田步蟾	淮安	七十六	进士，前实业部次长
雷寿荣	湖北		振济部卫生局长
瞿宣颖	湖南		前国务院秘书长
杨圻	江苏		直鲁豫巡阅使秘书厅长
钱桐	上海	六十	古物陈列所所长
张厚毂	河北		天津市公署秘书长
张水淇	浙江		北京市社会局长
唐玉书	四川	七十二	优贡，前宪兵司令部秘书长
高观如	江西	三十二	《微妙声月刊》主编

经史研究会名单

杨锺羲，田步蟾，唐玉书，甘鹏云，赵万里，高润生，马隣翼，刘以镛，
周　渤，张庾楼，寿鹏飞，胡　钧，董元亮，唐瑞铜，陈瀚年，吴燕绍，
龙　骧，尚秉和，达　寿，陆增炜，李端棨，丁沛渔，郭家声，冯汝琪，
朱奉闲，吕官助，俞寿沧，黄彦威，刘润琴，桥川时雄，取访义让

表25　哲理研究会名单

姓名	籍贯	年龄	履历
韩德清			
于宝轩	江苏	五十八	最高法院秘书长
高观如			
陈尧初			
雷寿荣			
洪铸	江西	五十一	前财政部公债司长
田振藻			
汤住心			
周叔迦			

表26　文学研究会名单

姓名	籍贯	年龄	履历
夏仁虎	江苏	六十二	壬寅举人
杨圻	江苏	六十	癸卯举人
谢素声	浙江余姚		清优行廪贡生兵部主事
恽宝惠	河北宛平	五十四	前国务院秘书长
林彦博	河北大兴	五十二	前清礼部员外郎
梁广照	广东番禺	六十二	钦派随同王大臣纂修历朝圣训前法部典狱司长

续表

姓名	籍贯	年龄	履历
李作宾	安徽太湖	五十六	前清附贡民政部小京官历任财政部交通部西北筹远使署秘书
高敏彤	河北静海	六十一	振济部秘书
汪吟龙	安徽桐城	四十一	振济部秘书
胡玉泽	北京汉军正蓝旗人	六十三	监生丁酉科顺天乡试挑取誊录浙江天台石门等县知县署杭州理事同知民国八年甄用荐任职任用
丁震	福建闽侯	五十八	光绪庚子辛丑并科举人甲辰考取内阁中书，民国八年甄用荐任职分内务部任用
王传恭	湖南湘潭	三十三	上海私立群治大学河北省教育厅河北印花烟酒税局秘书，北京市社会局秘书主任
唐桂馨	贵州	六十三	前清癸卯举人甲辰进士
陆宗番	福建闽侯	六十一	前清甲辰进士
费毓楷	江苏武进	五十	前镶红旗汉军都统福建财政厅厅长
林步随	福州	五十八	前清翰林
郭则沄	福州	五十八	前清翰林
张兰思	常熟	六十八	甲午举人乙未翰林
李仁俊	湖南	四十二	朝阳大学毕业，古物陈列所科长
张鹤	浙江平湖	四十二	北京中央大学毕业，交通部秘书兼交通编纂故宫博物院干事，营口盐务总局长东三省盐运使署秘书长
彭世卿	河北良乡	五十三	清附贡
薛肇基	福建	六十三	戊子举人
黄公渚			
黄君坦			
王汉澂			

续表

姓名	籍贯	年龄	履历
张朝墉			
萧方骐			
诸以仁	浙江	六十	前清举人
武田熙			
吕式斌			
孙祎	北京		
向桐	保定		
杜毓华			

表27　金石研究会名单

姓名	籍贯	年龄	履历
赵椿年	江苏	七十一	戊戌科进士前财政次长
强运开	江苏	七十二	前统计局参事
罗惇曧	广东	六十五	前内政部简任秘书
张伯英	江苏	六十八	前执政府秘书长
吴廷燮			
方茹	定海		
陶北溟	武进	五十二	前农商部秘书
萧方骏		六十	
张厚穀			
许修直			
郑言	四川		甲辰进士

表28　艺术研究会名单

姓名	籍贯	年龄	履历
周肇祥			
钱桐			
李景铭			
冯叔瑩	浙江桐乡	五十七	前清度支部员外郎民国蒙藏院金事
惠均	北京	三十七	湖社画会副社长
叶瑞绂	北京	四十七	
傅伯纯	北京	二十八	
赵雁章	北京	三十五	前绥远民政厅秘书
田衡钧	北京	四十三	
王亮泽	福建闽侯	四十一	前山东督署顾问
傅以文	北京	四十五	古物陈列所科长
叶麟趾	河北	五十	
冯肃恭	河北	五十四	
汪孟书	江苏吴县	五十二	前清奏奖举人
武田熙	日本	三十八	东京国士馆大学教授
谭祖彝			
久保田金僊			
吴煦	云南保山	七十八	戊子举人庚寅进士由庶吉士授编修政御史简广东惠湖道署布政使
李戏鱼	河南	三十三	北京大学文学士，曾任清华大学哲学讲师，京华艺术专科学校艺术理论教授
黄宾虹	安徽歙县		同治甲子生，原名质

续表

姓名	籍贯	年龄	履历
于非厂	山东蓬莱	五十	
张大千	四川内江	四十	
陶北溟			
康同璧	广东南海	四十三	
徐审义	江苏萧县	三十八	
寿鑛	浙江绍兴		
陈煦	广东梅县		
赵恩熹			
陆树勋			
陈公睦			
吴北江			
高阆仙			
张范孙			
王养怡			
叶尧丞			
李本堂			

表29　北京志编纂委员会

姓名	籍贯	年龄	履历
江朝宗			
余晋龢			
潘毓桂			
张燕卿	南皮		新民会副会长
张厚毅			

续表

姓名	籍贯	年龄	履历
张水淇			
杨锺羲			
吴廷燮			
周肇祥			
瞿宣颖			
夏仁虎	江苏		前财政部次长
朱彭寿	浙江		前国务院参议
君石公	江苏		前江苏通志总纂
黄懋谦	福建	五十六	行政部秘书
彭主罌			
高观如			
吴承湜	浙江		市府秘书长
夏纬寿			
王汝棠	奉天	三十四	前豫鄂区税局总务课长
苏良贵	奉天	三十六	前电报局职员
钱桐			
李景铭			
柳如松			
张金镶	河北满城	二十六	长芦盐务管理局课员
夏承榜	江苏江宁	三十	巴黎使馆主事
陈仲篪	河北大兴	三十	中国营造学社研究员
蔡伸之	河北宛平	三十九	中国营造学社研究员
苏公望	湖南	二十六	《微妙声月刊》编辑
郑懋祺	河北通县	五十三	河北第一分检处候补书记官

续表

姓名	籍贯	年龄	履历
唐仲珣	北京	三十八	前中央大学毕业财政部财专学校毕业
郎孝公	北京	三十二	民国学院法律系毕业
吴光明	北京	四十七	筹边高等学校毕业

表 30　事务部

姓名	籍贯	年龄	履历
钱桐			
李景铭			
王炎	福建	六十一	前清举人知县
高镜波	河北宝坻	五十一	前吉林省署电务处主任天津特三区公署秘书
段鹤寿	山西临汾	三十六	前同译储才馆文牍主任、京绥路局秘书
孙杞枬	河北安新	三十八	安徽省政府科员，河北省立学院图书馆主任
许夔龙	江西奉新	三十五	龙烟铁矿筹办处交际主任
江泽春	安徽	五十二	译学馆毕业生
谢涛	浙江余姚	四十二	古物陈列所科长
王乃恕			
谢锺樹	浙绍	三十三	财政部科员，财政专门学校毕业
李醒非	浙江		前古物陈列所
谢亚安	河北涿县	六十二	己酉拔贡
洪齐田	江西余江	二十五	
苏公望	湖南	二十六	《微妙声月刊》编辑

续表

姓名	籍贯	年龄	履历
高蔚	河北宝坻	二十二	北京北方高级中学毕业
韩瑞	广东文昌	四十二	附属中学毕业
左彭龄	河北宛平	二十二	北京私立育华高中毕业
李君绰	河北盐山	四十一	盐山香惠学院毕业
赵公符	河北涿县	四十六	郁文大学政治科毕业
王永光	广东南海	二十四	华北中学毕业
唐师太	河北藁城	二十七	华北大学教育科
申固伯	河南延津	三十六	北京法政专门学校毕业
马鸿庆	河北束鹿	三十	广东省六中教员
王长青	河北武邑	四十二	唐山公署第二科科长
关芳洲	北京	四十八	北京师范大学毕业，历充江苏省立初中教员学专修科教授，北京地方维持会办事员
陆秉诠	北京	四十六	热河烟酒公卖局庶务员
王缉光	四川	三十一	四川省立第四师范毕业
杨国瑞	北京	五十	尚志中学毕业，前第五自治区分所股长
乔生荣	山西临汾	三十四	天津公安局特二警察所长
谢国樑	河南安阳	三十二	北平大学毕业，蒙藏委员会驻平办事处会庶任
关仁辅	河北大兴	四十五	监生

职员分类名单（凡三部人员均在内）

殿撰出身者一人（即状元）：刘春霖。翰林出身者九人：杨锺羲、高毓彤、林步随、张兰思、吴煦、郭则沄、吴燕绍、陆增炜、达寿。进士出身者十一人：赵椿年、李景铭、田步蟾、甘鹏云、唐瑞铜、陈瀚年、冯汝琪、唐桂馨、陈宗蕃、郑言、朱彭寿。举人出身者十三人：吴廷燮、潘毓桂、杨圻、夏仁虎、董元亮、黄彦威、恽宝惠、丁震、薛肇基、诸以仁、汪孟书、王炎、马鄰翼。附贡出身者七人：黄懋谦、谢素馨、李作宾、胡玉泽、彭世卿、谢亚安、唐玉书。科举出身共计四十一人。

曾任高级官吏有宿学经验者二十三人：江朝宗、余晋龢、周肇祥、吴承湜、瞿宣颖、雷寿荣、钱桐、张厚毅、张水淇、张燕卿、许修直、胡钧、龙骧、林彦博、丁沛渔、洪铸、于宝轩、梁广熙、汪吟龙、费毓楷、强运开、张伯英、冯叔莹。

学有专长者二十三人：黄宾虹、高观如、尹石公、彭主邕、黄公渚、夏纬寿、韩德清、方若、陶北溟、黄君坦、罗惇曼、萧方骏、王亮泽、叶麟趾、萧方骐、于非厂、张大千、康同璧、徐审义、李戏鱼、惠均、孙祎、向桐。

日人之学有专长者四人：武田熙、桥川时雄、诹访义让、久保田金�僊。

普通官吏兼通国学者九人：王汝棠、苏良贵、张庚楼、王传恭、张鹤、王汉澂、赵雁章、傅以文、李仁俊。

堪任事务员者十九人：柳如松、张金镰、夏承榜、陈仲篪、蔡伸之、苏公望、郑懋祺、高镜波、段鹤寿、孙杞枬、许夒龙、江泽春、谢涛、王乃恕、李醒非、马鸿庆、陆秉诠、杨国瑞、关芳洲。

堪校对书记者十五人：唐仲珣、郎孝公、吴光明、韩瑞、左彭龄、高蔚、关仁辅、袁瑞麟、李步瀛、王缉光、王永光、谢锺树、王素、瞿汉、唐师太。

已到事务部未分股者七人：洪齐田、李君绰、赵公符、申固伯、王长青、乔生荣、谢国樑。

未开履历无从归类者二十三人：赵万里、高润生、刘以镛、周渤、寿鹏飞、尚秉和、李端棨、郭家声、朱奉闲、吕官助、俞寿沧、陈尧初、田振藻、张朝墉、吕式斌、杜毓华、叶瑞绂、傅伯纯、田衡钧、冯肃恭、谭祖彝、汤住心、周叔迦。

共计一百六十四人。（《古学院创立之概况》，武田熙先生捐赠，北京图书馆藏，第1—52页）

10月7日 郭绍虞畅谈燕京大学国文学系新计划。

郭绍虞计划依该系学生将来发展的志愿，定其所应习的课程："如志在研究国学，则指示其学术探讨之途径；如志在充中学教师或欲养成翩翩书记之才者，皆将分别加以指导。此种改进之原因，一方面使学生在三四年中易有相当之成就，一方面可展拓毕业学生之出路，同时国文学系性质与任务之特点亦易显著。"（《郭绍虞先生谈国文学系新计划：国故与做文并重》，《燕京新闻》，第5卷第5期，1938年。）

燕京大学国文学系："虽然课程内容仍以古典文学、声韵文学以及古代学术思想为主，而讲课治学的方法态度，以及师资标准，一切都是新颖的。本系毕业校友，不论是早期或较晚，都很自幸而且自信：虽未站在时代前端，却能紧随其后，循正确的途径，趋往正确的方向，不曾变为抱残守缺的假骨董。"（董鼐主编：《学府纪闻·私立燕京大学》，台湾南京出版有限公司，1982年，第13—14页。）

10月29日 唐文治计划赴港宣讲国学。

国学大师唐文治先生，近已接受本港华夏学院的聘任，"但因腰疾未痊，须俟明春二月方能来港讲学。该院为提倡正学挽救人心起见，另请唐先生作公开演讲，届时欢迎各学子前往参加听讲，并闻该院国学讲座除唐先生外，尚有叶恭绰、谢无量、杨千里、黄慈博诸位国学大师，转移风气，蔚成学术浓厚之风云"。(《国学大师唐文治将来港讲学》，香港《申报》，1938年10月29日，第4版)

11月5日　钱玄同拟合编章太炎历次国学讲义。

（1）《国学讲习会略说》（附《振起》之首篇，附《演说录》），一九〇六；（2）《国学会讲义案三种》，一九一三；（3）《国学概论》（曹聚仁记）；（4）《章氏国学讲义会》。(杨天石主编，阎彤整理：《钱玄同日记（整理本）》下，北京大学出版社，2014年，第1363页)

△　雄白发表《关于国学》，提出国学关乎民族兴替，时人应以发扬国学为己任。

文中称：

一国之盛衰，系于民智之优劣，民智之优劣，基于学术之废兴。国之兴也，如前汉之司马相如、史迁等，陋扬风雅，以鸣其盛；及其替也，若明季之马阮，音节颓唐，以验其衰，岂有他哉？盖国学之于国运，实息息相关，而莫之须臾离也，验之于古，则如彼，证之于今，又何独不然，请毕其说。

一、清季国学凌替之原因。有清季世，海禁大开，舶舟东渐，彼恃其声光化电之术，制为长枪大炮，挟以临我，而我仍以百年窳败之器当之，两军既接，优劣立判，望影而溃，势使然也。于是幡然改图，奉夷若神。自南皮张氏，倡中学为体、西学为用之说，耳食者流，变本加厉，偶获糟粕，谓得骊珠，上启其机，下扬其波，遂使颂声绝响，雅韵无闻。曾不旋踵，清祚随覆，迫及近年，天启杀机，玄黄反复，阶之为厉，咎将归焉。

二、国学之重要性。西儒治学，竞言功利，极其弊，入主出奴，惟利是务。国学不然，正其名，行其义，群己舍取之际，大防夷夏之分，研微至著，庶几正心修身，以赴国家之急，不至夺紫乱朱，是丹非素。夫竞言功利，亦有年矣，然而不及者，岂不以心为形役，神骛于外者耶？

三、国学之复兴。寇氛日逼，国难未已，生聚教训，责在后人。三户亡秦，十载沼吴，具有先例。试证之法兰西之最后一课，再若亡人国家，先亡其文字，可深长思矣。国之休乱，其征非一，使中心思想不坠，一时之挫衄，无关宏旨。国学之兴，思想所寄也。故无论智愚贤不肖，人以复兴国学，振衰起敝为己任，报国之机，其在斯乎！

总之，国学一途径，经纬万端，非群策群力，殚精竭神，不为功。发扬光大，混同车轨，责在邦人。（雄白：《关于国学》，《中华》，第1卷第1期，1938年11月5日）

△　徽宁旅沪同乡会常委曹志功等为提倡国学起见，特组织黄山国学社，敦请徽州宿儒胡泽山担任讲师。"凡对于国学有研究兴趣者，不分性别，不论是否同乡，均欢迎参加。"（《黄山国学社征求学员》，《申报》，1938年11月5日，第3张第11版）

11月10日　吉市为保国粹尊崇圣贤，计划翻修文庙。

吉市"文庙"建筑，迄今将及四十年，碧瓦辉煌，殿宇庄严，是本市中唯一的古代式美术工程，在前年曾以数万元将大成殿和东西廊及外院东西配房修补油饰一新，不过仅为外表而已，兹为尊崇先圣，保护古式建筑起见，省当局拟于来年春季着手，有再将文庙全部翻修之计划，不过需巨额经费，能否施行，尚未决定，现正讨论中，实值得注目云。（《为保国粹尊崇圣贤，省署计划翻修文庙》，《大同报》，1938年11月10日，第7版）

11月23日　浙江大学迁至宜山后，浙江大学国学讲座继续，马一浮开讲"说忠信笃敬"。（吴光主编：《马一浮全集》第一册上，第44—46页）

11月24日　马一浮在与熊十力等友人通信中，期望以中国古代书院为先圣留一脉之传，并保存刊刻经籍，使"先哲精神所寄"之"文化种子"不致断绝。

函称：

> 弟意为山假就于始篑，修涂托至于初步。虽诸法皆从缘生，造端不容不审慎。六朝、唐、宋佛寺至今犹有存者，当时出入之盛，儒家实有逊色。丛林制度，实可取法。古德分化一方，学者一任遍参，故禅林尤胜讲寺。今虽衰歇，视儒生之彷徨靡托，犹或过之。妄意欲以此法寓之于书院。其初规制不妨简陋，学子宁少毋滥，必须真为道器，方堪负荷。此类机在今实未易得。书院无出路，且不许参加政治运动，流俗必望而却步，尤违反青年心理。至讲舍以择地营构为宜，务令可大可久。此指规制言，非指屋宇言。图书必须多贮。即此数项，已非有相当基金不能举。在此时即有能了解肯赞助之人，恐财力匮乏，难以集事。况第一困难即在选择地点。须不受军事影响，交通不致间

阻，供给不致缺乏，尤以地方治安可以保证为要。在今日恐难得此一片土，至于山水形胜，尚在其次也。若因人家园林别墅为之，加以葺治，或较易成。但须隙地宽旷，树木多，水泉洁，去城市不可过近。此数条件亦未易具足。因叹古时僧家，实能选胜。且其檀施自然而集，此有福德因缘，不可强也。

电示创议人列名问题，此须切实际，不可务虚名、近标榜。前与立民书中已言之。至书院如何产生，由创议人告之政府，政府加以赞助，如为佛法外护即可。但出以何种形式，大须斟酌。如立民前书所云，弟认为不妥。如用文字请求，彼可加以准驳。补助经费，在彼亦当列入预算，经会议通过，且有权可以削减或停止。此则明系隶属于教部，与弟初意相违，愚意决不能赞同也。妄意或可由创议人径呈国民政府，政府以明令嘉奖，交教部备案，一切不予干涉，在名义上较为正大，在事实上亦较有保障。但此皆世缘，且为衰世不得已之事，或亦可引起一部分人之讥讪。且其所谓保障嘉许者，亦等于空华。

若云随顺众生，今日众生实有不可以随顺者。使圣人复生，如来出现，应机示教，必异常情。聋俗之人，难可晓喻，诸佛亦不奈何。不如暗然无闻，杜门自讲。徒侣不多，尚不为人所注目，尚有一分自由也。

总之，弟对于此事，初无成心，语默动静，本无异致。若审之义理而可安，弟亦不惜一行，为先圣留一脉法乳，为后来贤哲作前驱。苟其有济，何为自匿？如其稍涉徇人，义同枉尺，则非惟弟不能往，亦愿兄谛审谛观。毅成诸子虑所未及者，望兄有以释之。此推心置腹之言，不是定要作开山祖师也。简章所未备者，望兄斟酌损益，留为后法。至弟之成行与否，此时尚谈不到。盼兄详示，再加商略。自赣来桂途中，作得小诗聊寄所感，今附去一粲。余俟续教，再行申答。（吴光主编：《马一浮全集》第二册上，第482—484页）

11月26日　戈登路国华中学注重国学，所聘教员，如蒋吟秋、陆澹盦、程小青、倪文宙、郑逸梅皆文艺界知名之士，昨请名小说家程瞻庐演讲。（《各校消息·戈登路国华中学》，《申报》，1938年11月27日，第3张第12版）

11月27日　中华补习学校中华星期学术讲座请陈柱尊主讲"治国学之要旨及方法"。（《中华星期学术讲座》，《申报》，1938年11月18日，第3张第12版）

陈柱尊发表《研究国学之要旨及其方法》，提出治国学以经学为最重要，为一切学术政数的渊源。

> 国学一名，盖经三时期。初名国粹，如《国粹学报》时代是也；次名国故，如北京大学办《国故》杂志及章太炎《国故论衡》时代是也。国学一名，在《国粹学报》时亦已有之，惟至近十余年来始最盛行，如各处之国学图书馆，各大学之国学系是也。
>
> 治国学以经学为最重要，以其为一切学术政数之渊源也。《庄子·天下篇》，序论六艺之学，继之曰："百家之学，时或称而道之。"《汉书·艺文志》谓诸子皆六艺之支与流裔，则今人治诸子，而不治六经，为无本之学矣。

六艺在古时本不称经。六艺称经，始于汉人，大约因有传而后称经，如因有子而后称父。考管子书《牧民》《形势》《立政》《版法》等篇皆题云经言，则以后有《牧民解》《形势解》《立政九败解》《版法解》诸篇也。《韩非内外储》等篇，皆首题右经，而后依次引古事为传解，是皆有传而后名经之证，《诸子略》老子有邻氏经传，傅氏经说，有传有说，故老子亦称经，又有黄帝四经，盖亦以小说家有黄帝说四十篇故也。然则六艺称经，亦以有传得名，可知也。

六艺之亡，莫甚于乐。其次则《书》只存二十八篇，伪孔古文，盛行甚久，自阎百诗论定，已失价值。汉西京师说，固已亡灭，即东京诸儒之说，亦已甚残缺。至清儒始稍稍整理，略有可读，今文二十八篇已无人疑者，惟《尧典》《皋谟》，今人多以为疑。余谓此二篇，篇首皆冠以"曰若稽古"四字，明为后人追述，非虞夏史之原文，其文章庄皇灿烂，义理精纯，疑非孔子笔削不克臻此。

其次则礼之亡失亦甚多。孟子已言诸侯恶其害己，去其典籍，经秦则益散佚矣。故《礼经》只存《士礼》十七篇，周官经亡《冬官》。汉儒以考记补之，强可称完书，此二经皆周公致太平之书。然世多苦《仪礼》难读，至《周礼》以王莽、王介甫变法失败之故，学者鲜道之，实则良法美意，至今尚多可行者。清儒孙诒让著有《周礼正义》，最为宏通。《大小戴两记》有可以为《仪礼》之传者，又如《大戴》中《曾子》诸篇，即曾子之书，清阮元采辑为《曾子》;《小戴中庸表记》诸篇，即子思之书，清儒黄以周、简朝亮采辑以为《子思子》。

他日倘有人表彰，则二子之书，将与孟荀之书并重矣。然则古礼虽散亡，今《尚书》四种，比于他经，尚为繁多，比尤古代文化史之宝藏。未有不通礼学，而可以言文化史者也。

《诗三百篇》，失者最少。然三家诗说皆已亡，惟存《韩诗外传》而已，毛诗传于子夏，郑康成为笺，最为完全。此经为纯文学之渊源，亦古代社会风俗史之一种。古人教育最重诗，诸子百家著书引诗最多。孔子曰："不学诗，无以言。不学礼，无以立。"可以知诗学之重。

《春秋》有《公羊》《穀梁》《左氏》三传，于诸经传中最为完全。三传各有所长，而左氏取材宏富，尤为瑰宝，诸子百家所言亦多由此挹注。

《易经》为诸经中最古之书，所谓人更三圣，世历三古者也。汉代师说，不特西京诸家如周王孙、杨何、丁将等皆已亡佚，即东京诸儒如郑康成、虞仲翔诸家之说，亦已散失。先儒皆归咎王辅嗣《易说》之行，实亦因多附会阴阳五行之说之故也。此经为古代哲学及进化史之要书，应如何整理，至今尚无极精善之本。

要而言之，昔人谓吾国学术不外考证、义理、词章三者，如汉学家之治经，是从事于考据者也；宋学家之治经，是从事于义理者也；文章家之治经，是从事于词章者也。自来文章家皆言本诸六经以为文，其实真能本诸六经以为文者，汉以后，惟唐之韩退之而已。

子学为吾国学术思想之渊薮。然自汉以后，除老庄外，治子学者甚少。至清而后子学渐盛，以王先谦之《荀子集解》，孙诒让之《定本墨子间诂》为最。郭庆藩之《庄子集释》，王先慎之《韩子集解》次之。今人对于《淮南》《吕览》，亦有集解。余有《公孙龙子集解》，《定本墨子间诂补正》。近方从事著《管子集解》，整理子学，近方渐盛。然余以为提倡诸子学说之精神，以救时弊，则为尤要，如治墨子，则提倡墨子之勤俭刻苦，期于身体力行，治商韩则提倡商韩之崇实守法，期于国富兵强，则为益更大矣。

吾国史学，体制繁多，然就其要而言之，约有三类。一曰正史，如"二十四史"是也；二曰编年史，如《资治通鉴》等是也；三曰类史，纪事本末之类是也。近人崇尚类史，以其便读，然章实斋尝言：《通鉴》为史节之最粗，而纪事本末又为《通鉴》之纲纪奴仆"，以为不足语于史学，惟正史而后可以论于史学，此就作史者言也。吾以谓即就读史者而言，亦以读正史为最要，盖类史只叙一事之起讫，而于此事之环境与夫办理此事之人之才干，与其平日之修养，类史不能详述，必赖正史而后能洞悉。《易》曰："君子多识前言经行，以畜其德。"不特畜德，才与识均足畜之，惟正史足以当之矣。

若论及文学，文学之衰，无过今日。白话文用以通俗，余亦不反对，然不足尽括文学话。且白话文之工者，今亦罕见。若所谓古文骈文古诗歌曲，则益希如星凤矣。古人谓观文学之盛衰，即可以知国势之盛衰，深可忧也。当今之青年，非无志学之士，特以学制不善，故成材者卒鲜，有志之士，不能不急急图于课外自修矣。自修之道，不外曾国藩所谓多读多作，学者必先选读根之书数部，如四书及经子之菁华等读之，以为作文之材料；然后熟读古今佳文二三百篇，悉心仿效，久之便文从字顺，笔无不达矣。由是再择一二古人，以为宗师，以求家法，数年之后，又易一二家，然后绝去依傍，自成一家，不言创造而自成创造矣。若初学执笔，便侈言创造，必无成功。（陈柱尊：《研究国学之要旨及其方法》，《中华》，第 1 卷第 4 期，1938 年 12 月 12 日）

11 月 30 日　浙江大学国学讲座，马一浮开讲"释学问"。（吴光主编：《马一浮全集》第一册上，第 47—51 页）

12 月 7 日　浙江大学国学讲座，马一浮开讲"颜子所好何学论释义"。（吴光主编：《马一浮全集》第一册上，第 51—58 页）

△　章氏国学讲习会计划恢复。

国学大师章太炎氏，于三年前在苏州开办之章氏国学讲习会，有教师二十余人，皆国学名儒，及章氏得意高足，以致川滇皖鲁各省，及远道学生，不远千里，负笈从游，门前桃李，颇极一时之盛。该会曾发行《制言》半月刊，已印出四十七期，对于会务进行及学术研究，多所记载。学习以两年为一程，办过一届毕业。过去经费，因章氏志在保存国粹，使中国文化向上，完全由私人乐育群英，不收学费，第一二两年，每年约用去一万元。自章氏去世，下葬西湖后，章之门人居正等，曾集资拟在西湖为大师建筑纪念图书馆，因战事未能建筑。章夫人汤国黎［梨］女士，由苏来沪。因其夫妇，向以提高中国文化，倡导国学为志愿，为公为私，皆不忍此办有效果之讲习会，于焉中断，遂决定在沪召集原有教师，并加聘陈陶遗、沈信卿、林康侯、蒋竹庄、杨谱笙、沈逊民等十余人为董事，力谋复会，已租定重庆路新实中学为会址，拟先开办大学程度，及中学程度学生共两班，于寒假后开学。闻现在之会费，仅恃纪念图书馆之基金利息（图书馆未建筑已存为基金），收入不敷开支。对于学生费用，略有征收，但与现时沪上各大学之学费比较，已减少一半云。（《行将在寒假后恢复之章氏国学讲习会，由章夫人汤国黎［梨］女士主持》，《申报》，1938年12月7日，第4张第15版）

12月11日 《晨报》开设"国故常识征答"栏目。

本刊以服务社会为宗旨，凡于一般民众有利益的问题，自当无不尽力。近来常常有以国故常识为问者。编者自思腹笥空虚，虽极力搜索，无奈手头的书少，而眼中的书，更是不多，总觉独力难胜，有愧明问，所以想来想去，只有向国内高人，转行请益之一方，本刊的稿件，原系纯尽义务，亦无报酬。编者所不能解答的问题，如蒙高明赐函，代行解答，本刊同人也只有"心感，谢谢！"罢了。在不吝赐教的高人，最好是本着"先觉觉后觉"的精神，作一件有利社会的事务，也算生平功德之一。

因此本刊，增设"国故常识征答"一栏，俾一般先达得以嘉惠后学，而一般有志的青年，更可藉此满足智识上的饥渴之怀了。

金剑琴君问：琴心剑胆四字，系根据吴莱诗"小榻琴心展，长缨剑胆舒"而来。但不知此诗尚有何句，遍查无著，谨此请教。（《请教高明，国故常识征答》，《晨报》，1938年12月11日，第9版）

△　蒋维乔发表《青年对于国故应有之认识》，提出只有经部书籍可算我国的国故，因为经书"把持着二千年来中国学术界的权威，笼络着二千年来中国的民众"，如果青年认为经书是陈旧的既往而不加以认识，那么便会到处碰壁。

蒋维乔指出，青年认识国故，并非像老学究那般整日研读四书五经，也不是做寻章摘句的注解工作，"有人拿动的逻辑学来证明现在的研究国故，已经到了否定的否定阶段——在从前绝对尊经的时候是肯定的，后来极力反对旧学是否定的，最后又要在古书里整理出真理，这是否定的否定"。蒋氏不愿意高谈研究国故的进步与发展，但有必要用历史的眼光和科学的批评态度研究国故。国故的内容从广义上来说"包含着上起羲黄下迨清季的一切经史子集的书籍"，从狭义上来说，"只有经部的书籍，可算是我国的国故"，"只有这经学一类的书，它是古代的政治学，它似乎是支配了二千年中国的政治，并且在历代的政纲上，它可以代替一篇大宪章"，"它似乎是玄妙的神秘的，却又是平易切实，它把持着二千年来中国学术界的权威，它笼络着二千年来中国的民众，它又被历代帝王所尊信，它又为士大夫阶级的护命符，它在广义的国故学上要占第一重要的地位，我所谓青年必须要认识国故者，也就是指着它"。研究国故，经学是明了中国病根最好的方法，而研究经学的方法，"当然不是呆读经书，又不是专讲训诂，又不是拿西学来比拟，这种研究的途径，在前面已经说过的，就是用历史的眼光与科学的方法"：

纯粹的国故与改造后的国故，是有些不同的。原来的经学，是古代诗歌史乘与儒家言论的结合品，但经过了两汉便变成了两汉的经学，名虽同而实不同了；再经过了宋明，便变成了宋明的经学，经学之名仍旧，而内容早已变迁；再到了清代又有种种的变化。我们只知道它是经学，不知道它的变迁，那就会上了它的当。所以，在初步研究的时候，切不可钻入汉宋各家的窠臼里，也不可被现代的空喊国故学者所迷眩，总要溯流追源看出它的本来面目是最要紧的。（蒋维乔：《青年对于国故应有之认识》，上海《中国青年》，第1卷第5期，1938年12月11日）

12月14日　浙江大学国学讲座，马一浮开讲"说视听言动"。（吴光主编：《马一浮全集》第一册上，第58—62页）

12月21日　浙江大学国学讲座，马一浮开讲"居敬与知言"。（吴光主编：《马一浮全集》第一册上，第62—65页）

12月28日　浙江大学国学讲座，马一浮开讲"涵养致知与止观"。（吴光主编：《马一浮全集》第一册上，第65—69页）

12月　章氏国学讲习会发布各类通告与启示，计划开设太炎文学院暨附属中学，章氏国学讲习会研究部，复刊《制言》。

上海太炎文学院时期，由章夫人汤国梨主持，设立了董事会和理事会，下设研究部、太炎文学院暨附属中学、《制言》月刊社。12月，太炎文学院暨附中已由董事长马相伯、董事于右任等呈请教育部备案。太炎文学院暂设中国文学系、中国史地系、国文专修科，聘前中央大学文学院长汪东，中央大学史学系主任朱希祖，前中山大学国学系主任龙榆生分任主任，"所聘教授均系学术湛深，夙负重望之士，业已登报通告旧生，招收新生，校址租定福州路河南路口五洲大楼，定于明春二月开学，全日上课。为顾全寒畯子弟，收费力求减轻，并设有太炎先生纪念免费学额，以资奖励，又该会编印《制言月刊》第四十八期，定于一月中复刊"。（《太炎文学院讯》，《申报》，1938年12月29日，第8版）

马相伯担任章氏国学讲习会董事长，丁毅音、于右任、王小徐、王用宾、李根源、沈恩孚、沈祖绵、沈毓麟、居正、林康侯、柏文蔚、马君武、徐朗西、陈陶遗、陆兆鹍、张鈁、张继、张知本、张一麐、张之铭、张君劢、张默君、张东荪、冯自由、项隆勳、杨杰、杨庶堪、杨谱笙、彭元士、邓邦述、邓家彦、邓翔海、叶楚伧、蒋作宾、蒋维乔、刘守中、刘成禺、褚辅成、钱鼎、韩国钧等担任董事。理事会由汤国梨、朱希祖、汪东、金毓黻、马宗霍、王乘六、诸祖耿、潘承弼、沈延国、龙沐勋、孙世扬、潘重规、黄焯等组成。汤国梨任理事长，秘书主任孙世扬，教务主任沈延国、副主任诸祖耿，辅导主任诸祖耿、副主任王乘六，事务主任王乘六，研究室主任朱希祖（后由黄朴继任），图书室主任潘承弼，《制言》编辑潘承弼、沈延国、孙世扬，《制言》会计王乘六。太炎文学院由汤国梨任院长，汪东任中国文学系主任（龙榆生代理），朱希祖任历史系主任，沈延国任教务主任（后由孙世扬继任），诸祖耿任训育主任，王乘六任事务主任，郑伟业任会计主任，潘承弼任图书室主任，孙世扬任院长室秘书主任（后由王仲荦继任）。

章氏国学讲习会通告：

本会自章太炎先生创办在苏州开讲已历三年，值战事发生会务停顿。顷本会董事理事在沪上议定继续进行，办法（一）由章氏弟子及再传弟子组织研究部专题讲论及撰述；（二）设太炎文学院暨附属中学；（三）《制言》改为月刊，并继续编印其他国学专书。本会总办事处设上海重庆路威海卫路口。特此通告。董事长，马相伯。理事长，汤国梨。

章氏国学讲习会研究部启事：

按照本会规程，征求同门诸君加入研究部，并欢迎海内学者参加每月常会，延请专家演讲或由研究员专题讨论，先由敝处各别通告会费规定，每半年五元请缴，敝处领取收条可也。主任，黄朴。

《制言》社启事：

《制言》半月刊出版至四十七期，蒙海内外定阅者千有余户，自苏州沦陷，本刊停版，瞬逾一年。今本社移设上海重庆路威海卫路口，定于廿八年（1939）一月继续出版，改作月刊，前此预定诸君地址必有迁动，务请先行示知，以便按期寄奉。又本社向来出版书籍二十余种，最近出版《太炎文录续编》及太炎先生遗著《猝病新论》均有存书发售。《制言》编辑兼发行人：潘承弼、沈延国、孙世扬。

太炎文学院暨附属中学招收男女生：

（学额）文学院中国文学系、中国史地系、国文专修科各招一年级新生四十名，附属高中初中一年级新生各五十名。（程度）凡投考文学院者，须在高中毕业或具同等学力。（试验科目）（甲）文学院：国学常识、国文、中国历史、中国地理、英文、代数几何；（乙）附属高中：国文、英文、数学、常识；（丙）附属初中：国文、数学、常识。（太炎先生纪念免费学额）本学期文学院各学系各一名，专修科一名；附属高中初中各一名，详见文学院免费规则。（考期）一月二十三日（报名处）上海重庆路威海卫路口章氏国学讲习会总办事处，详章函索即寄。董事长，马相伯。院长，汤国梨。中国文学系主任，汪东。中国史地系主任，朱希祖。国文专修科主任，龙沐勋。（《章氏国学讲习会通知》《章氏国学讲习会研究部启事》《制言社启事》《太炎文学院暨附属中学招收男女生》，《申报》，1938年12月23日，第1版）

章氏国学讲习会拟定太炎文学院组织大纲，呈请立案。《太炎文学院缘起》指出，章氏国学讲习会"以研究固有文化，造就国学人才"为宗旨，其修业部分学程均以国内大学文学院中国文学系学程为标准，"注重历史及语言文字之学"。教师除章太炎先生主讲外，大抵由太炎先生弟子在中央、暨南、东吴、之江各大学教授者兼任。开办经费除海内外赞助人捐助外，"概由太炎先生及汤夫人捐赀补充，自太炎先生逝世后，会中同人公推汤夫人主持会务，聘定马相伯先生等为董事，依照太炎先生原定计划继续进行。开讲凡历三年，四方来学者恒在百人以上，凡此会务概况先后在本会出版，部分所刊行之《制言》发表"。此时，遭逢国难，苏州沦陷，"本会师生避难转徙集于上海，佥谓建国以教学为先，国性以文史为本，方今小雅尽废，夷裔侵陵，亟应继承太炎先生遗教，为东南学子培养正气，以奠邦基。仍推汤夫人规复会务，于是召开理事会会议继续办法，佥谓为国储才须遵功令"。于是，将原有章氏国学讲习会修业之部更名为太炎文学院，"暂设中国文学系、中国史学系及国文专修科，由原有董事九人组织私立太炎文学院校董会商订章程，呈报教育部备案。今以章程付刊"。

《私立太炎文学院组织大纲》指出："本学院依大学组织法及大学规程组织之"，下设中国文学系、中国史学系、国文专修科，以及附属中学。学院设院长一人，由章氏国学讲习会理事会推定本学院董事会聘任，秘书处设秘书主任一人，秉承院长襄理院务，又秘书二人，协助秘书主任办理秘书处事务。教务处设教务主任一人，处理本学院教务及学术设备事宜。学院训育处设训育主任一人，处理本学院训育事宜。学院事务处设事务主任一人，处理本学院一切事务及经济出纳事项。学院各学系各设主任一人，商同教务主任办理各该学系教务事宜。

太炎文学院文史两系一二年级及国文专修科，"注重治学门径，及文笔训练，俾学者于两年之内，奠定基础，进可从事高深研究，蔚为学术专家，退可胜任中学教师，或司笔札，以应社会需要。至三四年级，则依学者性情所近，分组专攻，期作通才，负继往开来之责"，各级课程，编定如下（见表31—40）。

中国文学系

表31　一年级课程情况

学程名称	每周讲授或实习时数	学分	必修或选修
国学概论 （本课分授小学略说、经学略说、史学略说、诸子略说、文学略说）	三	三—三	必
基本国文 （本课选授孝经、论语、孟子、小戴礼记、春秋左氏传）	讲授三，实习二	三—三	必
太炎文选	二	二—二	必
文字学	三	三—三	必
中国通史	三	三—三	必
中国地理	二	二—二	必
右［古］今体待［诗］	讲授二，实习一	二—二	必
中国文学史	三	三—三	必
英文	讲授三，实习二	三—三	必

表32　二年级课程情况

学程名称	每周讲授或实习时数	学分	必修或选修
基本国文 （本课选授史记、汉书、资治通鉴）	讲授二，实习二	三—三	必
历代文选 （本课选授历朝骈散文代表作）	三	三—三	必
经学史	二	二—二	必

续表

学程名称	每周讲授或实习时数	学分	必修或选修
声韵学	二	二一二	必
国文法	二	二一二	必
论理学	二	二一二	必
目录学	二	二一二	选
词曲学	二	二一二	必
修辞学	二	二一二	选
二年英文	讲授三实习一	三一三	必

表33　三年级（下分朴学、文学两组，简称甲乙组）课程情况

学程名称	每周讲授或实习时数	学分	必修或选修
尚书学	三	三一三	甲必
毛诗学	三	三一三	共必
三礼学	三	三一三	甲必
春秋学	三	三一三	甲必
训诂学	二	二一二	甲必
老庄学	三	三一三	选
孟荀学	三	三一三	选
理学纲要	三	三一三	选
楚辞	二	二一二	乙必
文选学	三	三一三	乙必
文学研究法	二	二一二	乙必
乐府诗	二	二一二	选
韩昌黎文	三	三一〇	选
杜工部诗	三	〇一三	选

表 34　四年级课程情况

学程名称	每周讲授或实习时数	学分	必修或选修
周易学	三	三一三	甲必
校雠学	二	二一二	甲必
说文研究	三	三一三	甲必
广韵研究	二	二一二	选
文献通考	三	三一三	选
墨子	二	二一〇	选
韩非子	二	〇一二	选
吕氏春秋	二	二一〇	选
淮南子	二	〇一二	选
金石例	三	二一二	选
文心雕龙	二	二一二	乙必
专家文集研究	三	三一〇	乙必
专家诗集研究	三	〇一三	乙必
专家词集研究	三	三一〇	选
散歌研究	三	〇一三	选
中国戏剧研究	二	二一二	选
毕业论文 （附说）本系三四年级，必须认定导师及研究专题，作为笔记呈阅，半月一次			

中国史学系

一年级　同中国文学系

表35　二年级课程情况

学程名称	每周讲授或实习时数	学分	必修或选修
基本国文 （本课选授史记、汉书、资治通鉴）	讲授三，实习二	三—三	必
历代文选 （本课选授历朝有关史地之文字）	三	三—三	必
上古史	三	三—〇	必
中古史	三	〇—三	必
中国学术思想史	三	三—三	必
西洋通史	三	三—三	必
世界地理	二	二—二	必
声韵学	二	二—二	选
目录学	二	二—二	选
论理学	二	二—二	必
二年英文	讲授三，实习一	三—三	必

表36　三年级课程情况

学程名称	每周讲授或实习时数	学分	必修或选修
近古史	三	三—〇	必
近代史	三	〇—三	必
东洋通史	二	二—二	必
尚书学	三	三—三	必

续表

学程名称	每周讲授或实习时数	学分	必修或选修
春秋学	三	三一三	必
三礼学	三	三一三	选
文献通考	三	三一三	必
史学研究法	二	二一二	必
中国史学史	二	二一二	选
中国地理学史	二	二一二	选

表37　四年级课程情况

学程名称	每周讲授或实习时数	学分	必修或选修
史通	二	二一二	必
专史研究	三	三一三	必
诸史地理志研究	三	三一三	必
读史方舆纪要	三	三一三	选
历学	二	二一二	选
地图学	二	二一〇	必
图表法	二	〇一二	必
志乘学	二	二一二	选
谱牒学	二	二一二	选
考古学	二	二一二	选
毕业论文（附说）本系三四年级，须认定导师，呈缴专题笔记，如国文系、国文专修科			

国文专修科

一年级　同中国文学系

表38　二年级课程情况

学程名称	每周讲授或实习时数	学分	必修或选修
应用文 （本课选授历代名人文告书牍对联及一切应用文字）	讲授三，实习二	三—三	必
毛诗学	三	三—三	选
三礼学	三	三—三	选
经学史	三	三—三	选
声韵学	二	二—二	必
国文法	二	二—二	必
目录学	二	二—二	选
中国学术思想史	三	三—三	选
史汉研究	二	二—二	必
先秦诸子研究	二	二—二	必
论理学	二	二—二	选
词曲学	二	二—二	选
文学研究法	二	二—二	选
修辞学	二	二—二	选
国文教学法	二	二—二	选
毕业论文		○—二	

表39　太炎文学院职员录

姓名	字	籍贯	职务	履历
汤国梨	志莹	浙江吴兴	院长	章氏国学讲习会理事长
汪东	旭初	江苏吴县	中国文学系主任	章氏国学讲习会讲师，中央大学文学院院长
朱希祖	逖先	浙江海盐	中国史学系主任	章氏国学讲习会讲师，中央大学史学系主任
龙沐勋	榆生	江西万载	国文专修科主任	章氏国学讲习会讲师，中山大学暨南大学文学系主任
孙世扬	鹰若	浙江海宁	秘书主任	章氏国学讲习会讲师兼秘书主任
沈延国	子元	浙江杭县	教务主任	章氏国学讲习会讲师兼教务主任
诸祖耿	左耕	江苏无锡	训育主任	章氏国学讲习会讲师兼训育主任
王乘六	心若	江苏吴县	事务主任	章氏国学讲习会讲师兼事务主任
郑伟业	梨邨	江苏吴县	会计主任	《制言》月刊社总务
潘承弼	景郑	江苏吴县	图书室主任	章氏国学讲习会讲师兼图书室主任
章㻶	廖君	浙江余杭	女生指导	金陵女子大学文学士
皇甫积	仲荪	浙江桐乡	办事员	前上海市工务局办事员

表40　太炎文学院教授名录

姓名	字	籍贯	担任学程	履历
黄朴	君素	湖北蕲春	基本国文甲（读经）	章氏国学讲习会讲师，中山大学教授
龙沐勋	榆生	江西万载	基本国文乙（散文）	章氏国学讲习会讲师，中山暨南大学文学系主任教授
诸祖耿	左耕	江苏无锡	太炎文选	章氏国学讲习会讲师
孙世扬	鹰若	浙江海宁	文字学	章氏国学讲习会讲师
施则敬		江苏江宁	声韵	上海正风文学院教授
沈祖緜		浙江杭县	经学史	南洋大学教习
王仲荦	仲荦	浙江余姚	中国通史	章氏国学讲习会讲师
郝立权	昺衡	江苏盐城	文学史	山东大学文学系主任教授
蒋维乔	竹庄	江苏武进	佛学概论	光华大学国学系主任教授
夏承焘	瞿禅	浙江永嘉	古今体诗	西北大学教授之江文学院教员
陈麟瑞			基本英文　甲	暨南大学外文系主任教授

（《太炎文学院缘起》《私立太炎文学院组织大纲》《太炎文学院课程一览》《太炎文学院职员录》《太炎文学院教授名录》，均载《私立太炎文学院一览》，私立太炎文学院，1939年，第2—30页）

是年　李兆民在福建协和大学中国文史学系，讲授国学概论。《国学概论·引言》：

　　或问：何谓国学？又何谓国学概论？曰史实也，史论也，国人之命脉也，固有经验也，亦社论及学论也。自国民革命军兴以来，全国响应，启齿即言国字，几事事冠以国字，俨如昔人之用家字然。由国民、国人、国事、国务、国会、国使、国际、国宪、国徽、国宝、国计、国书、国库、国货、国策、国权、国玺、国税、国币、国歌、国籍、国教、国庠、国魂、国药、国医、国语、国文等，而提倡国学冬烘独树一帜。号召海内以此团体可占精神与物质、文化之大部分，即清末张之洞所谓"中学为主，西学为辅"者是也。"中学"泛指经、史、子、集言，亦可推广至于吏、户、兵、刑、工、商与乎天文、地理、医药、种植，或数及琴、棋、书、画，以为皆有知识技能也。西学指近代由欧美传来之神学言，而政治、经济、性理哲学以及其他学术，似未括之。如斯类别显系粗疏不当。盖学术进步，取长舍短，终难限以方域。况十九二十世纪，百年间除各国文字及宗教保守少劲外，其余则倾山倒海，迥异前古，犹仍能为井蛙封豕乎？然则国学将有以异夫清末之中学范围乎，诚属疑问。……本课规定必修，用意有二：（一）□史家态度，所集资料多属史料，俾作系统之考证与评判，谓为史论可耳。（二）究之不仅史论已也。若语言文字、文学、批评文学、经学（宗教哲学）、子学（哲学），全可用诸今日。他如法制吏治、财政、军事、农艺、雕刻、绘画、医方、拳术多可沿袭传授应用者甚至胜于泰西。噫！宁勿宝之欤？国人亟宜学泰西者，固不在此而在物理、化学、机械、制造也，倘能学彼所长而精进之，则国学当扩张范围。岂持自诩指南车、活字版之首先发明哉？吾故曰：《国学概论》，史论也，亦社论及学

论也。(闫月珍编:《哈佛大学燕京图书馆藏民国时期国学教材·李兆民卷》,上海古籍出版社,2016年,第429—431页)

△　冯都良的《国学常识问答·经传类》,由上海珠林书店1938年初版,1940年12月再版。

《凡例》称:"本书主旨在于输纳一般简明之常识,藉以窥求国学之门径。"该书分经总义、周易、尚书、诗经、春秋、三礼、论语孟子（附四书）、尔雅孝经、小学、石经、谶纬、经学与理学十二部分。(冯都良:《国学常识问答·经传类》,上海珠林书店,1940年)

△　黄昌年继任船山学社社长,陶思曾连任副社长,陈嘉会任董事长,王代懿任副董事长。春、秋两季船山学社季课考试评选及奖金发放办法,仍照上年度办理。(赵启霖著,施明、刘志盛整理:《赵瀞园集》,第450页)

图书在版编目（CIP）数据

近代中国国学编年史. 第十卷, 1936—1938/桑兵，关晓红主编；张凯著. --北京：北京师范大学出版社，2025.4. -- ISBN 978-7-303-30562-9

Ⅰ. Z126.275

中国国家版本馆 CIP 数据核字第 20252J1W39 号

JINDAI ZHONGGUO GUOXUE BIANNIANSHI. DISHIJUAN

出版发行：北京师范大学出版社 https：//www. bnupg. com
　　　　　北京市西城区新街口外大街 12-3 号
　　　　　邮政编码：100088
印　　刷：北京盛通印刷股份有限公司
经　　销：全国新华书店
开　　本：145 mm×210 mm　1/32
印　　张：13.625
字　　数：305 千字
版　　次：2025 年 4 月第 1 版
印　　次：2025 年 4 月第 1 次印刷
定　　价：168.00 元

策划编辑：宋旭景　　　　　责任编辑：张　爽
美术编辑：华辰天地　　　　装帧设计：王齐云
责任校对：段立超　　　　　责任印制：赵　龙